JN198131

新版K式発達検査 2020 による子どもの理解と発達支援

初版から2020年版までで変わったことと変わらないこと

郷間英世・清水里美・清水寛之 編

Hideyo Goma, Satomi Shimizu, & Hiroyuki Shimizu

ナカニシヤ出版

は じ め に

　子どもや障害を取り巻く社会は近年大きく変化してきている。発達障害者支援法の制定や DSM-5 や ICD-11 による診断基準の改訂もおこなわれ，発達障害がクローズアップされてきた。その間，子どもの数は急激に減少し続けているにもかかわらず，特別支援の対象である特別支援学級や通級の子どもの数は，ここ 10 年でほぼ倍増している。子どもや社会の何が変わってきたのであろうか。新版 K 式発達検査（以下，新 K 式検査とする）の標準化資料を用いた筆者らの検討では，この 40 年の間に「あか」「あお」「きいろ」「みどり」を答える「色の名称」課題は 1 年以上早くできるようになっている反面，正方形や三角形の「図形模写」課題や折り紙を真似て折る「折り紙」課題は顕著に遅延していることが明らかになっている。

　そのなかで，新 K 式検査は，発達障害児の発達評価や，早産・低出生体重児の発達フォローアップ，環境省による「子どもの健康と環境に関する全国調査（エコチル調査）」など，その利用は広がってきている。筆者らは新 K 式検査2020 を開発し公刊したが，今回は三度目の標準化で，全国の 3200 人以上の検査協力者により完成した。2020 年版の検査項目で変わったのは，「性の区別」の課題が削除されたこと，「人形遊び」や「指示の理解」の課題の追加といった対人面の検査項目が加えられたこと，14 歳以上の発達レベルでは偏差値方式の DQ が用いられたことなどである。

　本書は，新 K 式検査を開発している新版 K 式発達検査研究会のメンバー，および新 K 式検査を臨床や研究に用いてきた臨床家や研究者が執筆している。内容はこの検査の成り立ちや歴史，開発経過や標準化資料の分析，健康診査や発達相談における利用，特別支援教育や福祉にかかわる臨床応用，新 K 式検査を用いた発達研究の成果などであり，解説や提言を含んだ論文集という形になっている。それぞれ領域は異なるが，みな新 K 式検査に深い造詣と思い入れをもっている人たちによる力作である。

　なお，出版を快く引き受けてくれたナカニシヤ出版，および編集の労を取っていただいた山本あかね氏に心よりお礼を申し上げたい。

　本書は，子どもの発達の基礎を理解し，新 K 式検査をさまざまな分野の臨床や研究で用いている方々にぜひ読んでいただきたい。本書が，新 K 式検査を必要としているすべての人々に役立つことを期待する。

新版 K 式発達検査研究会

郷間英世

　本書で示した研究成果の一部は JSPS 科研費 JP19K02658，JP23K02300，JP17K04481，JP21K03082，JP17K04510 の助成を受けました。謝意を示します。

目　　次

序章

本書の目的と構成
新版 K 式発達検査の特徴と魅力

郷間英世

　ここでは，まず本書の目的や構成について述べ，次いで筆者の考える新版 K 式発達検査（以下，新 K 式検査とする）の特徴や魅力を示す。

1．本書の目的と構成

　新 K 式検査が標準化されて以来 40 数年が経過した。そこで発達に課題がある子どもや障害のある人々への新 K 式検査の役割を振り返るとともに，現状を踏まえながら今後の課題や方向性について考えていくことを目的に本書はつくられた。それぞれの著者は，医学，心理学，特別支援教育学，障害者福祉学，作業療法学，発達統計学，などさまざまな専門性を有している。したがって，本書は新 K 式検査の多領域からの現在を著わしたものになっている。

　本書は，第 I 部，第 II 部および資料編からなる。第 I 部は「新版 K 式発達検査の基本的理解」として第 1 章から第 4 章までで，新 K 式検査を開発している新 K 式検査研究会のメンバーが執筆した。第 II 部は「新版 K 式発達検査の臨床活用」として，第 5 章から第 11 章までで，新 K 式検査研究会のメンバーおよび新 K 式検査を研究や臨床で積極的に用いている研究者らが執筆した。資料編は，①新 K 式検査の発刊やその後の出来事について，および，②新 K 式検査に関する歴史年表，である。

　以下に第 I 部，第 II 部，資料編に分けて各章の概要を紹介する。

　第 I 部の第 1 章は，「新版 K 式発達検査の成り立ちと現代的課題」として，郷間英世が担当した。内容は新 K 式検査 2020 の解説書の第 1 章の内容（新版 K 式発達検査研究会，2020b）を加筆修正したものである。前半は新 K 式検査

のもとになっているビネー（Binet, A.）の発達理論や測定尺度について，および ゲゼル（Gesell, A. L.）の発達の考え方や発達診断に使用された用具や検査 用紙などについて解説した。いずれの内容も新 K 式検査の理論や検査用具に 深くかかわっており，次節で述べる新 K 式検査の特徴や魅力に関連するもの である。後半では，新 K 式検査の現代的課題として，2001 年以後の障害者を 取り巻く制度や DSM-5 による診断基準の変化，新 K 式検査の利用の広がりや これからの課題，とくに外国にルーツのある子どもを検査する場合の問題点や 方向性について提起している。

　第 2 章は，清水寛之氏が「新版 K 式発達検査の開発・改訂における標準化」 というテーマで，発達心理学や発達統計学の立場から新 K 式検査の開発や標 準化について論じている。まず，心理アセスメントの基本的考え方，心理検査 の標準化の方法や手順，その際の統計学的理論について説明している。次いで， 知能を測定する場合のさまざまな立場や方法とともに，新 K 式検査における 標準化，思春期以後の生活年齢の補正，14 歳以後の偏差値方式の導入などにつ いて詳細に解説している。最後に，新 K 式検査の課題について，①比率発達指 数と偏差発達指数の併用の問題，②新 K 式検査の 3 領域の独自性や妥当性の 問題，③急激に変化する環境や時代のなかでの課題，などの問題提起をおこ なっている。

　第 3 章は，田中駿氏による「新版 K 式発達検査 2020 の標準化資料からみた 子どもの発達」である。氏は，発達心理学，特別支援教育学の立場から標準化 資料の分析を深めてきた。まず，1983 年および 2001 年の標準化資料について， 生澤や郷間らによりなされてきた研究を紹介している。次いで 1983 年版， 2001 年版，2020 年版という 20 年ごとの資料を比較し子どもの発達の変遷を検 討した。さらに，2020 年の資料を用いて，発達の転換点の多項式による検討， 発達年齢および発達指数の標準偏差の年齢に伴う変化などを分析し報告してい る。

　第 4 章は，ヘルシンキ大学教授カッリ・シルベントイネン（Karri Silventoinen） 氏と同大学研究員石川素子氏による「新版 K 式発達検査における乳児期から 成人期までの検査得点の性差」という論文である。シルベントイネン氏は哲学 博士（公衆衛生学）で，ヘルシンキ大学社会学部附属ヘルシンキ人口動態・保

健研究所の教授である。日本とのつながりも深く，2014 年より大阪大学招聘教授を務めており，大阪公立大学（旧・大阪市立大学）および富山大学とも長年にわたって共同研究をおこなってきた。子どもの発達の変化について関心を示し，筆者らと 2021 年から，発達に影響を与える要因の究明について共同研究をおこなっている。本章では，新 K 式検査の資料をもとに，得点の性差について幼児期と小児期では女児が男児に比べて得点が高くなるのに対し，思春期から成人期は男児の得点が高くなることを明らかにしている。今後も，多様な要因が発達におよぼす影響について共同研究をおこなっていく予定である。

　第 II 部は，「新版 K 式発達検査の臨床活用」として，心理・医療・教育・福祉それぞれの分野や立場からの第 5 章から第 11 章までの論文である。

　第 5 章は，清水里美氏が「新版 K 式発達検査の臨床活用の基本」について総説的に論じている。氏は，発達心理学やその臨床にかかわっている。本章では，「検査者」としての条件，検査実施の際の「説明と同意」における留意点や検査環境，結果を解釈する場合の発達段階や他者認識との関連，検査後の説明や経過観察についてなどを順を追って説明している。また研究に使用する場合の標準化資料の分析，および氏自身の研究テーマであるタブレットデバイスを用いたスクリーニング検査の開発研究について述べている。

　第 6 章は，全有耳氏による「新版 K 式発達検査の小児医療・母子保健領域における活用」である。氏は小児科医であるとともに大学教員として特別支援教育にかかわっており，これまで病院臨床，保健所の健康診査，発達障害児のペアレントトレーニングやソーシャルスキルトレーニングに携わってきた。本章では，小児医療や小児保健領域からみた発達検査，とくに新 K 式検査の役割や課題について述べている。まず，新生児健診や，早産・低出生体重児のフォローアップ，神経発達症などにかかわるときの利用について，次いで母子保健活動における早期発見を目的とした乳幼児健診の際の新 K 式検査の役割や他の検査との関連について，最後に母子保健事業で新 K 式検査を利用する場合の留意点や今後の可能性についても解説している。

　第 7 章は，加藤寿宏氏と松島佳苗氏による，「早産・低出生体重児と新版 K 式発達検査」という論文である。両氏は医学部の作業療法学科で教鞭をとりながら，大学病院で出生した早産・低出生体重児の発達支援をおこなっている。

本章では，まず我が国および諸外国における早産・低出生体重児の現状を述べ，死亡率は改善してきたものの脳性麻痺や発達障害など，起こり得る障害への対応が課題となっている現状を述べている。次いで，新生児臨床研究ネットワークにおいて幼児期に新K式検査を実施する際の留意点を示している。最後に，在胎26週378gで出生した赤ちゃんの発達経過と作業療法におけるリハビリテーションの実際について新K式検査結果とともに提示し，その有用性と限界について提言している。

　第8章は，小山正氏による「子どもの言語獲得と新版K式発達検査」という論文である。氏は，障害児の臨床や研究を基盤とした初期言語獲得と言語発達の研究者である。本章では，言語発達の視点から，新K式検査の検査項目の配置や内容について，検査項目同士の関連を詳細に検討している。そのなかで，言語発達について〈言語・社会〉領域の項目だけでなく，〈姿勢・運動〉領域や〈認知・適応〉領域にある項目との関連にまで言及し，子どもの言語発達の理解やその支援にとって示唆に富むものになっている。

　第9章は，青山芳文氏による「就学相談（就修学相談）と新版K式発達検査」の論文である。教育者として障害児教育および発達相談に長年かかわってきた氏は，まず，我が国の特殊教育から特別支援教育への変遷の歴史をまとめている。次いで，就学相談や修学相談にかかわってきた経験から，新K式検査や他の検査を相談のなかで活用する必要性や方法について解説している。そのなかで，事例をもとに適切な支援を見つけるためのアセスメントの方法を示し，就学相談や発達相談の際の検査について，最適な指導目標や教育内容を考えるという目的に沿っておこなうべきと強調している。

　第10章は，礒部美也子氏の「新版K式発達検査による知的障害を伴う自閉スペクトラム症児の発達評価―第3・4葉の通過・不通過項目の検討―」である。氏は，発達心理学，障害児心理学の立場から，自閉スペクトラム症の新K式検査結果の特徴について研究してきた。検査の結果得られたプロフィールをもとに，得意な課題や不得意な課題がわかりやすい独自の分析表を作成し，事例を長期間にわたりフォローアップする場合や，多くの事例から共通する特徴を見出す場合など，例を挙げて説明している。そして，それらの結果を支援に活かす方法について解説している。

　第11章は，柴田長生氏が「知的障害の判定と新版K式発達検査—療育手帳判定を中心に—」というテーマで，主に福祉行政にかかわる心理職の立場から論述している。そのなかで，福祉制度としての療育手帳判定は知的障害者にとって重要であるにもかかわらず，統一された評価方法がないことについて説明している。また，適応能力についての標準的評価尺度がなかったため，全国知的障害者更生相談所長会において独自の療育手帳判定基準ガイドラインを作成し，有効であった経験を紹介している。最後に，新K式検査については，知的障害者の療育や教育そして支援に有効に利用できるツールとして活用することが望まれると述べている。

　資料編は，二つの資料からなる。

　資料1は，足立絵美氏の「新版K式発達検査の発行と頒布」である。氏は新版K式発達検査研究会のまとめ役であり，また公認心理師として京都国際社会福祉センター発達研究所の研究員も務めている。まず，京都市児童院で使われていた検査の開発と頒布をおこなうようになったいきさつから始まる。次いで，「はめ板」や「課題箱」が東北の授産施設の木工作業で作られていることや，清水焼でできている「玉つなぎ」の玉の製造元を探すのが困難であったことなど，変化する社会のなかで検査用具を維持してきた苦労話などを述懐し，検査や用具は子どもの興味や視点から考えることが大切であり，新K式検査の価値はそこにあるとする。そして，用具の頒布について，検査の考え方も含め「お分けする」ことであると述べている。

　資料2は，松岡利規氏による「K式発達検査関連年表」である。氏は公認心理師，臨床心理士として新版K式発達検査研究会に属している。まず，1931年の京都市児童院の創設以来の新K式発達検査の前身となるいくつかの検査について年代順に示している。次いで，1980年の「新K式検査」（初版）とそれに続く1983年の「新K式検査（増補版）」の発刊，それ以後ほぼ20年ごとになされた「新K式検査2001」や「新K式検査2020」の公刊などについて記載している。また新K式検査に関する初級や中級の講習会や新K式検査に関する出版物についても紹介している。

2．筆者の考える新版 K 式発達検査の特徴と魅力

　新 K 式検査の開発に携わって 30 年近くになる。それは縁あって教育大学の障害児教育講座に勤務するようになってからである。それまで筆者にとっての発達検査は，小児科医・小児神経医として病院や障害者の施設，保健所などで，子どもの発達の評価に用いる一つのツールであった。しかし今では「K 式検査をつくっている」と，自分のやってきた仕事（研究）を説明することばになっている。

　また，新 K 式検査の歴史に触れるなかで，多くの検査課題や用具はビネーやゲゼル由来であることを知ることができた。つまり，新 K 式検査は彼らの時代から 100 年の時を経ても利用され続けてきた検査なのである。

　そして筆者自身，少しずつ検査の特徴を理解するなかで，その魅力について考えることが多くなった。それは，新 K 式検査が〈姿勢・運動〉〈認知・適応〉〈言語・社会〉の 3 領域のみで構成されており，他の検査に比べ発達的特徴を評価しにくいという批判や，国際的に用いられている偏差 IQ を用いたウェクスラー式知能検査があっても，新 K 式検査の利用は衰えることなく広く使われているからである。筆者らがおこなっている新 K 式検査の講習会でも公認心理師や臨床発達心理士などの心理職，特別支援にかかわる教員や保育士，児童指導員，保健師，医師など多くの職種が 1 ～ 2 年待ちでも多数参加しているという現実に驚かされる。

　そこで本節では，この検査の特徴や魅力について，筆者が経験してきたことや考えてきたことを中心に，①子どもの立場に立った親しみやすい検査であるという点，②検査者および支援者や保護者が子どもの反応からその子の特性を理解し，支援計画の作成および療育や育児に役立てることができる点，③ 20 年おきの標準化により子どもの発達の変遷を知ることができ，その変化の原因について分析できる点，の 3 つの観点から述べたい。

［1］子どもの立場に立った親しみやすい検査であること

　筆者が新 K 式検査をはじめて使用した頃，対象年齢により検査課題が次々

に変わるため，習熟するには時間がかかり少し面倒な検査だと感じていた。しかし次第に，その困難さは検査者にとってであり，子どもにとっては興味を惹かれる用具や検査課題が次々と出てくるため，楽しんで取り組めるということが理解できるようになってきた。今ではそのことが，新K式検査の特徴であり他の検査と違う最大の魅力であると考えている。

　例として「課題箱」の課題について述べる。この検査の手続きは「課題箱を机の上に出し，利手の前に角孔が来るように標準点に置く。丸棒を子どもに渡して中央の孔を指さし『ここに入れてごらん』と言う」（新版K式発達検査研究会，2020a）のようになっており，1歳からの子どもが対象の課題である。

　課題箱は，第1章の図1-1（p. 26）に示したゲゼルの用いた検査用具にも含まれていてパフォーマンスボックス（performance box）と呼ばれている。直方体の一つの側面が開いている木製の大きな深緑色の箱で，子どもが向き合う面には丸や四角の孔が開いている。箱の大きさは新K式検査の他のすべての検査用具をしまう鞄と同じくらいで，とてもかさばり持ち歩くのに苦労する。しかし，検査に気持ちの向かない子どもでもこの箱が目の前に現れると，好奇心がわき上がるのか中をのぞき込んだり孔に指を入れたりと，とても興味を示す場面にしばしば遭遇する。

　新K式検査の開発に中心的役割を果たしてきた生澤雅夫氏は，座談会（園原他，1980）のなかで「私も始めパホーマンスボックスを見てね，こんなけったいなもん役に立つのかいなと思いましたが，子どもがよろこんでやるのでこれは大変な道具やなと思いました」「ゲゼルの本に書いてある規格書を一生懸命見まして，写真と比較しながら，板を買ってきて，鋸_{のこぎり}で切ってはめ板やパホーマンスボックスをこさえました（原文のまま）」と語っている。課題箱は，現在は東北地方の社会福祉法人で作られており，その製作には手間と時間がかかるため検査用具の注文に追いつかないと聞いている。

　「課題箱」の課題では，検査者の指示に従って子どもが反応するというより，子どもが課題箱に興味を惹かれ自ら反応する。すなわち，この箱にはアフォーダンス（affordance）の働きがあると感じている。アフォーダンスとは，人が環境に実在する物に対して抱く身体的関係を重視し，心をその身体と対象との積み重ねとしてとらえるものであり，その理論は生態学的心理学（Gibson,

1979）と呼ばれている。無藤（1997）は，アフォーダンスとは現実の物のもつ行為可能性であるとし，例えば椅子には見ている人に座ることができると思わせるアフォーダンスがあるという。

新K式検査の「課題箱」にも，このアフォーダンスの働きがあり，子どもの行動を引き出しているようである。そして，新K式検査の「積み木」や「はめ板」などの他の多くの用具や検査課題にも，同じように子どもの興味や動作を誘発するアフォーダンスの働きがあると思われる。そして，この働きがあるからこそ，ビネーやゲゼルの時代から乳幼児期の子どもに好まれる検査として続いていると筆者は考えている。

生澤は，先に引用した座談会（園原他，1980）のなかで，心理学者である園原の「テスト項目は年齢順に並んでいるように見えますが，与えているのは刺激状況なんですね。それに対する応答の仕方が子どもの発達段階によって非常に違う。（中略）どういう反応があるか，それをみようという。ビネーもそうなんです。それが奇しくもK式（新K式検査）は何十年か前にくっつけはったんやな」という発言に対して「それがまあ一奇しくもそうなったわけで，つまりはっきり言えば明確な哲学がなかったわけです。段々と何かこう哲学みたいなものがあるということですね。いろいろとコメントしていただいて気がついてきたことだと思います」と答えている。ビネーとゲゼルの二人の検査を結びつけたことは，おそらく偶然のような必然だったのだろう。本書第1章の「新K式検査の成り立ち」で，ビネーとゲゼルの検査について説明しているが，新K式検査の特徴は時代を超えて，彼ら二人に負うところがとても大きいと筆者は考えている。

このように，新K式検査には，子どもの発達年齢に合わせさまざまな検査課題がある。このことは，検査項目の数が多くなるという検査者泣かせの一面もある。しかしそれよりも，子どもにとってはそれぞれの発達段階で興味をもって検査に向かうことができる良さの方が大きい。新K式検査は，子どもにとってとても親しみのもてる検査であり，そのことがこの検査の特徴であり，最大の魅力であると思っている。

［2］検査者および支援者や保護者が反応から子どもの特性を理解し，支援計画の作成および療育や育児に役立てることができる

　新K式検査の二つ目の特徴であり，検査者や支援者そして保護者にとっても大きな意味をもっていることについて述べる。それは，子どもが一つ一つの検査課題に対して，どのように反応したかを観察そして記録することができ，その内容を子どもの理解や支援に活かすことができるという点である。

　山口（1987）は，検査には外的基準および内的基準の二つの側面があると述べ次のように説明している。外的基準とは，多くの健常児を対象として標準化されているため，客観的結果が得られ，医療者の診断や福祉の書類に記載できる発達年齢や指数が求められるという側面である。一方，内的基準は外的基準から導き出される数値を重視するのではなく，課題に対する反応から検査者自身が子どもを理解し，発達支援や療育の内容を考えたり，将来の成長を予測することができる側面であるとする。

　検査の多くは，二つの側面のうち前者を目的としておこなうことが多い。新K式検査も発達年齢や発達指数を求めることができる点では，同じ役割を有している。ところが，新K式検査は子どもの反応が正答かそうでないかを判断する前に，一つひとつの検査課題に対する子どもの反応を観察し，その内容を検査用紙に記録することが推奨されている。新K式検査の手引書にも「検査用紙の記録欄や余白を利用して，受検者の反応を生のまま記録しておかなければならない。教示に対する答えだけでなく，検査中の態度や各項目に対する反応など，できるだけ詳しく記録することが望ましい。検査の記録から，受検者の様子や検査への反応など全過程が再現できるのが理想であろう」と記されている（新版K式発達検査研究会，2020a）。これが他の検査と異なる点である。

　同じ検査課題であっても，子どもの年齢や発達により反応が異なる。遅れがある場合や得意・不得意の個人内差が顕著な場合もある。そのような場合，課題に対する反応の様子から子どもの特性を理解し，それを発達支援計画の作成や療育に活かすことが可能になる。そして，時には正答できた課題への反応のみならず，できなかった課題への反応から子どもを理解することも少なくない。

　筆者らはかつて，多くの発達障害児でコップ課題が不通過であることに注目し，検査用紙に記録された反応から，発達障害児の反応の様子の多様性とその

特徴を明らかにし，論文（郷間他，2018）にまとめたのでその一部を紹介したい。

「2個のコップ 2/3」の項目は手引書（新版Ｋ式発達検査研究会，2020a）に以下のように記載されている。手続きは「小犬と赤，青の小コップを1個ずつ提示し，青コップが利手側になるように，各々のコップを伏せて20cm間隔で横一列に並べる。小犬を持ち『ワンワンが隠れますよ』と言いながら青コップの中に入れる。小犬を入れたままコップの左右の位置を入れかえ『ワンワンはどこにいるの』と尋ねる。反応がないときには『ここです』と中を見せてから，コップの左右を入れかえ『ワンワンはどこにいるの』と尋ねる」という1歳3か月から1歳6か月の検査課題である。

この課題を，発達年齢が2歳前後の自閉スペクトラム症幼児12人に実施した場合の反応の様子について，検査用紙に記載のあった子どもの反応の様子を整理し表1に示した。

「検査者が示しているものを子どもが見ない」「物と検査者の顔を交互に見て確認することがない」「正しく開けることがあっても検査者に視線や表情で表現しない」など，乳幼児期の対人相互反応や社会的コミュニケーションにみられる反応の乏しさが特徴的に観察された子ども，「まずコップにさわりたい」「犬にさわりたい」「赤いコップを開けたい」など自分の興味を優先させてしまうといった興味の偏りが大きい子ども，「『犬のほうを開けて』という求められる意図がわからない」など課題の理解ができていない子ども，「隠されると興味を失う」など物の永続性の理解が不十分な子ども，「提示されるとすぐに手が出る」「待つことができない」「利き手側のコップだけ開ける」という子どもなど，多動性・衝動性や協調運動の未熟性に関するものなどが記録されていた。

ウェザビー他（Wetherby et al., 2007）は，1歳台の自閉スペクトラム症児を社会的コミュニケーションの側面から検討し，社会的参照（social referencing）に関係した「人・対象物・人」または「対象物・人・対象物」という視線の動き，他者へ示す興味や喜びの表情を伴った共感，大人の視線や指さした方向への注意（共同注意），などで定型発達児と出現頻度に差を認め，自閉スペクトラム症児の社会的コミュニケーションの障害は1歳半から2歳の発達の時期に顕著にみられるようになると報告している。また，新Ｋ式検査の共同開発者で

表1　隠しコップ（2個のコップ課題）で観察された子どもの反応
（郷間，2018 より一部改変）

対人相互反応や社会的コミュニケーション行動の未熟性
共同注意の欠如
検査者の指したり見ているものを子どもが見ない
感情共有の未熟性やソーシャル・レファレンシング（社会的参照）の欠如
検査者に視線や表情で共感を求めることをしない
興味・関心の偏り
自分の興味の優先
犬を見ないで，両方のコップをカチャカチャ合わせて鳴らす
ともかく犬に触りたい，犬をコップに入れたい
赤色のコップばかり開ける
課題の意味の理解の未熟さ
言語理解の未熟さ
犬が入っているほうを開けるという意図がわからない
物の永続性の理解不十分
隠され見えなくなると興味がなくなってしまう
行動コントロール（静観的態度）の未熟性
多動性・衝動性
制止しても手が出てしまい，待つことができない
運動の分離，協調運動（コップの開け方）
両手で同時に開けてしまう
利き手の前にあるコップのみ開ける

ある清水（2012）は，この課題について，言語発達の基盤や他者との共感的な
コミュニケーションの能力が育っているかをみる重要な指標になるとし，静観
的な態度の形成の有無や他者とテーマを共有できるかどうかなどが課題の遂行
に影響を与えると指摘している。

　したがって，筆者らの観察でみられた内容には，社会的コミュニケーション
の未熟性ゆえの反応も多数含まれており，〈認知・適応〉領域に属している
「コップ課題」は物の永続性の理解などの認知面のみならず，社会性の発達を
とらえるためにも適している課題と考えられた。

　このように，新K式検査は課題に対する子どもの行動や反応の特徴を質的
に検討し，子どもの理解や支援方法を考える場合にとても役立つことが多い。
さらに，検査者からの報告や検査場面に参加することにより，支援者や保護者

が子どもを理解するための情報を得ることができ，療育や育児に活かすことができる。このことも新K式検査のもつ意味のある重要な特徴であろう。筆者は，個人内差が大きくアンバランスさを示す発達障害児の行動特徴を質的に理解する場合にとくに有用であると考えている。

　ここまで，子どもの反応を観察・記録した結果の有用性について述べたが，検査用紙には反応を記録するだけでなく，検査終了時にプロフィールを描く。その方法は，手引書（新版K式発達検査研究会，2020a）に「検査用紙の各行ごとに，通過した項目（＋）から不通過の項目（－）へ移行する項目を調べる。境目がはっきりしないときは，はっきりするまで検査を続ける必要がある。すべての行で移行する項目が定められたら，検査は終了する。用紙上で各行ごとの，通過から不通過へ移り変わる項目を示すため1本の線につないで表したものを『プロフィール』と呼ぶ」「領域ごとの発達の相対的な進みや遅れは，プロフィールで視覚的に把握できる。領域別の発達年齢，発達指数に加え，プロフィールから得意な項目と苦手な項目に関する個人内差など多くの情報を得ることができる」と記載されている。

　さて，「子どもが，こんな難しい課題ができているのに，それより発達的にはずっと易しい別の課題ができないのはなぜだろう」と疑問をもつことはよく経験することである。例えば架空の事例で考えてみよう。7歳児で全検査の発達年齢は6歳半，〈認知・適応〉領域の発達年齢は7歳半，〈言語・社会〉領域の発達年齢は5歳半であったが，描いたプロフィールでは，3歳から3歳6か月の項目である「了解I 2/3」が不通過で，9歳から10歳相当の「模様構成II 3/3」の項目が通過していた。この結果から，この子どもは個人内差が大きいことやことばでの説明が苦手なこと，視知覚認知が得意なことが理解でき，支援として「得意な視覚的な情報を利用してコミュニケーションの手助けをすること」などの方法が考えられる。

　このように，新K式検査では描かれたプロフィールから，一つひとつの課題に対する子どもの反応に戻って検討できるのが特徴である。そして，日常生活場面での子どもの行動を支援者や保護者から聴き，検査場面と日常との合致点や相違点を通して本人の特性を確認できることも少なくない。

　これまで述べてきたように，新K式検査は，子どもの反応を観察，記録する

こと，およびプロフィールを描くという作業を実施することよって，子どもの発達の特徴を詳細に検討し，支援や育児にまで利用することが可能になるのである。したがって新 K 式検査は，子どもにとってだけでなく検査者および支援者や保護者にとっても有用な魅力的な検査ということができると思われる。

［3］20 年おきの標準化により子どもの発達の変遷を知ることができ，また その変化の原因について分析できる

　筆者らは，新 K 式検査 2001 の公刊後，その作成のため収集した資料を 1983 年版の資料と比較したところ興味深い結果を得ることができた。図形の模写課題（図版の図形をまねて描く検査課題）ができるようになる年齢が，正方形では 6 か月，三角形では 8 か月，菱形にいたっては 1 年も遅延していた（郷間，2016）のである。

　筆者は発達の遅延というこの結果を知って驚いた。それまで小児科医，小児神経医としての仕事のなかで，乳幼児健診などで発達を評価したり，障害のある子どもの診療のなかで発達検査をおこなって発達支援の課題を考えてきた。その間，個人差はあるものの健常児の平均的な発達はそれほど変化しないと漠然と思っていた。そして，もし変わることがあったとしても，幼児教育の進歩や知育玩具の普及といった環境の変化のなかで発達は早くなっているのではないかと考えていたからである。しかし先に示したように，実際は促進ではなく遅延してきている課題があるとの結果であった。筆者は新 K 式検査の開発にかかわりながらこのことに気づき興味をもった。子どもの発達のどの領域が遅れてきているのだろう，その原因はなんだろう，ではどうしたらいいのだろう，などと考え，現代の子どもの発達的変化の特徴と問題点を明らかにすることを目的として発達の変化についての研究を始めた。

　さて，今回の 2020 年の標準化資料の分析でも，いくつかの検査項目が変化した（郷間他，2022）。とくに折り紙の課題で 1983 年や 2001 年の標準化のときに比べ発達が遅延してきていた。正方形の折り紙を 2 回折って 4 分の 1 の大きさの正方形にする「折り紙 II」は 1983 年から 2020 年の約 40 年の間で 4 か月，それをさらに対角線で折り二等辺三角形をつくる「折り紙 III」は 6 か月遅れてきていた。そのため，今回 2020 年版では「折り紙 II」「折り紙 III」の検査用紙

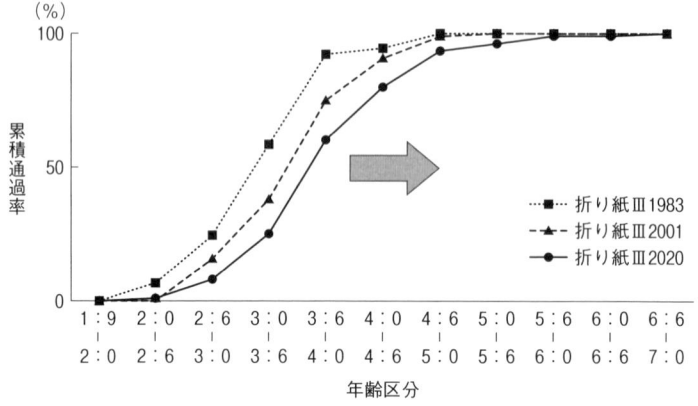

注）1:9-2:0は1歳9か月超2歳0か月以下を示す。

図1　「折り紙Ⅲ」の発達の年代別変化
（1983年，2001年，2020年の標準化資料の比較）

での配置が2001年版より一つ右側の高い年齢域に変更された。「折り紙Ⅲ」の約20年おきの年齢ごとの通過率のグラフを図1に示した。グラフは1983年から2001年，2020年へ経年的に右に移動しており，子ども全体の「折り紙」課題の発達が遅延していることが示唆された。

　さて，「折り紙」課題は，検査者が折るのを子どもが観察してから，できあがったものを手本として折るものであり，他者の動作模倣や視覚と手指の協調運動の発達が関連していると考えられる。筆者は，この課題の発達は，脳のミラーニューロンが関連していると考えている。近年の脳科学の進歩により明らかになったミラーニューロンは，サルの脳で発見された後，ヒトにも存在し社会脳に含まれることが明らかにされつつある。それは，他者の動作を見ているときに，その動作の動きにかかわる観察者自身のニューロンが活性化される。しかもその動作をおこなった経験がある場合，そのニューロンの活動は一層強くなるというものである。したがって，現代の子どもは，その働きが以前に比べ弱くなってきているのか，もしくは，折り紙の経験自体が以前より少ないことが推測される。また，手で折り紙を折るという機能からみると，現代の子どもは以前に比べ，手指の巧緻性の発達の遅れ，すなわち不器用になってきていることが考えられる。

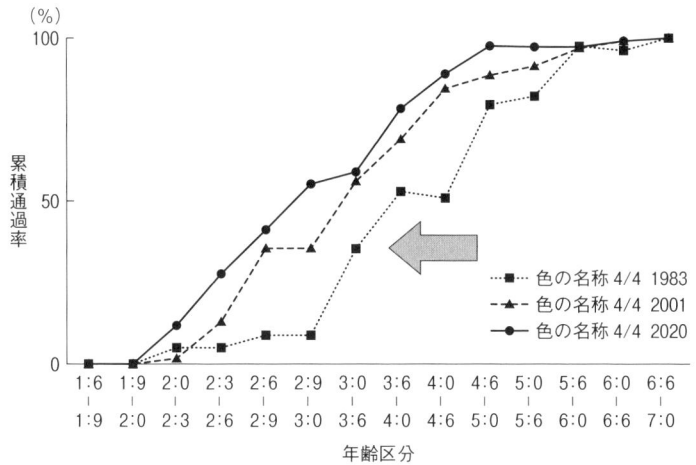

注）1:6-1:9 は 1 歳 6 か月超 1 歳 9 か月以下を示す。

図 2　「色の名称 4/4」の発達の年代別変化
(1983 年，2001 年，2020 年の標準化資料の比較)

　一方，「赤」「青」「緑」「黄」の 4 色の名称を答える色の名称課題は，発達が一貫して早くなってきた課題であり，40 年間の間に 12 か月促進していた。この課題の年齢別通過率の変化を図 2 に示した。色の名称の発達には，色の認知および「あか」「あお」などのことばの獲得と使用が関連している。色の名称課題の促進した理由として，実際に子どもに実施すると「レッド」「ブルー」など英語で答える 2，3 歳児も多いことから，カラーテレビの普及やキャラクターの名前など，現代社会における多様で豊富な色彩情報の影響が大きいと考えている。

　子どもの発達で，大きく変化してきている課題があることを実証している研究は私たちのもの以外は他に見当たらない。その理由として，①子どもの発達は一定の順序性と速度があり，時代により大きく変化すると考える専門家や臨床家は少ないこと，さらに，②子どもの発達の詳細を一定の方法と尺度で長期にわたり継続して評価することが困難であること，などが考えられる。しかし，筆者らは新 K 式検査の標準化資料を用いて，子どもの発達が変化してきていることを明らかにしてきた。そのことを可能にしているのは，ビネーやゲゼル

の時代からの課題や用具を継続して使用しており，また 20 年ごとに多くの健常児を対象に標準化資料を収集しているから可能になっていると考えられる。その意味では，私たちの発達検査開発は，子どもの発達の変化を長い経過のなかでとらえる役割を担っているといえよう。

　では，このような子どもの発達の変化はどのような要因によるのであろうか。最近提唱されている発達精神病理学（Cummings, 2000）では，人の発達が生物学的・心理的・社会的要素によってどのように影響を受けているかを解明することをめざすものであり，発達に影響を与える要因として，生物学的・遺伝的な要素のみならず，環境も人間の心理的発達だけでなく生物学的な機能にも影響をおよぼすというものである。このことは，それぞれの遺伝子には on/off のスイッチがあり，環境により on/off が変化し遺伝子の発現，すなわち病気のみならず知能や行動に影響を与えるというエピジェネティックス（epigenetics）の考えと関連があるように思える。

　このように考えてくると，環境要因は非常に重要な意味をもち，子どもの発達や行動に影響を与えていると考えられる。したがって，未来の子どもたちに望ましい発達が得られるよう，よりよい環境の整備が望まれる。そこで筆者らは，家族環境や養育環境，さらに遊びやスマホなどの生活習慣がどのように，子どもの発達に影響をおよぼしているのかについて研究を進めることを計画している。そして，その研究の実施のためにヘルシンキ大学の研究者と共同研究を始めたところである。本書では，その研究の成果の一部を，第 4 章で紹介している。今後も共同研究を進めていく予定である。

引用文献

Cummings, E. M., Davies, P. T., & Campbell, S. B. (2000). *Developmental Psychopathology and Family Process: Theory, Research, and Clinical Implications*. The Guilford Press.

Gibson, J. J. (1979). *The Ecological Approach to Visual Perception*. Houghton Mifflin. (ギブソン, J. J.　古崎　敬・古崎愛子・辻敬一郎・村瀬　旻 (訳) (1985). 生態学的視覚論―ヒトの知覚世界を探る　サイエンス社)

郷間英世 (2006). 現代の子どもの発達的特徴とその加齢に伴う変化― 1983 年および2001 年の K 式発達検査の標準化データによる検討Ⅱ―　小児保健研究, *65*, 282-

290.

郷間英世・田中　駿・大谷多加志・郷間安美子・中市　悠・小坂喜太郎（2018）．自閉症スペクトラム幼児の発達特徴の新版 K 式発達検査による検討　発達・療育研究（京都国際社会福祉センター紀要），*34*，47-56.

郷間英世・田中　駿・清水里美・足立絵美（2022）．現代の子どもの発達の様相と変化—新版 K 式発達検査 1983 と 2020 の標準化資料の比較から—　発達支援学研究，*2*，99-114.

無藤　隆（1997）．身体知の獲得としての保育　田島信元・無藤　隆（編）　協同するからだとことば—幼児の相互交渉の質的分析—　認識と文化 2（pp. 161-176）　金子書房

新版 K 式発達検査研究会（編）（2020a）．新版 K 式発達検査 2020 実施手引書　京都国際社会福祉センター

新版 K 式発達検査研究会（編）（2020b）．新版 K 式発達検査 2020 解説書（理論と解釈）京都国際社会福祉センター

園原太郎・生澤雅夫・岡本夏木・村井潤一（1980）．K 式乳幼児発達検査の改訂まで　発達，*1*，1-15.

清水里美（2012）．新 K 式検査 2001 を用いたアセスメントと発達相談　松下　裕・郷間英世（編）　新版 K 式発達検査法 2001 年版 発達のアセスメントと支援（pp. 109-143）　ナカニシヤ出版

Wetherby, A. M., Watt, N., Morgan, L., & Shumway, S.（2007）. Social communication profiles of children with autism spectrum disorders late in the second year of life. *Journal of Autism and Developmental Disorders, 37*, 960-975.

山口俊郎（1987）．検査をするということ　発達・療育研究（京都国際社会福祉センター紀要），*3*，87-93.

第Ⅰ部

新版 K 式発達検査
の基本的理解

第1章

新版K式発達検査の成り立ちと現代的課題

郷間英世

1. はじめに

　新版K式発達検査（Kyoto Scale of Psychological Development, KSPD；以下，新K式検査とする）は，京都市児童院（現京都市児童福祉センター）を中心とした子どもの発達にかかわる臨床家や研究者により開発された。新K式検査は，ビネー（Binet, A.），ゲゼル（Gesell, A. L.），ピアジェ（Piaget, J.），ビューラー（Bühler, C.），ウェクスラー（Wechsler, D.）など，諸外国の心理学者や医師の発達理論や発達臨床，および，我が国の鈴木（1930）や田中（1947）らの研究をもとに，独自の内容も加えて作成され発展してきた。新K式検査の理論的背景については，これまで出版された解説書（生澤，1985a；新版K式発達研究会，2020b）などに詳しく述べられているので参照してほしい。

　本章ではまず，新K式検査の理解を深めるために，かかわりの大きいビネーとゲゼルの発達理論や検査課題について述べたい。

　次いで，近年の発達障害者支援法や特別支援教育の始まり，DSM-ⅣからDSM-5への障害の診断基準の改訂など，障害児・者を取り巻く医療・教育・福祉の枠組みは大きな変化がみられている。またそれにつれて，発達検査の役割も変わってきて新しい課題も出てきているので，新K式検査の現代的課題や今後の方向性についても考えたい。

2．新版 K 式発達検査の成り立ち―ビネーとゲゼルを中心に―

［1］ビネーの検査と K 式発達検査

　新 K 式検査の開発に，その初期の段階から中心的な役割を果たしてきた生澤は，1985 年の新 K 式検査の解説書（生澤，1985b）の冒頭において「現在，我々の用いている発達検査のそもそもの始まりを調べると，それは，20 世紀初頭にフランスでビネーが考案した検査に行きつく。厳密にはビネーが 1908 年に公表した検査がそれであり，今日の知能検査や発達検査の原型であるとされている」と述べている。

　この 1908 年のビネーの検査は，3 歳から 13 歳級までの 58 課題からなり，健常児の何歳の水準に相当するかという見地から，それぞれの課題を年齢級に割り振っている。これは，幼稚園や小学校の子どもに課題を実施し，結果に基づいて年齢にあてはめたものである。できあがった検査をビネーは知能測定尺度と呼んだ。この尺度により，単に知的障害児だけでなく，健常児あるいは優秀児の知的水準や発達をも評価できることになった。これは今日の精神年齢や発達年齢という概念の先駆をなすものである。

　新 K 式検査は，現在でもビネーの発達評価の考え方や検査課題から多くの恩恵を被っている。表 1-1 に，ビネーと医師シモン（Simon, T.）による 1908 年の尺度の 3 歳から 6 歳の検査課題，および，それぞれに対応する新 K 式検査の項目を示した。

　新 K 式検査はビネーから多数の課題を採用し，現在も使用されていることが理解できよう。

［2］ビネーとその時代

　ビネーは，はじめ法律学を修めたが，さらに自然科学や心理学を志し，思考と知能を研究するようになった。その過程で，自分の二人の娘の乳児期から青年期に至るまでの発達の姿をまとめ，知能の測定尺度作成へと発展させた。ビネーは共同研究者のシモンとともに，成人知的障害者の施設で知能測定のための研究を始め，検査課題の作成を試みていた。そうしているうちに，フランス

表 1-1　ビネーの作成した幼児用検査課題と対応する新 K 式検査項目

年　齢	1908 年版ビネー・シモンテスト課題	対応する新 K 式検査項目と項目記号
3 歳	目，耳，口の指示	身体各部（V27）
	絵に描かれた物の名前の列挙	絵の名称（V32, V33, V34, V35）
	2 数の復唱	2 数復唱（V1）
	文の復唱（6 音節文）	短文復唱Ｉ（V6）
	姓	姓名（V37）
4 歳	自分の性別	性の区別（V38）*
	身近な物（キー・ナイフ・硬貨）の名	
	3 数復唱	3 数復唱（V2）
	2 つの線の長さの比較	長短比較（V9）
5 歳	2 つの重りの比較	重さの比較（P85, P86）
	正方形の模写	正方形模写（P107）
	文の復唱（10 音節文）	短文復唱Ｉb（V6b）**
	4 つのコインを数える	4 つの積木（V13）
	2 つの直角三角形で長方形を作成	四角構成（P88, P89）
6 歳	文の復唱（16 音節文）	短文復唱Ⅱ（V7）
	美の比較	美の比較（V10）***
	身近な事物の用途による定義	語の定義（V51）
	3 つの指示の実行	
	自分の年齢	年齢（V37b）
	午前と午後の区別	

*　「性の区別（V38）」は新 K 式検査 2020 で削除。
**　「短文復唱Ｉb」は新 K 式検査 2020 で追加。
***　「美の比較」は新 K 式検査 2001 で削除。

　公教育省に一つの委員会が設けられた。それは，知的能力の不十分さゆえに学校教育を受けることのできない子どもに適応すべき制度についてであった。そこで，施設で実施していた課題を学校に通っている子どもにもおこない，年少の子どもに実施した場合にも有効であることを確認した。そして試行錯誤の末，ビネー検査の 1905 年版（Binet & Simon, 1905）である「異常児（障害児）の知能水準を診断する新しい方法」を発表した。その尺度は，30 の課題を難易度順に並べたもので，通常の学習過程にある子どもや小学校の障害児に実施され，結果に基づいて有効性が吟味された。

　ビネーとシモンは，さらに改良を加え，子ども一般の知的発達を評価するための，先に述べた「子どもにおける知能の発達」を 1908 年（Binet & Simon, 1908）に発表した。ビネーはさらに，成人期の課題も加えて 1911 年版を開発

したが，その数か月後，脳溢血のため死去した。ビネーが中心的役割を果たしていた「子どもの心理学研究のための自由協会」は「ビネー協会」と改称され，継続して発達研究が続けられた。

［3］ビネー検査の理論と特徴

　ビネー検査を構成する課題は，やさしいものから次第に難しい順に並んでいて，それぞれの子どもがどこまで到達できたかによって決まる。例えば，10 歳に割り当てられる課題は，9 歳では少数のものしかできず，10 歳児では多くの子どもができ，11 歳ではさらに多くの子どもができる課題である。そのため，精神年齢（Mental Age, MA）が測定できるように作られている。例えば，精神年齢が 9 歳 6 か月という場合，その子の精神発達は 9 歳 6 か月の子どもの平均程度という意味である。このビネーの精神年齢の考え方は，新 K 式検査開発の当初から発達年齢として，一貫して用いられているものである。

　また，ビネーとシモンは正しい検査をおこなうのに必要な注意（Binet & Simon, 1954 大井他訳 1977）として，いくつかの条件を挙げている。その内容は，

　　①検査者は，必要な検査用具を準備しそれらを手近においておく。
　　②検査は，静かな部屋で実施する。
　　③検査者は，子どもと 2 人だけになる。教師や両親が付き添う場合には，あらかじめその人たちに沈黙を守り，子どもの反応の正誤への表情を表さないように説明する。
　　④検査者は，子どもに優しい態度で接し，好意的な口調で安心させるように努める。
　　⑤検査者は，検査のやり方を正確に守らなければならない。質問に変更を加えて，手掛かりを与えてはいけない。しかし，答を得るためにあらゆる努力をしなければならない。
　　⑥検査者は，答えの内容がどんなであろうと批判せず，それに満足している態度を示し，絶えず励ます。

などである。これらは，新 K 式検査の実施手引書（新版 K 式発達検査研究会，2020a）にある検査実施上の注意と大きな相違がないもので，現代にも通じる

ものである。

［4］スタンフォード・ビネー検査

　ビネーの検査は，アメリカ・ドイツ・日本など諸外国に伝わり評価され，翻訳や標準化がおこなわれた。とくにアメリカでは，スタンフォード大学のターマン（Terman, L. M.）による改訂が1916年（Terman, 1916）以後数回にわたりおこなわれ，スタンフォード・ビネー知能検査と呼ばれている。この検査では，それまでのビネー式にはなかった知能指数，IQ（Intelligence Quotient）という指標を採用した。それまでのビネー式では精神年齢は導入されていたが，精神年齢と生活年齢の比によって知能の水準を表すようにしたのは，スタンフォード・ビネー式からである。知能指数という概念は，わかりやすく，使いやすいので大いに普及した。

［5］ゲゼルによる子どもの観察と発達診断

　アメリカの心理学者で小児科医でもあるゲゼルは，文学博士と医学博士の学位を取得，その発達研究は独自の領域を開拓した。彼は，小児医学は心身両面にわたる健全な発達・成長をめざすべきものと考え，そのためにはまず，正常な乳幼児の発達過程を明らかにする。そして，その知識に基づいて診断をおこなう必要があり，このような診断を通じて障害が発見でき，適切な治療と指導がおこなえるとした。そして，発達診断の考え方を提唱し，その成果は『乳幼児の心理学─出生より5歳まで─』（Gesell, 1940）にまとめられた。

　ゲゼルのとった方法は，多くの乳幼児を継続的に観察し，発達基準の設定とそれに基づいた発達診断法の確立であった。彼は，子どもの観察に際してさまざまな用具を考案した。その際用いられていた用具は，現在の新K式検査で用いられている用具も数多く含まれている（図1-1）。

　また，ゲゼルはゲゼル児童発達研究所を創設し，自分の研究に最新の技術を用いビデオやカメラの当時の最新技術も活用した。彼はまた，子どもたちの邪魔をすることなく観察することのできるマジックミラーを備えた実験観察室も開発した。この研究所は，ゲゼルの死後も続き，1990年には京都国際社会福祉センターの所久雄理事長も訪れ，当時のエイムズ所長（Ames, L. B.）と我が国

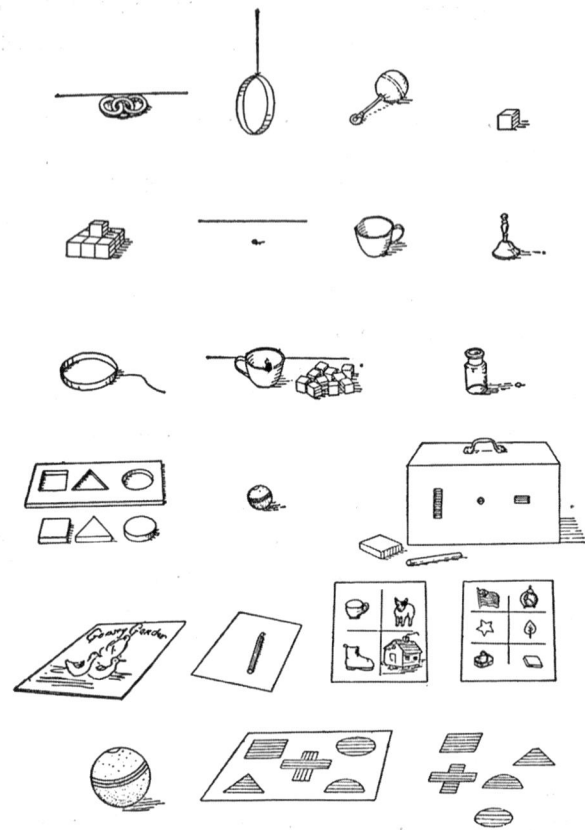

図 1-1　ゲゼルが発達診断に用いた検査用具（Gesell & Amatruda, 1941）
ガラガラ，ひも付き輪，積み木，コップ，はめ板，課題箱，絵カード，色板など，
現在でも新 K 式検査で使用されている。

の K 式発達検査について会談している。

［6］ ゲゼルの発達診断における発達の分野と発育傾向表

　ゲゼルは子どもの発達を運動行動，適応行動，言語，個人・社会的行動の 4
つの分野に分け，多くの正常な乳幼児の定期的な発達過程の観察から，週数や
月齢に応じた発達の順序性と成熟過程を示した。

　例えば，18 か月では，運動の分野では「めったに転ばない」「ボールを投げ

る」など，適応行動の分野では「3〜4個の塔をつくる」「線を引くのをまね
る」など，言語の分野では「自分の名前も含め100語いう」「絵カードの一つの
名前を言ったり指したりする」など，個人・社会行動の分野では，「空の皿を
母親に手渡す」「人形を運んだり抱いたりする」などがある。

　また，各分野における発達の様子を示した年齢ごとの発達スケジュールを
作成し，発達診断に役立てている。この発育傾向表（表1-2）（Gesell &
Amatruda, 1941）は現在の新 K 式検査の検査用紙の原型の一つであろう。

［7］ ゲゼルの発達診断の実際

　ゲゼルは，その著，『発達診断学』（Gesell & Amatruda, 1941）のなかで，子
どもの発達上の偏りを定期的に診断することを重視し，医師や保健師によりな
される評価は，知能指数の測定ではなく臨床神経学の視点からの発達や行動観
察から示されるべきである，と述べている。

　ゲゼルは，障害のある子どもへの発達診断をおこなった事例についても数多
く記載している。以下に述べる知的発達に遅れのある事例の記載は非常に興味
深いので紹介したい（筆者訳）。

　　この例は，1歳1か月まで，声の表出の遅れを除いて正常と見なされてい
　た。15か月の時は，検査の用具に興味を示さずに，天井や自分の手をぼんや
　りとみつめていた。サークルの内でつかまり立ちをして，自分の体を長時間
　にわたり前後にゆすっていた。そのほかの癖のように繰り返す行動は長い施
　設生活の影響と思われた。1歳8か月では，その行動はさらに奇妙で，わざ
　と他人に無頓着で，玩具からは驚いて身をさけ，突然挨拶するような態度で
　頭をひっこめて天井を見つめたり，検査者のわずかな動きにも敏感であった。
　2歳になると，同じような奇妙な行動特徴は続いていたが，2個の積み木の
　塔をつくり，線描画を模倣し，椅子に這い登り，自分のコップを手に持って
　飲むなど，多少の成熟も見られた。
　　3歳になっても体を前後にゆすり，頭をかしげて天井をみつめる，視線を
　避けるといった行動等は続いていた。この頃にはよく歩き，支えなしに階段
　を昇り降りし，5個の積み木の塔をつくり，描画においても直線と円形曲線
　を区別してまね，はめ板に円形および角形の木片をはめた。1語を明確に発
　音したが，絵を指し示すことはせず，検査者の指示を理解して行うことはな
　かった。これらの行動や発育歴から，1歳9か月の成熟の程度であり，境界

表1-2　発育傾向表 (Growth Trend Chart, 15〜36か月)（ゲゼルの発育傾向表

	15か月	18か月	21か月
本	ページをめくるのを手伝う 絵をたたく……………	2－3ページを一緒にめくる 選んで絵を見る…………	
積　木	2個の塔………………	3－4個の塔…………	5－6個の塔………… 汽車(トラック)－積み木を押す……
コップと積木	6個の積木の出し入れをする	10個の積木を入れる	
小球と瓶	例示なしで小球を入れる…………	小球を取り出す………	
描　画	クレヨンを握る なぐり描きをまねる……… 線をまねし始める………	自発的ななぐり描きをする 線をまねて描く………	
色板（形の弁別）			
はめ板	(15か月では円板だけ) 円板をおく 円板をはめる 円板をなげる	(3種類の木片をわたす) 3個をつみ重ねる 1個をはめる はめない	2個をはめる
絵カード		一つの絵の名を言うか指す…	
数			
姓名・性			
課題箱		箱に角板を当てる…………	角板の角をさしこむ…………
検査物		ボールの名を言う………	
了解問題			

　知的発達と評価された。改善の見込みはあまり期待される程には見えなかった。
　4歳になると，注意の持続が短かいことは続いていたが，その行動の質的様相は以前より正常に近づいた。積み木で8個の塔をつくり，左右対称に並べて門や橋の形を作ることができた。十字形をまねて部分的に模写し，3語のみ話すことができた。指示を理解して行動することができないのは注意力が欠けているためのようであった。臨床像はなお多くの不規則性を認めたが，全般的には2歳6か月程度の成熟であると記述された。
　5歳では3歳レベルと思わせる能力を断片的に示した。しかし行動は多動であり，反応は注意が足りなかった。自発的な積み木での創作は正常幼児でも見られるものであった。しかしことばの発達はかろうじて1歳6か月程度であり，注意の向け方はひどく一般的でなく，それは適応行動の不安定性ならびに障害があることを物語っていた。診断を述べると，境界知能および一貫性のなさと評価された。

（Gesell & Amatruda, 1941 新井・佐野訳 1958）から一部改変）

24 か月	30 か月	36 か月
1 ページずつめくる		
描かれたものの名を言う		描かれた絵の動作を言う
6－7 個の塔	8 個の塔	9－10 個の塔
2 個を並べる	煙突をつける	
		橋（家）を模倣してつくる
コップに一杯入れて手渡す		
	指でクレヨンを持つ	
		自分で描いたものの名をいう
縦線をまねて描く	水平な線をまねて描く	
円をまねて描く		円を模写する
	交差した線をまねて描く	十字形をまねて描く
	1 つできる	3 つできる
木片を盤上に載せる	次々に出してやると全部はめる	
全部はめる		
4 回やって成功する	繰り返しできるが間違うことあり	失敗なしか間違えてもすぐ直す
3 つの名を言い，5 つを指す	5 つの名を言い，7 つを指す	8 つの名を言う
	2 数復唱	3 数復唱
	姓と名を言う	自分の性を言う
角板を入れる		
2 つの名を言う	用途を言う	
		一つ答える

　ゲゼルの発達診断法を用いたこの記述は非常にわかりやすく，子どもの様子が伝わってくる。そして本症例は自閉スペクトラム症の特徴を有する幼児と考えられる。また，この長期間にわたるフォローアップの経過は，現代の知的障害や発達障害児の発達の経過観察に通じるものがあり，ゲゼルによる観察を重視した発達診断のすばらしさが理解できる。

　さらに，この『発達診断学』が出版されたのは，1941 年である。カナー（Kanner, L.）が自閉症児を報告したのが 1943 年（Kanner, 1943）であることを考えると，自閉症の特徴をよくとらえて記述されていることに驚かされる。

3．新版 K 式発達検査の現代的課題

［1］発達障害と知能検査や発達検査の役割

　先に述べたように，ビネーの知能検査は当時の社会的および教育的状況と医

学や心理学などの発展とを背景としたものであり，知的障害児を識別するという社会的要請に応え開発された。では，現代はどのような発達検査や知能検査を必要としているのであろうか。

　まず，昨今の障害の枠組みの広がりを考慮する必要がある。2004 年の発達障害者支援法の制定や 2007 年からの特別支援教育以後，発達障害やその家族も支援の対象となった。2022 年の文部科学省の調査では，知的発達に問題がないが発達障害の特徴をもち社会性・行動・学習などに困難をきたして支援が必要である子どもは 8.8％であり，2012 年の結果の 6.5％より増加していた。2022年の内訳は小学校 10.4％，中学校 5.6％で低学年ほど高率であり，性差は男児12.1％に対し女児 5.4％で男児が 2 倍以上であった（文部科学省，2022）。

　発達障害の診断は，DSM-5-TR（APA, 2022）などの診断基準によってなされる。例えば，自閉スペクトラム症が疑われた場合，社会性やコミュニケーションの発達の未熟さのため，表 1-3（郷間，2015）に示したような障害の特性からもたらされる生活上の困難が顕著だったり，障害に関係した二次障害が認められる場合は，診断基準をもとに診断がなされる。なお，診断に際して，知的障害の有無について発達検査や知能検査により確認しておくことは，適応状態や支援を考える際に重要である。

　さて，発達障害が障害に含められた結果，検査を開発する立場からみるとどのような課題をもたらしたのであろうか。まず，発達障害児・者の数の多さが挙げられる。発達障害児・者は知的障害児・者に比べ数倍多いため，検査の対象として膨大な人数にならざるを得ない。もう一つは，発達検査や知能検査は，以前は主に知的発達の評価や診断を目的に作成され使用されてきた歴史があるが，発達障害の場合はこれだけでは不十分で，行動観察や他の検査所見も必要になる。これらの点を考えると，発達検査や知能検査は，社会性やコミュニケーションおよび行動など発達障害の特徴を示唆するような反応をとらえられるような検査を含み，簡便におこなうことができるものに改変していく必要があると考えられる。それは，ビネーの時代に知能検査が求められたように，現代という時代の要請のように思われる。

表 1 - 3　障害の特性による子どもの生活上の困難と二次障害（郷間，2015 より一部改編）

障害名	障害の特性からもたらされる 子どもの困難	二次的に生じる困難 （二次障害など）
知的障害 （ID）	考えることが幼い 生活習慣が身につきにくい 生活年齢に合った行動ができにくい 勉強がついていけない コミュニケーションがうまくできない 友達とルールのある遊びができにくい	心理面 　対人恐怖 　達成感が持ちにくい 　ほめられることが少ない 　自己評価が低い 　うつ（気分障害） 　神経症（不感障害）
自閉スペクトラム症 （ASD）	友達とうまく関われない ルールが理解できない コミュニケーションがうまくできない 情報量が多いと混乱する こだわりが強く気持ちのコントロールができない 感覚の過敏性のため，適応しにくい	行動面 　攻撃性 　からかい，いじめをうけやすい 　反抗的（反抗挑戦性障害） 　非行（行為障害） 　不登校 　ひきこもり
注意欠如 多動症 （ADHD）	先生の話をじっと聞けない 学校の準備に時間がかかる 忘れ物が多い 我慢して最後までやることができにくい 教室をうろうろする 衝動的な行動に出やすくトラブルになりやすい	学習面 　学習の遅れ 　学習意欲の低下 その他 　PTSD 　解離性障害 　適応障害
限局性 学習症 （SLD）	聞きもらしが多い 勝手読みがある 言葉での説明がうまくできない ノートの字がうまく書けない 計算ができない，算数の文章題ができない 早合点や飛躍した考えをする	薬物乱用 　ゲーム依存 （これらの二次的障害は，障害の 種類にかかわらず，生じる）

［2］DSM-5 における診断基準と発達検査や知能検査

　障害を含めた精神疾患についての考え方は変わりつつある。アメリカ精神医学会の診断基準である DSM-5（APA, 2013）では，知的障害についての診断は大きく変化した。それまでの DSM-Ⅲや DSM-Ⅳにおいては知能検査や発達検査の結果としての指数が知的障害の診断や重症度判定の大きな根拠となっていた。しかし，DSM-5 においては IQ の数値の記載はなくなった。つまり個人の知的能力だけでなく，生活上の適応困難や支援ニーズの状況も含めて診断や重症度の評価がなされるようになった。具体的には，これまでの DSM-Ⅳ（APA, 2000）における知的障害は，明らかに平均以下の知的機能（個別施行に

よる知能検査で，およそ70またはそれ以下のIQ）で，かつ適応機能の欠陥または不全が，意思伝達・自己管理・家庭生活・社会的/対人的技能・地域社会資源の利用・自律性・発揮される学習能力・仕事・余暇・健康・安全のなかの2つ以上の領域で存在する，というように検査結果のIQが大きな根拠となっていた。重症度の評価も知能検査や発達検査の結果により分類され，軽度の知的障害のIQは50〜69，中等度が35〜49，重度が20〜34，最重度が19以下となっていた。しかしDSM-5においての診断は，論理的思考，判断，学習などの知的機能の欠陥ということばはあるものの，IQの数値の記載はなくなり，知的機能と適応機能の両面の欠陥を含む障害という内容になった。重症度の判定においてもIQの値ではなく支援を考える際に必要な適応機能に基づいてなされるようになった。

　この障害のとらえかたの変化により療育手帳の判定基準も変わってきている。京都市においても療育手帳は，必ずしも発達検査結果の指数にとらわれず，以前では境界知能や平均下知能であった子どもが生活上の困難を考慮され手帳が発行されるようになってきている。療育手帳の判定については，第11章に詳細に述べられている。

　このように発達検査や知能検査は，これまでのように知的障害の診断の絶対的な根拠ではなくなってきている。このことを考えたとき，発達検査や知能検査の役割も変化が求められている。すなわち，子どもの適応機能や生活上の困難を反映できるような日常生活の質的な部分も評価できる検査が求められている。これも発達検査に求められている時代の要請としての一つであろう。

［3］発達検査や知能検査の役割の広がり

　これまでの発達検査や知能検査の役割は，一人ひとりの子どもの発達や知能の状態を評価し，診断，治療や発達支援に役立てたり，経過をフォローアップすることを目的としたものであった。しかし，個人の発達でなく多数の子どもの発達の評価に発達検査や知能検査が用いられ，医療や保健に役立てる場合も増えてきている。例えば，低出生体重児は脳性麻痺や知的障害・発達障害などの発生率が高いことが知られているが，その根拠として全国の多くの施設が参加している新生児ネットワークデータベース（Neonatal Research Network,

NRN) の共同研究の成果が利用されている。未熟児の発達やその課題について
は，第 7 章に詳しく述べられているので参照してほしい。

　最近では，環境庁により 2011 年から 10 万人規模の「子どもの健康と環境に
関する全国調査（エコチル調査）」という疫学調査（環境庁ホームページ参照）
がおこなわれている。この調査は妊娠中から生後 13 歳になるまで定期的な健
康状態のチェックをおこない，さまざまな環境要因が子どもたちの成長・発達
にどのような影響を与えるのかを明らかにすることを目的としている。このエ
コチル調査では，幼児期には新 K 式検査が，学齢期には WISC-IV 知能検査
(Wechsler Intelligence Scale for Children-Fourth Edition) が，心理専門職に
よりおこなわれ発達が評価され，結果もホームページなどで報告されつつある。

　また筆者は，代謝異常の医学者の研究会で講演する機会があった。先天性の
難病であるムコ多糖症の治療に国立成育医療研究センターを中心とした研究グ
ループが，世界に先駆けて分解酵素製剤の脳室内投与の治療法を開発し，厚生
労働省に認可され，その治療の効果は新 K 式検査を用いて評価されるように
なった。筆者の役割は新しく刊行された新 K 式 2020 の内容や考え方を説明す
ることであった。講演の後の質問に「新 K 式 2001 から新 K 式 2020 への移行
は可能か」と「この治療法を国際的に広めていくには，どのような評価法があ
るか」があった。これに対し，移行は可能で統計的に確認されていることを説
明した。国際化に関しては，乳幼児期から学齢期まで同一の検査で評価できる
新 K 式検査のような尺度は少なく，国際化は新 K 式検査にとっても将来的な
検討課題であることを述べた。

　このように，新 K 式検査は，社会的ニーズの変化とともにその利用の幅や役
割が広がってきているのである。

［4］新 K 式検査の今後の課題─外国にルーツのある子どもの検査から考える─

　新 K 式検査がこれから取り組むべき内容として，子どもの発達の変化の要
因の検討や研究，領域数が 3 領域と少ないことへの対応など，さまざまな課題
がある。ここでは，これから必要性が増してくると思われる外国にルーツのあ
る子どもへの検査について考えたい。

　新 K 式検査の初級や中級の講習会は年に計 10 回ほどおこなわれているが

「外国にルーツのある子どもの検査をどのようにしたらよいか」という質問が毎回のようにある。通訳を通じて保護者の母語を用いて検査している地域も少なくないようであるが，それだけで解決されるわけではない。筆者がある保育園を訪問したとき，両親とともに東南アジアから来日した子どもについて，家庭では日本語を話すことがなかったので，保育園へ入所した当初はコミュニケーションが困難であったが，少しずつ追いついてきていると説明を受けた。

　外国にルーツのある子どもは，日本語でのコミュニケーションが十分ではない場合も少なくなく，ことばの発達の遅れから，療育や特別支援教育の対象になりやすい。毎日新聞（2019）で，外国人が多く住む市町の公立小中学校に通う外国にルーツのある子どもの 5.37％が特別支援学級に在籍しており，その割合は日本人の子どもの 2 倍以上であると報道された。それを受けて相磯（2021）はその原因について，ことばの遅れや行動の問題から障害を疑われることが少なくないこと，複数の言語に触れて育った場合どの言語も年齢相応のレベルに達しないというダブルリミテッドの問題を取り上げている。また，アセスメントの誤判定の理由の一つとして子どもの母語で検査を実施できる専門職がいないことを挙げている。岡崎（2021）は，発達検査は通常日本語でおこなわれ，日本語を母語と同様に使えない子どもの場合正確な検査はできない。そのため，子どもの学習や行動面での問題が，障害に基づくものなのか，文化や環境のせいなのか見極めが難しいと述べている。そして，言語や文化の違いについての知見のある検査者が不足している問題点を指摘している。

　以上のような問題のあるなかで，外国にルーツのある子どもは我が国の少子化のためますます増加してくると考えられる。では，発達検査を開発している筆者らはどのような対応していけばいいのだろうか。

　それには，二つの方向性が考えられる。一つは，それぞれの国の言語や文化に合わせて改編し，それぞれの国のことばで標準化したものを使用するという方向である。もう一つは，文化や生活習慣の異なった国でも利用可能な検査項目を精選した「グローバルな尺度（global version）（仮称）」を開発するという方向である。

　筆者らは，数年前から「ベトナムの子どもたちを支援する会（The Support of Vietnam Children Association, SVCA）」の依頼で 3 回現地に行き，新Ｋ式

検査の内容の紹介と検査の指導をおこなってきた。ベトナムでは，まだ標準化された幼児用の発達検査がないので興味をもたれ，2回目と3回目は，日本語の手引書をベトナム語に翻訳しその説明をおこなった後，現地の教員や医療スタッフが現地の障害のある子どもに検査をおこなうのを指導した。そしてその際は，ベトナムで広く使用するためには，ベトナムのことばと文化に合わせて独自に発達検査を開発する必要があることを痛感した。現在，名古屋大学とハノイ教育大学のチームが，ベトナムでの発達検査の標準化をめざして研究を開始しており，筆者らも協力している。

　これらは，先に述べた二つの方向の前者である。それは，その国のことばや文化に合わせて作成されているため，子どもに親しみやすいという点からは意味のあることと思われる。しかし，日本で生まれた外国にルーツのある子どもや来日後日本で成長した子どもにとっては，必ずしも正確な発達評価ができるわけではない。また，それぞれの国で標準化された検査ができるまでには，長い時間が必要になる。

　二つの方向性のうちの後者の内容を考えてみよう。それには，新K式検査の検査項目や内容を再検討し，さまざまな国で使用が可能な内容で構成される尺度に変更していく，もしくは，現在の新K式検査の検査項目のなかから多くの国で利用可能な検査項目を取り出した簡易尺度を作成することが考えられる。これは，今後のグローバルな社会で生活する子どもの発達を評価するには有意義と考えられる。このような「グローバル版」を開発し，外国にルーツのある子どもそれぞれが一番利用しやすいことばに翻訳して用いれば，発達評価がより正確にできる可能性があると考えられる。

　以上，外国にルーツのある子どもの課題を中心に新K式検査の今後の方向性を考えてみた。今後も，社会のさまざまな変化に対応できる新K式検査の開発に取り組んでいく必要があると考えている。次の世代に託したい。

引用文献

相磯知子（2021）．外国人の子どもの「障害」に関する研究の概観―外国人の子どもの就学相談の基礎資料として―　植草学園短期大学紀要, *22*, 21-32.

American Psychiatric Association（2013）. *Diagnostic and Statistical Manual of Mental Disorders*（5th ed.）: *DSM-5*. American Psychiatric Publishing.（米国精神医学会 髙橋三郎・大野　裕（監訳）（2014）. DSM-5 精神疾患の診断・統計マニュアル　医学書院）

American Psychiatric Association（2000）. *Quick Reference to the Diagnostic Criteria from DSM-Ⅳ-TR*. American Psychiatric Publishing.（米国精神医学会　髙橋三郎・大野　裕・染矢俊幸（訳）（2002）.DSM-Ⅳ-TR 精神疾患の分類と診断の手引き　医学書院）

American Psychiatric Association（2022）. *Diagnostic and Statistical Manual of Mental Disorders*（5th ed., Text revision）. American Psychiatric Association.（米国精神医学会　髙橋三郎・大野　裕（監訳）（2023）. DSM-5-TR 精神疾患の診断・統計マニュアル　医学書院）

Binet, A., & Simon, T.（1905）. Mèthodes nouvelles pour le diagnostic du niveeau intellectuel des anormaux. *L'Annèe Psychologique, 7,* 191-244.

Binet, A., & Simon, T.（1908）. Le dèveloppement de l'intelligence ches les jeunes enfants. *L'Annèe Psychologique, 14,* 1-94.

Binet, A., & Simon, T.（1954）. *La mesure du dèveloppment de l'intelligence ches les jeunes enfants.* Librairie Armand Colin.（ビネー, A., & シモン, T.　大井清吉・山本吉典・津田敬子（訳）（1977）. ビネ知能検査法の原典　日本文化科学社）

エコチル調査（2011）. 環境省ホームページ　Retrieved August 2, 2024, from https://www.env.go.jp/chemi/ceh/

Gesell, A.（1940）. *The First Five Years of Life*. Harper & Row.（ゲゼル, A.　山下俊郎（訳）（1966）. 乳幼児の心理学―出生より5歳まで　家政教育社）

Gesell, A., & Amatruda, C. S.（1941）. *Developmental Diagnosis Normal and Abnormal Child Development*. Paul B Hoeber.

郷間英世（2015）. 障害児をとりまく現状から発達検査の役割と課題を考える―小児神経科医としての立場からの検討―　発達・療育研究（京都国際社会福祉センター紀要），2015 増刊号，1-8.

生澤雅夫（編）（1985a）. 新版Ｋ式発達検査法―発達検査の考え方と使い方―　ナカニシヤ出版

生澤雅夫（1985b）. 発達のとらえかた　生澤雅夫（編）　新版Ｋ式発達検査法―発達検査の考え方と使い方―（pp. 5-24）　ナカニシヤ出版

Kanner, L.（1943）. Autistic disturbances of affective contact. *Nernous Child, 2,* 217-250.

毎日新聞（2019）. 外国籍は通常の2倍　特別支援学級在籍率　日本語できず知的障害と判断か　Retrieved August 2, 2024, from https://mainichi.jp/articles/20190831/k00/00m/040/156000c

文部科学省初等中等教育局特別支援課（2022）. 通常の学級に在籍する特別な教育的支援を必要とする児童生徒に関する調査結果について　Retrieved August 2, 2024, from https://www.mext.go.jp/b_menu/houdou/2022/1421569_00005.htm

岡崎　渉（2021）．外国人の子どもに対する教育の現状と課題—子どもの権利条約の観点から—　兵庫教育大学研究紀要, *58*, 65-75.

新版 K 式発達検査研究会（編）（2020a）．新版 K 式発達検査 2020 実施手引書　京都国際社会福祉センター

新版 K 式発達検査研究会（編）（2020b）．新版 K 式発達検査 2020 解説書（理論と解釈）京都国際社会福祉センター

Terman, L. M.（1916）. *The Measurement of Intelligence*. Houghton Mifflin.

第2章
新版K式発達検査の
開発・改訂における標準化

清水寛之

1. はじめに

　一生涯にわたる人間の成長や発達は，全体として急速な変化の時期と緩やかな変化の時期があるように思われる。しかしながら，成長や発達の諸側面を表す各種の測定・評価の指標において上昇や下降，維持・停滞がみられたとしても，私たちは必ずしも自身の変化を敏感に感じとっているとは限らない。むしろ，「できること」と「できないこと」に関するさまざま出来事を経験し，他者から指摘を受けることによって，そうした自己の変化に気づき，受け入れることができるようになる。このことは自己の変化だけでなく，身近な子どもや友人，高齢者の場合も同様である。つまり，個人の実感や内観だけでは実際の発達的変化を確実にとらえきれない。その意味で，個人の成長や発達を客観的に正しく評価し，その評価結果に基づいて必要に応じて適切に発達的変化に対処するのが望ましいと考えられる。

　本章では，最初に，心理検査の標準化に関連した重要事項を解説する。次に，心理検査の背景にあるいくつかの統計的概念を説明する。続いて，新版K式発達検査においてこれまでにどのような考え方に基づいて基礎的なデータが収集され，開発と改訂がおこなわれてきたのかについて取り上げる。最後に，さらなる改訂に向けて，いくつかの問題を提起し，今後の課題を検討する。

2．絶対評価と相対評価

　個人の心理特性や反応傾向，能力などを特徴づける際に，絶対的な基準によって評価する場合と，他の人たちとの比較・参照をもとに相対的に評価する場合がある。

　例えば，小学4年生の A 君が「72点」と採点されたテスト結果を自宅に持ち帰ったとしよう。この点数に対して，親は良い点数だとして A 君をほめるだろうか。あるいは，点数が低いので，もっと勉強を頑張るように励ますだろうか。そのためには最初に，このテストが何点満点であるかを知る必要がある。仮に 100 点満点であることがわかったとする。そのうえで，親によっては，小学校で教えられる内容を完全に理解していれば必ずテストで 100 点を取れるはずだと考え，100 点中 72 点であるから学習達成度（または，その問題に関する理解度や学力など）は 72％であるとみなすかもしれない。この場合，テストの点数は子どもの学習達成度に直結しており，0 点はまったく学習が達成できていないことを，100 点は完全に学習が達成されていることを表していると受けとめる。これは絶対評価である。

　一方，別の親は，同じテストを受けたクラス内の他の生徒の最高点，最低点，平均点などを A 君に尋ね，テストの点数に関するクラスの分布をもとに A 君の成績を位置づけようとする。これは相対評価である。テストが難しく，72 点が最高点である可能性や，その逆に，テストがやさしく，誰もが 100 点を取っているなかで A 君が 72 点であったという可能性などを考慮するならば，この相対評価は十分，合理的であると考えられる。

　そうすると，次に，A 君がどのようなクラスのなかにいるのかが大きな意味をもつ。すなわち，どの範囲をもって A 君を含む全体の集団ととらえるかが問題となってくる。現実的には同じ学年や同じクラスで同一のテストを受けた子どもたちを全体集団であると考えるが，A 君の点数の位置づけという意味では，どのような集団が背景にあるととらえるかによって評価は変わってくる。つまり，A 君の点数が評価されるときの母集団（population）は，ある特定のクラスなのか，同一学年全体であるのか，特定の小学校を超えた同じ市町村の小学

校全体なのか，日本の小学校全体の生徒なのか。このようにみていくと，Ａ君の点数をできるだけ客観的で正確に評価するためには，テストが普遍的で一般的で，数多くのさまざまな子どもたちが受けて点数がわかっているものが望ましいことになる。

　ところで，Ａ君の受けたテストが教科担任教師によって独自に作成されたもの（教師作成テスト）である場合，その教師自身が文部科学省の定めた学習指導要領などの統一的な教育課程の基準を参考に，実際的・具体的な学習目標に即してクラス児童を評価することを目的としている。そのため，このテストは絶対的な学習達成度の考え方に基づいているといえる。その一方で，テスト成績の最高点，最低点，平均点，成績順位などを調べれば，子どもたちの個々の学習達成度を相対的に評価することができる。すなわち，限られた範囲ではあるが，相対評価の側面をあわせもっている。ただし，この場合，テストの作成や実施手続き，配点，採点などは教科担任教師の裁量に全面的に委ねられており，あくまでクラスのなかでこのテストを受けた子どもたちだけの相対評価にとどまっている。

　心理学で用いられる検査や尺度のほとんどは，相対評価の観点を前提に開発されている。新版Ｋ式発達検査もその例外ではなく，むしろ時代背景や社会情勢の変化に柔軟に対応して改訂を重ね，個人の発達特性をつねに正確に厳密に測定・評価するための基本整備を心がけてきた。

3．心理検査の標準化

　心理学では一般に，標準化（standardization）とは，検査や尺度の作成にあたって，誰もが一定の手順やルールに基づいて検査や尺度を一貫して用いることができるように，実施・採点のための一連の手続きを定めることをいう。適切な標準化のプロセスを経て作成された検査を標準検査（standardized test）という。他方，前述の教師作成テストのように，標準化がなされずに作成された検査を非公式検査（informal test）という。

　一つの心理検査において標準化が厳密におこなわれていれば，基準値（norm）との比較・照合によって個人の特徴を適切にとらえることが可能になる。言い

換えれば，異なる個人から得られた結果を比較するためには，検査や尺度にお
ける実施手順や採点の仕方が厳格に定められ，誰がいつどこで実施しようが，
明確に同一の条件になるように設計されなければならない。このことは，心理
学だけでなく，実証科学における観察や実験において統制条件や対照群，ベー
スラインなどを整然と設定することと同じ原理であるといえる。

　心理検査の場合，検査者によって実施される検査の手続きの統一化という点
で，心理検査の開発者は当該の検査を実施する際の諸条件を明確に規定し，実
施のための手引書や指示書などを詳細に作成する必要がある。そうした実施手
順や実施条件の設定は，心理検査の標準化の主要な部分を構成している。この
ような観点から，特定の心理検査で用いられる検査用具（検査器具や検査装置，
検査図版，刺激材料など）や検査用紙，記録用紙などは統一的に規格化されな
ければならない。検査室での検査者と検査参加者の位置関係，実施時の検査課
題の提示方法，検査順序，時間制限，練習課題の有無，検査者による説明・指
示・教示，検査参加者からの質問への応答，採点の仕方など検査結果に影響を
およぼすと考えられる数多くのさまざまな調整変数について事前に詳しく規定
しておくことが重要である。言語的教示や検査課題の提示に際して，検査者の
発話速度，声の調子，抑揚，休止（ポーズ），表情などにも注意を払うべきであ
るとされている（Anastasi, 1988）。

　心理検査の標準化におけるもう一つの重要な側面は，基準値を得ることであ
る。通常の心理検査において事前に外部から絶対基準が導入され，それによっ
て合格と不合格が区別されるということはない。個人が受ける心理検査の成績
は，あくまで実証データに基づいて相対的に評価される。つまり，個人の検査
得点は，同一の検査を受けた他の多くの人たちによって得られた検査得点と比
較することによって解釈される。その際，一般に，多数の人たちによる検査得
点の代表値（集団特性値）が基準値として利用される。

　基準値を求める際に，どのような集団を設定し，その集団に所属する人たち
を対象としてどのような条件のもとで同一の心理検査を実施するのかは，その
心理検査の妥当性にかかわる重要な問題である。一般に，一つの心理検査の基
準値に関する基礎データを提供する集団を基準集団（norm group）といい，基
準集団によるデータに基づく標準化をとくに基準的標準化（normative

standardization）という（藤田，1972）。ただし，後述するビネー検査やウェク
スラー式知能検査では基準集団のことを標準化標本（standardization sample）
と呼び（Kaplan & Saccuzzo, 1993），新版 K 式発達検査では標準化集団と呼ん
でいる（生澤，1985 など）。基準集団をどのような人たちによって構成するか
によって基準値は大きく異なってくる。そのため，通常の場合，基準集団は母
集団の主要な属性に合わせた形で，性別や年齢層，居住地域などに偏りが出な
いように考慮される。基準集団の人数（標本の大きさ，サンプルサイズ）は，
先行研究をもとに統計的に十分であるかどうかを決定することができる（松井，
2005；村井・橋本，2017 など）。

■　4．検査得点の分布の特徴

　何らかの心理検査を実施した結果は，作成者によってあらかじめ定められて
いる特定の解答（正答・誤答など）や多肢選択式回答（「はい」・「いいえ」な
ど），多段階評定反応（「まったくあてはまらない」～「非常にあてはまる」な
ど）の度数や割合に基づいて計算され，検査得点として表現される。こうした
得点計算や配点・採点の手続きを得点化（scoring）という。ここで，心理検査
によって得られた生の得点（素点または粗点，raw score）は心理検査の内容
に依存するため，仮に 20 問中，正答が 14 問であったとしても，それだけでは
得点の心理学的な意味は不明確で，適切な解釈や判断，評価などをおこなうこ
とは困難である。そこで，個人の得点をその検査の実施対象である集団の基準
に照らして特徴づけることがおこなわれる。例えば，5 歳児の発達検査得点を
日本人の 5 歳児集団のなかに位置づけ，必要があれば，他の年齢集団の基準値
と比較・参照する。そのためには，①母集団の特徴を忠実に反映するように標
本（サンプル，sample）を取り出す（適切な標本抽出（sampling，サンプリン
グ）の手続きによって基準集団を構成する），②基準集団の多数の標本を対象
に当該の心理検査を実施して，基準となる検査得点の分布（データの広がりや
散らばり）を求める，③一定の手順に従って特定の原点と幅をもつ基準的な得
点分布を仮定し，個人の検査得点（素点）をその分布に合わせて変換する，④
変換された個人の検査得点を基準集団における基準値との関連で評価する，と

いった一連の作業が必要である。

［1］正規分布の概形と性質

　基準となる検査得点の分布を考えるときに，多数の検査得点が正規分布（normal distribution）に従うという仮定をおくことが重要である（清水，2004など）。正規分布は連続的な確率変数に関連して理論的に導き出された確率分布の一つであり，ガウス分布（Gaussian distribution）または誤差分布（error distribution）とも呼ばれる。もともとは自然科学分野で測定誤差を取り扱うのに利用されたものであるが，近年，心理学や社会調査学，教育測定学など行動科学全般で広く用いられるようになった。心理学の実験や調査，検査などを通じて収集されたさまざまなデータは，各種の統計解析の手法を用いて分析されるが，正規分布はそうした統計解析の基礎となる分布である。つまり，心理学で用いられる統計解析の手法の多くは，分析対象であるデータが正規分布に従うことを仮定している。実際に，知能検査や発達検査の結果や学力検査の成績など，重要な測定指標の多くは正規分布に従う。さらに，心理学では人間のさまざまな心理プロセスに関する数理モデルが数多く提案されているが，それらのモデルを構成する要因や変数についても正規分布に従うことを仮定している場合が多い。

　正規分布は，数学的に次のように定義される。連続型の確率変数 X が，ある特定の値 x をとる可能性の相対的な大きさのことを確率密度（probability density）という。確率変数 X の確率密度関数 $f(x)$ が次の式によって表されるとき，X の確率分布は正規分布である。なお，x のとり得る範囲は $-\infty < x < +\infty$ である。

$$f(x) = \frac{1}{\sqrt{2\pi}\sigma} e^{-\frac{(x-\mu)^2}{2\sigma^2}} \quad \text{または} \quad f(x) = \frac{1}{\sqrt{2\pi}\sigma} exp\left[-\frac{(x-\mu)^2}{2\sigma^2}\right] \quad \cdots(1)$$

　ここで，π は円周率（$\pi = 3.14159\cdots$），e は自然対数の底（$e = 2.71828\cdots$）であり，ともに定数である。μ と σ はパラメータ（parameter，母数または媒介変数）である。この式（1）によって表される正規分布において，X の期待値 $E(X)$ と分散 $V(X)$ は，それぞれ次のように表現することができる。

$$E(X) = \mu, \qquad V(X) = \sigma^2$$

　つまり，μ は正規分布の期待値（平均のこと），σ^2 は正規分布の分散に等しく，σ は正規分布の標準偏差となる。言い換えれば，μ と σ という2つのパラメータが決まれば，正規分布を完全に特定化することができる。ちなみに，標本の基本統計量である平均は $\overline{X}$，標準偏差は SD（または s）と表記されることが多く，上記の母集団の平均 μ，標準偏差 σ とは区別される。

　正規分布の概形は，図2-1のような曲線になる。この曲線を正規分布曲線という。正規分布曲線は全体として釣り鐘（ベル）に似た形をしており，ベルカーブ（bell curve）とも呼ばれる。$x = \mu$ のときに $f(x)$ は最大値をとる。直線 $x = \mu$ を軸とした左右対称で，左右両端は無限に伸びて x 軸が漸近線になっている。$x = \mu + \sigma$ および $x = \mu - \sigma$ のところに変曲点がある。平均，中央値（median, メディアン），最頻値（mode, モード）は一致する。μ と σ の値に関係なく，つねに正規分布の歪度（skewness）は0，尖度（kurtosis）は3である。曲線と x 軸に囲まれた部分の面積は1になる。

　確率変数 X が正規分布に従うとき，$\mu - \sigma$ から $\mu + \sigma$ までの範囲に全体の約

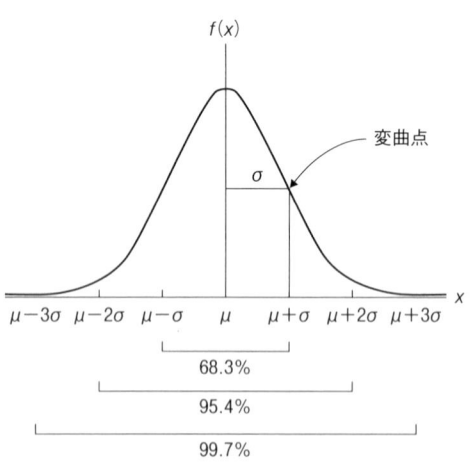

図2-1　正規分布曲線の概形

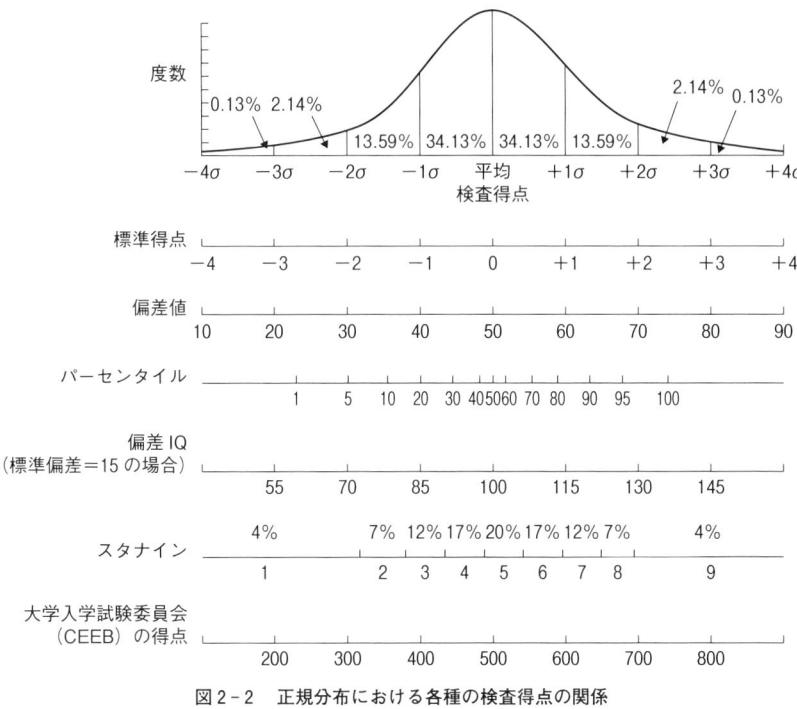

図 2 - 2　正規分布における各種の検査得点の関係
（Anastasi, 1988 より改変）

68.3%，$\mu - 2\sigma$ から $\mu + 2\sigma$ までの範囲に全体の約 95.4%，$\mu - 3\sigma$ から $\mu + 3\sigma$ までの範囲に全体の約 99.7% が含まれる。正規分布においてパラメータ μ と σ の値が変わると，それに応じてさまざまな正規分布が得られる。とくに，$\mu = 0$，$\sigma = 1$（平均を 0，標準偏差を 1）とおいた正規分布は標準正規分布（standard normal distribution）と呼ばれる（図 2 - 2 の上部を参照）。

標準正規分布の確率密度関数 $f(z)$ は，次の式（2）によって表される。

$$f(z) = \frac{1}{\sqrt{2\pi}} e^{-\frac{z^2}{2}} \qquad \cdots (2)$$

言い換えれば，確率変数 X が平均 μ，標準偏差 σ の正規分布に従うとき，X に対して次式のような線形変換をおこなって得られた変数を Z とおくと，変数

Z は平均 0，標準偏差 1 の標準正規分布に従う。

$$Z = \frac{X - \mu}{\sigma} \qquad \cdots (3)$$

　心理統計では，この式（3）による変数変換を（狭義の）標準化という。標準正規分布に従う変数 Z は標準正規偏差（standard normal deviate）ともいう。

　なお，中心極限定理（central limit theorem）と呼ばれる定理により，次のことがわかっている。母集団が正規分布に従う場合も従わない場合もともに，平均 μ，標準偏差 σ の母集団から大きさ n の任意の標本を取り出したとき，標本の平均 X の分布は n が大きくなるにつれて平均 μ，標準偏差 $\sigma/\sqrt{n}$ の正規分布に近づく。つまり，母集団が正規分布に従わないときであっても，標本が十分大きければ，標本の平均 $\overline{X}$ の分布は正規分布に近似する。この定理を用いれば，標本の平均 $\overline{X}$ に基づいて母集団の平均 μ を推定することができる。一般に，母集団の標準偏差 σ の値は未知であることが多い。しかし，標本が十分大きく，かつ母集団の大きさが標本の大きさに比べてさらに十分大きいときには，標本の標準偏差を母集団の標準偏差の代わりに用いても実用上はほとんど差しつかえない。

［2］得点の標本分布の特徴と個々の得点の位置づけ

　心理検査や心理尺度によって収集されたデータを値の小さいものから順に並べ替えたとき，値の順位を百分率（パーセント表示）で表現したものをパーセンタイル順位（percentile rank）という。また，データを小さいものから順に並び替えたときに，データの数で 4 等分したときの区切りを四分位数（quartile）という。データ全体を 4 等分すると 3 つの区切りが得られ，小さい方から「25 パーセンタイル（第 1 四分位数，Q1）」，「50 パーセンタイル（第 2 四分位数，Q2，中央値に等しい）」，「75 パーセンタイル（第 3 四分位数，Q3）」という。第 3 四分位数（Q3）から第 1 四分位数（Q1）を引いた値を四分位範囲（interquartile range）といい，第 1 四分位数から第 3 四分位数までの範囲，つまりデータの中央の 50% 内の範囲のことを表す。四分位範囲が大きければ大きいほど，データの散らばり具合は大きく，四分位範囲が小さければ小さいほ

どデータが密集している。さらに，その四分位範囲を 2 で割った値を四分位偏差（quartile deviation）という。四分位偏差は Q1 と Q3 が中央値（Q2）から平均してどの程度離れているかを示す。したがって，四分位偏差は四分位範囲よりも，中央に密集したデータであるかどうかを把握するために用いることができる。

　これらの統計測度は検査得点の分布が正規分布とは異なっていても扱うことができる。しかしながら，前述のように，数多くの心理検査や心理尺度の得点は正規分布に従うために，得点分布の中央に位置する得点を示す統計測度として平均 $\overline{X}$ を，得点の散らばりの程度を示す統計測度として標準偏差 SD を利用することができる。

　標準得点（standard score；z 得点ともいう）は，次の式（4）のように，検査の素点から得点の平均を引き，標準偏差で割ったものである。実際の検査得点の標本分布に基づいた，こうした標準得点の算出を（狭義の）標準化ということもある。

$$z_i = \frac{x_i - \overline{X}}{SD} \qquad \cdots (4)$$

　ここで，i はデータ番号，z_i は個々の標準得点を示す。標準得点の平均は 0，標準偏差は 1 になる。標本の標準得点は，それぞれの得点が平均に比べて標準偏差の何倍の大きさであるかを示す値になっている。ただし，素点が平均に等しい場合，その標準得点は 0 になってしまい，実際上誤解が生じやすい。そのため，この標準得点を線形変換した値を標準偏差得点（standard deviation score）という。例えば，標準得点を 10 倍し，50 を加えた値を求めると，教育分野で広く用いられる偏差値（T 得点ともいう；$T_i = 10z_i + 50$；平均は 50，標準偏差は 10 になる）に相当する。あとで詳しく述べるが，標準得点を変換して知能指数が算出されることもある（偏差知能指数）。標準得点の変換にはこのほかにも，標準得点を 14 倍して 50 を加えた H 得点（$H_i = 14z_i + 50$；平均は 50，標準偏差は 14 になる），標準得点を 2 倍して 5 を加えた C 得点（$C_i = 2z_i + 5$；平均は 5，標準偏差は 2 になる）などがある（繁桝他，1999）（図 2 - 2 の中段部を参照）。

　得点に関する度数分布が得られたとき，標本の大きさ（データ数）に応じて，得点の小さなものから大きいものまでをいくつかの群（階級，class）にまとめてとらえると，利便性が高い。スタージェスの公式（Sturges' rule）は，そうした階級数を決定するための目安を提供するものである（池田，1976 など）。

$$k = 1 + log_2 N \qquad \cdots (5)$$

　この式（5）において N はデータ数（標本数），k は階級数である。

　このように，個々の得点が全体の得点分布のなかでどの階級に属するかを明確化することで，一つの得点の位置が理解しやすくなる（図2-2の下部を参照）。比較的最近ではスタナイン（stanine, standard nine ; 標準9尺度）という指標が利用されることが多くなった。これは，得点の低いものからおよそ 4, 7, 12, 17, 20, 17, 12, 7, 4％の9つの群に分割し，順に1から9までの9段階に換算する方式である（Angoff, 1984）。この指標はもともと次のような発想から考案された。前述のように C 得点は標準得点を2倍して5を加えた（偏差値を5で割ってから5を引いた）ものであるが，整数値で表現すると 0 ～ 10 の 11 段階になる。C 得点の分布の左右両端の各2段階を合わせてそれぞれ一つの段階とみなすと，全体で9段階になる。心理学では一般に，この程度の段階数で検査得点を群分けすると使いやすい。なお，日本の大学入学共通テストでは 2025 年からスタナインが活用される（沖，2021 ; 大学入試センター，2021, 2022）。一方，アメリカの大学入学試験委員会（College Entrance Examination Board, CEEB）のテスト成績では平均を 500，標準偏差を 100 とし，3桁の数値で細かく表すように設定されている。

5．発達年齢と発達指数

[1] 精神年齢と知能指数

　知能の定義については専門家や研究者によってかなり異なっているが，客観的な知能検査によって個人の知能を測定しようとする考え方はほぼ共通しているといえる。知能検査は 1900 年代の初頭にフランスのビネー（Binet, A.）に

よって初めて考案された（Binet & Simon, 1905）。当初の主要な目的は，一人ひとりの子どもに最適な教育を提供するために，子どもの知的な能力をできるだけ正確に見極めることであった。

　ビネーは，子どもの知能に関連すると考えられる問題を数多く集め，そのなかから難易度の低い（やさしい）ものから難易度の高い（難しい）問題までを並べ替えて精選し，検査課題として採用した。例えば，ある問題に対してだいたい健常の 10 歳の子どもの半数くらいは解けるが，同じく 9 歳の子どもではほとんど解けず，11 歳の子どもの大多数が解けるということがわかっていれば，一つの検査課題として子どもの知能が 10 歳相当であるかを判別するのに利用できる。1905 年に公表された検査では 30 問の問題が，1908 年に公表された検査では 58 問の問題が選定され，知能測定尺度（une échelle métrique de l'intelligence）として示された。この尺度はその後，年齢尺度（age scale）と呼ばれる。1908 年版の検査における 58 問は難易度順に 3 歳から 13 歳までの年齢級に割り当てられ，それぞれの問題が健常児の発達において何歳の水準に相当するかが表された。このように，難易度の異なる複数の検査課題を構成することで，一人の子どもの精神発達の程度や水準を精神年齢（mental age, MA）で表すという考え方がビネー検査の基礎にある（生澤，2004a, 2004b）。

　その後，シュテルン（Stern, W.）は，精神年齢を実際の生活年齢（暦年齢・実年齢，chronological age, CA）で割って 100 を掛けた数値を知能指数（intelligence quotient, IQ）として定義し，次式を導入した（Stern, 1912）。

$$IQ = \frac{MA}{CA} \times 100 \qquad \cdots (6)$$

　この式（6）では，精神年齢と生活年齢が一致したときに知能指数が 100 となる。例えば，生活年齢 10 歳の子どもが精神年齢 8 歳であるときに知能指数は 80 となる。

［2］比率知能指数・比率発達指数と偏差知能指数・偏差発達指数

　ビネー検査における精神年齢という考え方は，新版 K 式発達検査において精神年齢を発達年齢（developmental age, DA），知能指数を発達指数

（developmental quotient, DQ）という用語にそれぞれ置き換えて，開発の当初から一貫して個人の精神発達の評価に用いられている（生澤，1985）。したがって，式（6）をもとに，発達指数は次の式（7）のように表現される。

$$DQ = \frac{DA}{CA} \times 100 \qquad \cdots (7)$$

　こうした知能指数と発達指数は，別の算出方式（後述）と区別するために，それぞれ比率知能指数（比率IQ，ratio IQ），比率発達指数（比率DQ，ratio DQ）と呼ばれる。

　ビネーの検査は，その後，アメリカに渡り，スタンフォード大学のターマン（Terman, L. M.）によってスタンフォード・ビネー知能検査（Stanford-Binet Intelligence Scale）が開発された（Terman, 1916）。この知能検査は1916年に初版が発行されたあと，現在のところ2003年版（第5版）が最新版として公刊されているが（Roid, 2004），1960年版からは偏差知能指数（偏差IQ，deviation IQ）という概念が導入された。これは，前述の式（4）にあるように，合格問題数から月数単位の得点（伝統的な精神年齢）を算出したあと生活年齢別集団の得点分布に基づいて個別的に得点を換算し，平均100，標準偏差16の標準偏差得点の形で表現したものである。一般に，偏差知能指数は同一年齢集団における検査参加者の相対位置を示す。

［3］主要な知能検査・発達検査と知能指数・発達指数の算出方式

　現在，アメリカの主要な知能検査や発達検査で伝統的な比率方式による知能指数や発達指数を用いているものはなく，すべて標準偏差得点または偏差知能指数が用いられている。就学前幼児用のWPPSI知能検査（Wechsler Preschool and Primary Scale of Intelligence），幼児・児童用のWISC知能検査（Wechsler Intelligence Scale for Children），成人用のWAIS知能検査（Wechsler Adult Intelligence Scale）といったウェクスラー（Wechsler, D.）の開発した知能検査はいずれも，平均100，標準偏差15の偏差知能指数が算出される（Wechsler, 1955, 1958, 1963, 1974）。また，ベイリー（Bayley, N.）によるBayley乳幼児発達検査（Bayley Scale of Infant Development, BSID）では，平

均 100, 標準偏差 16 の標準偏差得点を精神発達指標 (mental developmental index, MDI) と呼んだ (Bayley, 1969)。

　日本では現在, アメリカで開発された知能検査が日本国内で標準化され, 各種の日本版の知能検査が発行されている。ウェクスラー式知能検査はすべて日本文化科学社から発行されている。WPPSI 知能検査は第 3 版 (WPPSI-Ⅲ) が発行されており, 適用年齢は 2 歳 6 か月から 7 歳 3 か月である。WISC 知能検査は第 5 版 (WISC-Ⅴ) が発行されており, 適用年齢は 5 歳 0 か月から 16 歳 11 か月である。WAIS 知能検査は第 4 版 (WAIS-Ⅳ) が発行されており, 適用年齢は 16 歳 0 か月から 90 歳 11 か月である。

　スタンフォード・ビネー知能検査は, 日本では鈴木治太郎によって 1930 年に鈴木ビネー式知能検査 (正確には『実際的個別的智能測定法』) が開発され (鈴木, 1930), 改訂版が 2007 年に古市出版から発行されている (小宮他, 2007)。適用年齢は 2 歳から 18 歳で, 比率知能指数が算出される。田中ビネー知能検査 (正確には『田中・びねー式智能検査法』) は田中寛一によって 1947 年に発行され (田中, 1947), 第 5 版は 2003 年に田研出版から『田中ビネー知能検査Ⅴ』(以下, 田中ビネーⅤとする) として発行されている (田中教育研究所, 2003)。適用年齢は 2 歳から成人で, 2 歳から 13 歳までは比率知能指数, 14 歳以降は偏差知能指数が算出される[1]。

　最近, Bayley 乳幼児発達検査の第 3 版 (Bayley-Ⅲ) の日本版が 2023 年に発行された (日本版 Bayley-Ⅲ刊行委員会, 2023)。適用年齢は, 生後 16 日から 42 か月 15 日までである。この検査では, 平均を 100, 標準偏差を 15 とする偏差発達指数が合成得点として算出される。

6. 新版 K 式発達検査における標準化と再標準化

[1] 新版 K 式発達検査の開発・改訂と標準化集団

　K 式発達検査 (以下, 旧 K 式検査とする) は 1951 年に嶋津峯眞, 生澤雅夫

---

1)　2024 年 8 月に田研出版から発行された最新の第 6 版 (田中ビネー知能検査Ⅵ) では, 2 歳から 13 歳までは従来の精神年齢をそのまま使用することとし, 偏差知能指数が算出される (田中教育研究所, 2024)。

らによって原案が作成され，その後いくつかの小修正がなされながら 20 年以上にわたって京都市をはじめ一部の地域で使用されていた。この旧 K 式検査をもとに，1980 年に『新版 K 式発達検査』（以下，新 K 式 1980 とする）が公刊された。この検査は 0 歳から 7 歳までの子ども約千人を対象に標準化されたが，12，13 歳まで拡張した「増補版」（以下，新 K 式 1983 とする）が 1983 年に公刊された。それらに引き続いて改訂版として，適用年齢を 0 歳から成人まで拡張した『新版 K 式発達検査 2001』（以下，新 K 式 2001 とする）が 2002 年に公刊され，さらに 2020 年に『新版 K 式発達検査 2020』（以下，新 K 式 2020 とする）が公刊された。本章では，これら新 K 式 1980 から新 K 式 2020 までを総称して「新版 K 式発達検査」（以下，新 K 式検査とする）と呼ぶ。新 K 式検査の開発と改訂にあたって，版によって標準化集団の年齢区分が異なるため，標準化集団を構成する検査参加者の人数を新 K 式 2020 の年齢区分にそろえ，その年齢区分別に表したものを表 2-1 に示す。

　このように，新 K 式検査は開発当初から改訂のたびごとに再標準化のための検査参加者の年齢層が拡張し，検査参加者の全体人数も着実に増加している。最新版である新 K 式 2020 では，北海道から沖縄まで全国のさまざまな公的機関や民間施設，保育所，幼稚園，学校などを通じて標準化の作業に協力した人たちによって個別的に貴重な基礎的データが提供された。検査参加者の年齢や性別，居住地域に偏りがないように配慮された。いくつかの除外基準を設け，全体で 3307 名の検査参加者に対して個別的に検査が実施され，最終的に 3243 名分の検査結果が分析対象とされた。この検査の妥当性と信頼性についても詳細な基礎的データが公表されている（詳しくは新版 K 式発達検査研究会，2020 を参照）。

　なお，新 K 式検査では生活年齢を計算する際に，厳格に計算法が定められている。基本的に，生活年齢が 2 歳未満または 3 領域（後述）のいずれかの発達年齢が 2 歳未満の場合には，誕生日から検査日までの時間経過を日数単位で正確に算出したあと，1 か月 = 30.4375 日，1 年 = 12 か月 = 365.25 日として月単位，年単位に換算される（具体的には換算表が用意されている）。生活年齢が 2 歳以上，かつ 3 領域の発達年齢がすべて 2 歳以上の場合は，簡便法として，検査日から生年月日を直接引いて，1 年を 12 か月，1 か月を 30 日として日数を計算し，求めた日数を 15 捨 16 入して，それに月数を加える。

表 2 - 1　**新 K 式 1983, 新 K 式 2001, および新 K 式 2020 における標準化のための年齢区分別の検査参加者数**（生澤・大久保，2003 と田中他，2024 をもとに作成）

新 K 式 2020 における年齢区分				検査参加者数			
年齢区分番号	年齢区分	年齢区分の幅	年齢区分数	新 K 式 1980	新 K 式 1983	新 K 式 2001	新 K 式 2020
第 1 ～ 12 区分	「0 歳 0 か月～ 0 歳 1 か月」～「0 歳 11 か月～ 1 歳 0 か月」	1 か月	12	405	526	594	603
第 13 ～ 20 区分	「1 歳 0 か月～ 1 歳 3 か月」～「2 歳 9 か月～ 3 歳 0 か月」	3 か月	8	352	362	421	411
第 21 ～ 28 区分	「3 歳 0 か月～ 3 歳 6 か月」～「6 歳 6 か月～ 7 歳 0 か月」	6 か月	8	399	500	755	849
第 29 ～ 41 区分	「7 歳 0 か月～ 8 歳 0 か月」～「19 歳 0 か月～ 20 歳 0 か月」	1 年	13	0	174	774	773
第 42 区分	「20 歳 0 か月～ 22 歳 0 か月」	2 年	1	0	0	57	68
第 43 区分	「22 歳 0 か月～ 25 歳 0 か月」	3 年	1	0	0	27	57
第 44 ～ 48 区分	「25 歳 0 か月～ 30 歳 0 か月」～「45 歳 0 か月～ 50 歳 0 か月」	5 年	5	0	0	45	284
第 49 ～ 51 区分	「50 歳 0 か月～ 60 歳 0 か月」～「70 歳 0 か月～ 80 歳 0 か月」	10 年	3	0	0	4	198
		計	51	1156	1562	2677	3243

注 1 ）年齢区分における「a 歳 b か月～ c 歳 d か月」は，厳密には「a 歳 b か月超，c 歳 d か月以下」を示す。
注 2 ）年齢区分番号，年齢区分，年齢区分の幅，および年齢区分数は新 K 式 2020 に統一した。

［2］新版 K 式発達検査の目的と発達診断

　新 K 式検査は当初の目的について，乳幼児と児童の精神発達の状態を精神活動の諸側面にわたって観察し，心身両面における発達障害などに関して適切な診断を下すための基礎資料を提供することにあるとされた（生澤，1985 など）。この方針には，ゲゼル（Gesell, A. L.）の考え方が強く影響していた。ゲゼルは心理学者であると同時に小児科医でもあり，心身の障害をより早期の段階で発見して適切な治療を施すことの重要性を強調した（Gesell, 1925; Gesell

& Amatruda, 1941)。その際，発達診断（developmental diagnosis）という概念を導入した。この発達診断の観点によれば，乳幼児の行動発達は神経成熟の程度を反映しており，中枢神経系の成熟度・統合度を正確に理解するには，きちんと段階設定がなされた行動発達基準を定める必要がある。この行動発達基準に照らし合わせることで，乳幼児の一人ひとりに対して発達がどのように進んでいるかを判定することができる。新 K 式検査は開発当時からこの発達診断の考え方を重要視していた。

　ゲゼルの発達診断の考え方は，多くの乳幼児を継続的に観察した結果に基づいて発達基準を設定し，発達診断法を確立しようとしたものであった。そこで考案されたさまざまな検査用具が新 K 式検査にも取り入れられている。ゲゼルは，子どもの発達を「運動」「適応（認知）」「言語」「個人・社会的行動」の４つの分野に分け，多くの健常児に対する定期的な発達過程の観察から，週齢や月齢に応じた発達の順序性と成熟度を示した。また，各分野における発達の様子や進み具合を示した年齢ごとの発達スケジュール（developmental schedule）を作成し，さらに発育傾向表（growth trend chart）を示した。これは新 K 式検査の検査用紙の原型の一つとされている（新版 K 式発達検査研究会，2020a）。

［3］新版 K 式発達検査の検査項目と 50%通過年齢

　新 K 式検査は，ビネーの検査やゲゼルの発達診断法をはじめ，先行する多くの発達検査から検査項目を選定し，独自に考案した検査項目を加えて作成された。新 K 式検査では開発当初から一貫して，ゲゼルの考え方を参考に，①〈姿勢・運動〉領域（４歳までの身体機能など），②〈認知・適応〉領域（対象物の認知や操作など），③〈言語・社会〉領域（ことばの理解と生成，社会的・対人能力など）の３つの領域に分けて検査項目を配当している（嶋津他，1983；生澤他，2001；新版 K 式発達検査研究会，2020b）。

　新 K 式 2001 と新 K 式 2020 の改訂では，再標準化のための検査参加者の年齢範囲を拡張し，人数を増やしただけでなく，検査項目の加除修正，実施法や採点法などの変更がおこなわれている（表 2 - 2）。

　新 K 式検査ではどの版もすべて，検査項目ごとに年齢別通過率が計算され，公表されている。これは各検査項目において年齢区分ごとに標準化集団のうち

表 2-2　新 K 式 1980，新 K 式 1983，新 K 式 2001，および新 K 式 2020 における領域別検査項目数

領　域	新 K 式 1980	新 K 式 1983	新 K 式 2001	新 K 式 2020
〈姿勢・運動〉領域	62	62	52	53
〈認知・適応〉領域	148	161	165	166
〈言語・社会〉領域	82	98	111	120
全領域	292	321	328	339

注）それぞれの版の検査用紙に記載されている検査項目数（「参考項目（食事）」は除く）。

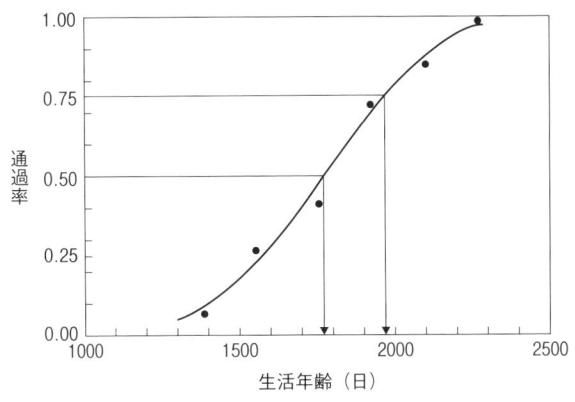

図 2-3　通過率曲線の例（生澤，1985）
例は「玉つなぎ 1/2」。

　の何％の者が通過（合格）したかを表すものである。この年齢別通過率をもとに，生活年齢（日）を横軸に，通過率（％）を縦軸にとって通過率曲線を描く（図 2-3）。

　一般に，ある一つの検査項目に関して，初めてその検査項目を通過した検査参加者の生活年齢を横軸に，その通過者の割合を縦軸にとると，理論上，正規分布をあてはめることができる。したがって，その検査項目を初めて通過した者とすでに通過した者の数を足し合わせて通過者全体の割合を計算して縦軸にとると，累積正規曲線をあてはめることができる。つまり，通過率曲線は累積正規曲線によって表現できる（図 2-4）。

　そして次に，検査項目ごとに年齢別通過率に基づいて通過率が 5 ％から 95％までの範囲内にある年齢区分のデータについて累積正規分布をあてはめ，

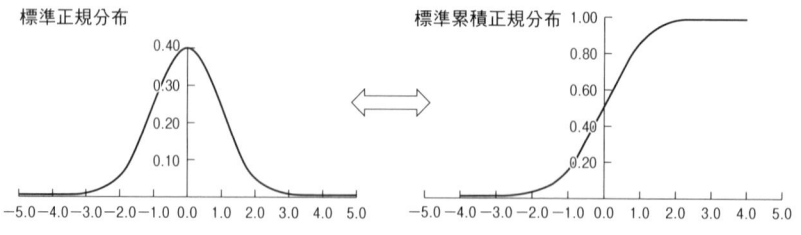

図 2 - 4　通過率曲線の累積正規分布曲線へのあてはめ

ある一つの検査項目において初めて通過した者の生活年齢を横軸に，通過者の人数の割合を縦軸にとると，正規分布に従う。初めて通過した者とすでに通過した者を合わせて，その生活年齢を横軸に，その通過者の人数の割合を縦軸にとると，累積正規分布に従う。したがって，通過率曲線は累積正規曲線に従うと考えられる。

通過率が 25％，50％，75％，90％に対応する生活年齢を算出した。これらの検査項目別の年齢別通過率については，新 K 式検査の開発と改訂のたびごとにすべて公表されている（生澤，1985；新版 K 式発達検査研究会，2008, 2020a）。

　このようにして得られた 50％水準の通過年齢に基づいて各検査項目は当該の年齢級に配当された。その際，検査項目は特定の年齢級に偏らず，ほぼ均等になるように配当された。したがって，それぞれの検査項目は，配当された年齢級においておよそ検査参加者の半数が通過し，残りの半数は通過しないことを意味する。

［4］生活年齢の補正と偏差発達指数の導入

　新 K 式検査では，それぞれの検査項目に対して通過または不通過を判定し，3 領域別に，あるいはそれらを合わせた全領域において発達年齢と比率発達指数が算出される。この場合，前述のように，どの生活年齢においてもそれにほぼ相当する発達年齢が算出された場合，比率発達指数はおよそ 100 に近い値になる。しかしながら，一般に，思春期や青年期以降，知能検査の検査得点（素点）は頭打ちになり，生活年齢が進んでも精神年齢はそれに見合っただけの増進が認められず，比率知能指数は下降していく。比率知能指数と同様に，比率発達指数においても一定の生活年齢が過ぎると，発達年齢はそれに見合って高くならず，上限が存在する。したがって，精神年齢が上限に達するので，式（7）によって比率発達指数を単純に求めると，分母の生活年齢が大きくなり

続け，比率知能指数は確実に低下していく。

　このことに対処するために，新 K 式検査では新 K 式 1983 以降，生活年齢を補正する方法が採用されている。生活年齢でおよそ 14 歳頃までは検査得点がほぼ直線的に伸びていくことから，発達曲線の 14 歳のところで接線を引き，14 歳以降も 25 歳まではその直線に沿って単調に伸びていくように生活年齢が下方補正された（このことは以前，新 K 式 1983 と新 K 式 2001 では「生活年齢の終末修正」と呼ばれていた：生澤，1985；松下・郷間，2012）。新 K 式 2001 では，生活年齢が 14 歳 7 か月以上から次第に実際の生活年齢よりも低く補正した年齢を用い，21 歳 7 か月以上はすべて生活年齢を 18 歳 0 か月（216 月）として比率発達指数を算出するという手続きがとられた。新 K 式 2020 では，標準化集団の検査得点に関する分析結果をもとに，生活年齢の補正の開始を 14 歳 10 か月とし，20 歳 2 か月以上はすべて生活年齢が 17 歳 5 か月（209 月）になるように補正が変更された（図 2-5）。こうした補正により，比率知能指

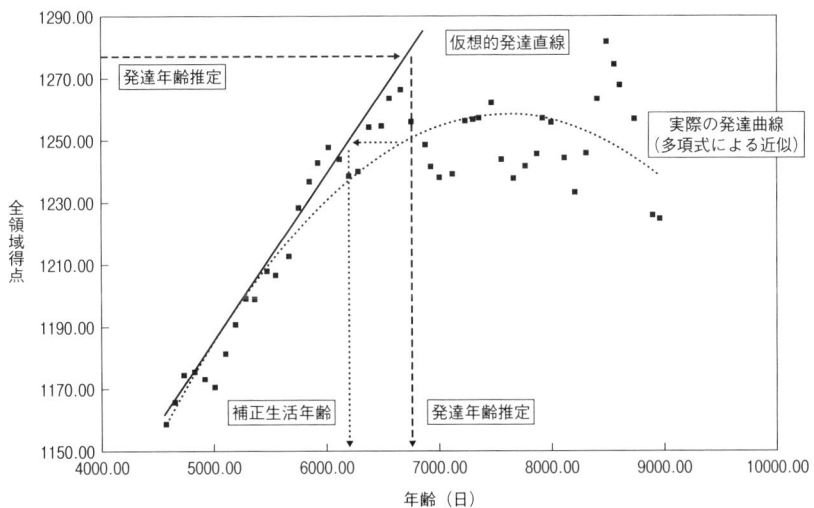

四角の点　　生活年齢に対応した全領域得点
点線の曲線　生活年齢と全領域得点を多項式にあてはめた近似曲線（発達曲線）
実線の直線　発達曲線の 14 歳時点での接線（仮想的発達直線）
点線の直線　生活年齢の補正　発達曲線から仮想的発達直線へ線を引きその X 座標を補正生活年齢とする
破線の直線　発達年齢の推定　任意の得点から発達直線に線を引きその X 座標を発達年齢とする

図 2-5　新 K 式 2020 における生活年齢の補正（新版 K 式発達検査研究会，2020 より一部改変）

数の平均はほぼ 100 に近い値をとるようになった。なお，ビネー検査でも同様の補正がおこなわれている（松下・郷間，2012）。

　新Ｋ式 2020 では，新たに偏差発達指数が導入された。生活年齢が 14 歳を超え，発達年齢が〈認知・適応〉領域，〈言語・社会〉領域，全領域のいずれの領域においても 14 歳を超える場合は，偏差発達指数が用いられるようになった。偏差発達指数の算出は発達年齢の分布に基づいておこなわれた。各年齢区分での発達年齢の平均と標準偏差を求め，年齢区分ごとに標準得点を算出し，平均が 100，標準偏差が 15 になるように線形変換をおこなって偏差発達指数とした。

■ 7．新版Ｋ式発達検査の理論的課題

　最後に，この節では新Ｋ式検査における今後検討すべき課題のいくつかについて取り上げる。

［1］比率知能指数と偏差知能指数の併用の問題

　新Ｋ式検査は，初版（新Ｋ式 1980）以降，増補版（新Ｋ式 1983）を別にして，ほぼ 20 年ごとに全面改訂がおこなわれてきた。最新版である新Ｋ式 2020 では部分的に，14 歳以降については偏差発達指数が導入されたが，それでも一貫して比率発達指数が採用され続けている。すでに述べたように，アメリカの知能検査ではすべて偏差知能指数が採用されており，新Ｋ式における発達指数を今後どのように取り扱うべきかの議論は必要不可欠である。

　この議論にあたって重要な論点は，以下の 3 点にあると考えられる。第 1 に，偏差知能指数と偏差発達指数という考え方には精神年齢や発達年齢に相当する概念が存在しないことである。偏差知能指数と偏差発達指数は，同一年齢集団の得点分布における基準値をもとに検査参加者の知能水準や発達水準を相対的に表すものであるが，その検査参加者個人における知能水準や発達水準の変化もまた，全体のなかの相対位置の変化でしかとらえることはできない。しかしながら，精神年齢や発達年齢がわかれば，その個人ごとの知能水準や発達水準の変化のパターンを個人内変動として，生活年齢の変化とは切り離し，容易に

理解することができる。例えば，加齢に関連して，いわゆる血管年齢や肌年齢といった概念がよく用いられているのは，個人の生活年齢に関係なく，それぞれの年齢尺度によって表された一般的・平均的な年齢に基づいて自身の血管や肌などの加齢水準を直観的に把握しやすいからである。

　こうした理由から，とくに乳幼児における反復検査の結果をもとに一般的な発達的変化と比較・照合し，その子どもなりの精神発達の様子をとらえようとする研究努力にとって，精神年齢や発達年齢の変化はきわめて貴重なデータとなる（生澤・辻本，1990）。児童期以後の検査参加者では発達検査に関する学習効果を考慮し，適当な時間間隔を設ける必要があるが，乳幼児の場合，むしろ「いつの時期に何ができるようになったのか」を知るために比較的頻繁にそのことを確認することが大きな意味をもつ。

　精神年齢や発達年齢は必要に応じて，同一の個人のなかで標準化することも可能であり，一般的な基準値と直接比較することはできないものの，そうした指標の変化のパターンを独自的得点（ipsative score）として取り扱うことができる（藤田，1972）。もちろん，偏差知能指数や偏差発達指数を算出する方式であっても，検査課題ごとの得点（素点）に注目すれば，個人の発達の向上・停滞・低下などを検討する手がかりは得られるが，精神年齢や発達年齢ほど明確な指標とはいえない。乳幼児だけでなく，何らかの問題や障害が疑われる人たちを検査の対象者とする場合，生活年齢に関係なく，その対象者の精神年齢や発達年齢を知ることによって，広い意味での処遇や教育に関する明確で有用な助言や示唆につながる。

　松下・生澤（2003）が述べるように，1980年代初頭に新K式検査が初めて公刊された頃から，産科と小児科に関する医療従事者との綿密な連携協力のもとで極小未熟児や早産・低出生体重児の保育が可能になり，乳幼児健診，就学相談，教育支援，療育手帳の判定，未熟児医療などの分野で新K式検査が日本国内で広く利用されるようになった。その理由の一つは当時，行動や反応の直接的観察・評価を通じて，0歳0か月の新生児から発達診断に用いることのできる検査が新K式検査以外にはなかったということが挙げられる。このことは今も変わらず，WPPSI-Ⅲをはじめ，各種の幼児向けの知能検査でも，新K式検査とBayley-Ⅲ以外は適用年齢の面で2歳0か月よりも年少の子どもの発

達評価に利用できない。

　その一方で，前述のように，思春期・青年期以降に検査得点が漸近値に達するため，生活年齢を補正しなければならないという点で，発達年齢もまた，ある一定の範囲内でしか有効な発達指標とはいえない。その対応策として，新K式2020では，生活年齢および発達年齢が14歳を超える場合は偏差発達指数が導入された。とくに成人の発達を評価する際には，発達年齢をもとにした比率発達指数よりも，同一年齢集団における相対位置を示す偏差発達指数を用いる方が実際の支援に役立つことが多い。したがって，こうした比率発達指数と偏差発達指数の併用という発達指数の算出方式の構造が検査結果の指標のズレや解釈の困難さに結びつく可能性について今後検討する必要がある。

　比率発達指数と偏差発達指数の併用に関する第2の論点は，比率知能指数と偏差知能指数のもともとの発想の違いに関連している。偏差知能指数だけが算出される知能検査の場合，比較的少数の下位検査課題から構成されており，それらの下位検査課題はそれぞれ独自性や独立性の高い知能の諸側面と対応づけられている。とくにウェクスラー式知能検査では，基準集団による検査結果に対して因子分析がおこなわれ，それによって得られた因子に深く結びついた下位検査課題から検査が構成されている。したがって，下位検査は知能の異なる側面を表しており，検査参加者は下位検査の結果から知能因子に関する個人特性が明らかになる。その意味で，とりわけウェクスラー式知能検査は，個人のさまざまな知的能力に関する強みや弱み，得意な課題と苦手な課題，その個人のなかで相対的にすぐれた部分とそうでない部分を総合的に把握するのに有用である。しかしながら，このこともまた，前述の第1の論点と関連するが，乳幼児や障害児・者の場合，年齢区分ごとの実施可能な検査課題の種類が少ないために，検査得点のばらつきの程度が小さく（検査項目ごとの標準偏差が低い），正確に偏差知能指数を算出することができない。そうしたことから，幼児向けのWPPSIでさえも2歳6か月未満の乳幼児には適用されない。

　ウェクスラーは「知能とは，個人が目的をもって行動する，合理的に思考する，環境に効果的に対処する，といった集合的または総合的な能力である」と述べている（Wechsler, 1944）。ウェクスラーは当初，一般成人を対象とする知能検査（WAIS）の開発をめざしており，それに採用された検査課題は比較的

少数で，それぞれの検査課題は異なる知能側面に対応し，検査課題ごとの得点は一定の範囲内で変動して全体の分布のなかで個人の得点の相対位置が明確化されるように設計されていた。WISC も WPPSI も同様の考え方に基づき，この延長線上に検査が設計されている。

　一方，新 K 式検査は，前述の①〈姿勢・運動〉領域，②〈認知・適応〉領域，③〈言語・社会〉領域の 3 つの領域に分かれてはいるものの，因子分析の結果によってこれら 3 領域の独自性・独立性が確認されているのではなく，これまでの発達理論や臨床実践に基づいて内容的に検査項目がこれら 3 領域に分類されているにすぎない。しかも，新 K 式 1980 から新 K 式 2020 にかけて，検査参加者の適用年齢が変更されても全体としてつねに，およそ 300 項目から構成され，検査実施面では個々の検査項目に対して単に「できた」か「できなかった」かという点で通過・不通過を調べることになっている。このようにみていくと，検査項目の構成と知能指数または発達指数の算出方式とは深く関係しており，比率知能指数・比率発達指数と偏差知能指数・偏差発達指数は単純に算出方法が異なるというだけではないことに留意する必要がある。

　比率発達指数と偏差発達指数の併用に関する第 3 の論点は，世界の主要な知能検査が偏差知能指数を採用しているため，その趨勢に合わせて新 K 式検査も比率発達指数ではなく偏差発達指数に全面的に切り替えることが妥当ではないかという考え方に関するものである。前述の第 2 の論点に関連して，新 K 式検査も現在のような年齢区分を変更し（または，複数の年齢区分をまとめ），とくに乳幼児でも年齢区分の幅を広く設定することで，偏差発達指数を 14 歳よりも年少の子どもにも算出できるように設計し直すことは可能である。

　欧州心理学者協会連合（European Federation of Psychologists' Associations, EFPA）は，ヨーロッパの 37 の国と地域からなる心理学関係の組織であるが，心理検査を評価するための基準として EFPA 検査評価モデル（EFPA Test Review）を公表している。そして，基準値や妥当性・信頼性などの観点から心理検査を評価している。伊藤（2020）はこのモデルを用いて，療育手帳判定におけるアセスメント手法として各種の乳幼児・児童向けの知能検査や発達検査の評価を試みている。その結論として，比率発達指数は知的障害の診断基準にそぐわないと主張している。しかしながら，これにはいくつかの誤解がある。

すでに述べたように，０歳０か月の新生児から，行動や反応の直接的観察・評価を通じて発達診断に用いることのできる検査は新 K 式検査と Bayley-Ⅲ のほかにはない。たしかに適用年齢の範囲内で偏差知能指数・偏差発達指数であれば，平均水準に比べて２標準偏差を超えて下回る基準値として，ウェクスラー式知能検査の場合は 70 未満，田中ビネーⅤの場合は 68 未満という値が容易に得られる。これにより，個人の発達水準を明確に特徴づけ，判別することができる。

　しかしながら，ゲゼルの発達診断の考え方に従うならば，個人ごとに生活年齢とは別に精神年齢または発達年齢を定期的に調べることが非常に重要な意味をもつ。したがって，適用年齢の範囲の比較的狭いウェクスラー式知能検査やビネーの検査はもとより，Bayley-Ⅲ でさえも，精神年齢や発達年齢が算出されない偏差知能指数方式を採用している点で自ずと限界があることは明らかである。ここで，乳幼児や児童の発達評価に用いられる主要な知能検査と発達検査を表２-３に示す。

　ゲゼルは発達診断の観点から，乳幼児への早期診断，問題の早期発見および適切な早期治療のそれぞれの重要性を強調した。できるだけ早い段階で子どもの問題をとらえ，それに取り組むことがその後の子どもの人生に大きく影響すると考えた。ゲゼルはこの考え方をもとに，発達診断をおこなうべき重要な時期を鍵年齢（Key Age）と呼び，生後４週，16 週，28 週，40 週，12 か月，18 か月，24 か月，36 か月，５年を挙げた。これらの各時期において乳幼児の基準と考えるべき行動（normative behavior）を示した。日本では母子保健法に基づいて国内の市町村の保健所であまねく１歳６か月児健康診査（１歳半健診），３歳児健康診査（３歳児健診）がおこなわれている。このような健康診査の制度は子どもの発達診断として他の多くの国に比べて手厚く，この制度を最大限に活用して乳幼児の健やかな成長・発達を支えるためには，やはり新生児や乳児にも適用可能な知能検査や発達検査が重要な役割を担うものと考えられる。そのことに加えて，偏差知能指数・偏差発達指数とともに，精神年齢や発達年齢をもとに比率知能指数や比率発達指数を算出する方式は，個人への適切な処遇や治療教育などを考えるうえで今後も残しておき，必要に応じて両方の算出方式を適宜使い分けるのが妥当であると考えられる。

表 2-3　乳幼児・児童の発達評価に用いられる主要な知能検査と発達検査
（伊藤，2020；清水，2023；津川・大六，2023；吉村他，2019 をもとに作成）

	知能検査					
	WPPSI-Ⅲ	WISC-V	田中ビネーV	改訂版 鈴木ビネー	KABC-Ⅱ	DN-CAS
対象年齢	2 歳 6 か月〜 7 歳 3 か月	5 歳 0 か月〜 16 歳 11 か月	2 歳 0 か月 〜成人	2 歳 0 か月〜 18 歳 11 か月	2 歳 6 か月〜 18 歳 11 か月	5 歳 0 か月〜 17 歳 11 か月
現行版の刊行年	2010 年	2021 年	2003 年	2007 年	2013 年	2007 年
現行版の出版元	日本文化 科学社	日本文化 科学社	田研出版	古市出版	丸善出版	日本文化 科学社
所要時間	40 〜 70 分	45 分〜	約 60 〜 90 分	35 〜 50 分	30 〜 120 分	60 〜 100 分
指数の算出方法	偏差 IQ	偏差 IQ	比率 IQ・ 偏差 IQ	比率 IQ	標準偏差 得点	偏差 IQ
療育手帳判定で の利用割合[注]		6.5%	51.9%	7.3%	―	―

	発達検査					
	新版 K 式 発達検査 2020	遠城寺式 乳幼児分析 的発達検査 法	津守・稲毛 式乳幼児精 神発達診断 法	Bayley-Ⅲ 乳幼児発達 検査	KIDS 乳幼 児発達 スケール	日本語版 ASQ-3 乳幼 児発達検査 スクリーニ ング質問紙
対象年齢	0 歳 0 か月 〜成人	0 歳 0 か月〜 4 歳 8 か月	0 歳〜 7 歳	16 日〜 42 か月 15 日	0 歳 1 か月〜 6 歳 11 か月	6 か月〜 60 か月
現行版の刊行年	2020 年	1977 年	1965・1995 年	2023 年	1989 年	2013 年
現行版の出版元	京都国際社会 福祉センター	慶應義塾 大学出版部	大日本図書	日本文化 科学社	発達科学研究 教育センター	医学書院
所要時間	20 〜 60 分	15 分	20 分	50 〜 90 分	10 〜 15 分	10 〜 15 分
実施法	個別直接 観察	個別直接 観察と聴取	養育者・保 育者の面接 聴取	個別直接 観察と 養育者記入 の質問紙	養育者・ 保育者記入 の質問紙， または聴取	養育者・ 保育者記入 の質問紙
指数の算出方法	比率 DQ・ 偏差 DQ	（比率 DQ）	比率 DQ	偏差 DQ	比率 DQ	（3 段階評価）
療育手帳判定で の利用割合[注]	22.6%	9.5%	不明	―	―	―

注）吉村他（2019）による 2015 年の調査に基づく（利用割合は旧版を含む割合）。

［2］ 知能検査・発達検査と適応行動尺度の併用の問題

　アメリカ精神医学会『精神疾患の診断・統計マニュアル（Diagnostic and Statistical Manual of Mental Disorders, DSM）』の最新版（第 5 版：DSM-5-TR）では，知的障害（intellectual disability）は，推論，問題解決，計画立案，抽象的思考，判断，教科学習，経験による学習といった全般的精神機能の支障によって特徴づけられる発達障害の一つとされている（APA，2022）。発達期に発症し，概念的，社会的，実用的領域における知的機能と適応機能の両方が不十分な障害である。つまり，この診断基準に従うならば，従来の DSM-Ⅳ とは異なり，知的障害があると判定されるには知的機能の評価だけでなく，適応機能の評価が必要になってくる。

　ここでの適応機能とは，個人の自立と社会的責任について発達水準と社会文化的水準を満たすものであり，適応機能の不足はコミュニケーション，社会参加，生活の自立などの日常生活の一つ以上の機能を制限する。現在，日本では個人の適応機能を測定する尺度として，Vineland-Ⅱ 適応行動尺度（以下，Vineland-Ⅱ とする）と S-M 社会生活能力検査（第 3 版）（以下，S-M とする）が広く用いられている（それぞれ，黒田他，2014；三木，1980）。どちらも日本文化科学社から発行されており，前者の適用年齢は 0 歳 0 か月から 92 歳 11 か月であり，後者の対象者は乳幼児から中学生までである。

　Vineland-Ⅱ の原版はアメリカで開発され（Sparrow et al., 2005），その前身はヴァインランド適応成熟行動尺度（Vineland Adaptive Maturity Scale; Doll, 1935）である。現行版である Vineland-Ⅱ では，コミュニケーション，日常生活スキル，社会性および運動スキルという 4 つの領域標準得点とそれらを総合した適応行動総合点（いずれも平均 100，標準偏差 15 の標準得点）によって適応機能の発達水準が判定できるように設計されている。S-M では社会生活年齢（social maturity age, SA）と社会生活指数（social maturity quotient, SQ）が算出できる。この場合の社会生活指数は社会生活年齢を生活年齢で割った比率方式で求められる。

　松下・郷間（2012）が指摘するように，適応機能に関する尺度において子どもの遂行や達成を評価する尺度項目は，年齢が低いほど，あるいは障害が重度であるほど，発達検査や知能検査の検査項目と重複する部分が多くなる。した

がって，当然のことながら，年少児において知的機能と適応機能との間の相関は高くなる。しかしながら，ある個人が知的障害者であるかどうかを判定するには，DSM-5-TR の基準からすれば，適応行動尺度と知能検査（または発達検査）の両方をおこなう必要がある。ウェクスラー式知能検査では偏差知能指数・偏差発達指数が得られる WPPSI-Ⅲ において適用年齢が 2 歳 6 か月から 7 歳 3 か月なので，この範囲に入らない年少児の知的機能は判定不能になる。一方，例えば，前述のように，Vineland-Ⅱ 適応行動尺度の適用年齢は 0 歳 0 か月から 92 歳 11 か月であり，S-M 社会生活能力検査（第 2 版）の対象者は乳幼児から中学生までであるため，適応行動尺度に関しては比較的広い範囲の年齢の子どもにも適用できる。その反面，それらの尺度や検査の場合，母親などの養育者や保育者への聴き取りや面接調査を通じて日常生活場面での適応行動を中心に評価するため，標準化された検査場面での検査参加者の行動や反応を直接観察して得点化される知能検査や発達検査とは大きく異なる。ある一つの適応行動に対して「できる」または「できない」という判断を回答者の主観に委ねている部分があり，場合によっては，いわゆる「親の欲目」のような回答者の主観的偏りが介在する危険性を否定しきれない。それでもなお，検査場面以外の日常生活場面での身辺自立をはじめとする適応行動については，そうした日常の行動観察に基づく間接的な評価の方法しか開発・考案されていないのが現状である。

［3］さらなる改訂に向けて

　新 K 式検査は旧 K 式検査をもとに 1980 年に開発されて以来，1983 年の増補版の発行を除いて，2001 年と 2020 年に全面的な改訂がおこなわれた。その際，いずれも新たな検査参加者の協力を得，検査項目の加除修正，変更，得点化の修正をはじめ，再標準化に関する基礎的なデータの収集・分析・公表がおこなわれてきた（生澤，1985；新版 K 式発達研究会，2008，2020a）。最新版の新 K 式 2020 では，検査項目は全部で 339 項目に及び，生後 0 歳 0 か月の新生児から 70 歳台の高齢者までの 3300 人を超える検査参加者が標準化集団を構成し，最終的に 3243 人分の基礎データによって再標準化がおこなわれた。

　このように二度にわたって全面改訂がおこなわれた理由は，ひとえに「検査

は放置しておくとすぐ古くなり，信頼し難いものになる」（嶋津，1985，p. viii）
という，開発者の一人である嶋津峯眞のことばに簡潔に表現されている。時代
背景や社会情勢の変化に柔軟に対応して改訂を重ねていくことが，個人の発達
特性をつねに正確に厳密に測定・評価するための必要条件であることは言うま
でもない。さまざまな法律の制定や改正，各種の診断基準の改訂，制度の変更
などとともに，科学技術や医療技術の進展，社会の価値観・意識の変化に対応
しなければ，心理検査としての役割を十分に果たせなくなる。これまでも，例
えば，新 K 式 2001 の改訂にあたって「美の比較」や「脱落発見」のような検
査項目は，もはや時代になじまなくなったとして削除された。もともと，新 K
式検査が多く採用しているビネー検査の項目は，子どもの日常生活のなかで経
験する課題や問題に深く結びついているという点に顕著な特徴があった。携帯
電話やデジタルゲーム，インターネットの普及などによって，個人の日常生活
は近年，めまぐるしく変化しており，社会の急激な変化は想像を超えている部
分がある。その意味で，これまでは 1980 年の開発以来，ほぼ 20 年に一度おこ
なわれてきた全面改訂とそれに伴う再標準化についても，そうしたペースや時
間間隔でよいのかどうかを検討する必要がある。さらに現在，新 K 式 2020 の
適用年齢は 0 歳から 80 歳になっているが，人生 100 年時代を迎え，100 歳くら
いまで適用年齢を拡張することが望まれる。

　これらのことから，新 K 式検査の個々の検査項目がどういった個人の精神
機能とその発達的変化と関連するのかを検討した研究（大谷・清水・郷間他，
2017；大谷・清水・清水，2017；大谷・清水他，2019；大谷・原口他，2019 な
ど）について，あるいは，新 K 式検査の異なる改訂版での基礎データを比較し
た研究（郷間・大谷，2013 など）について，社会環境の変化の観点から研究成
果のもつ意味を再確認する必要があるのかもしれない。もしも社会の変化によ
る影響の比較的大きい検査項目とそうでない検査項目を何らかの形で明確に区
別することができれば，これからの子どもたちへの教育や発達障害者への処遇，
高齢者への心理支援にまで，検査結果を有効に活用することが期待できる。

　繰り返しになるが，最新版である新 K 式 2020 は再標準化にあたって 0 歳か
ら 70 歳台の 3243 人分の基礎データが収集された。これに対して，現在もさま
ざまな観点から分析が進められている。その一つに，このデータが人間の精神

機能の生涯発達を考えるうえで貴重な資料となると考え，個々の検査項目では
なく，標準化集団全体の発達の進み具合について発達曲線をあてはめることで
とらえようとする試みがおこなわれている（田中他，2024 など）。複数の版に
わたって同一の検査項目に関する縦断的データが得られることは非常に興味深
い。このことは，乳幼児用，児童用，成人用，高齢者用といった複数の検査や
尺度を適宜切り替えて同一の個人に実施して検査結果を蓄積するという考え方
とは根本的に異なる。一つの発達検査で個人の一生涯にわたる発達的変化を統
合的・総合的に理解することができれば，精神機能に関する生涯発達研究に大
いに貢献するにちがいない。

引用文献

American Psychiatric Association（2022）. *Diagnostic and Statistical Manual of Mental Disorders*（5th ed., Text revision）. American Psychiatric Association.（米国精神医学会　髙橋三郎・大野　裕（監訳）（2023）. DSM-5-TR 精神疾患の診断・統計マニュアル　医学書院）

Anastasi, A.（1988）. *Psychological Testing*（6th ed.）. Prentice Hall.

Angoff, W. H.（1984）. *Scales, Norms, and Equivalent Scores*. Educational Testing Service.

Bayley, N.（1969）. *Bayley Scales of Infant Development*. The Psychological Corporation.

Binet, A., & Simon,T.（1905）. Méthods nouvelles pour le diagnostic du niveau intellectuel des anormaux. *L'Année Psychologique, 17*, 145-201.

大学入試センター（2021）. 令和 3 年度大学入学共通テスト 段階表示換算表　大学入試センター

大学入試センター（2022）. 大学入学共通テスト得点調整の実施条件・方法の改善に就いての提言（得点調整検討部会審議のまとめ）の公表及び意見募集について　大学入試センター

Doll, E. A.（1935）. A genetic scale of social maturity. *American Journal of Orthopsychiatry, 5*, 180-188.

藤田恵璽（1972）. 標準化　肥田野直（編）心理学研究法 第 7 巻 テスト I　東京大学出版会

Gesell, A.（1925）. *The Mental Growth of the Pre-school Child: A Psychological Outline of Normal Development from Birth to the 6th Year, Including a System of Developmental Diagnosis*. Macmillan.

Gesell, A., & Amatruda, C. S.（1941）. *Developmental Diagnosis: Normal and Abnormal Child Development: Clinical Methods and Pediatric Applications*. Hoeber.（ゲゼル,

A., & アマトルーダ, C. S.　佐野　保・新井清三郎（訳）(1958)．発達診断学—小児の正常発達と異常発達—　日本小児医事出版社）

郷間英世・大谷多加志 (2013)．1954, 1983, 2001 年の K 式発達検査の標準化資料から検討した最近の子どもの発達像—子どもの精神発達の変化の全体的傾向—　発達・療育研究（京都国際社会福祉センター紀要）, *29*, 9-28.

池田　央 (1976)．統計的方法Ⅰ 基礎　新曜社

生澤雅夫（編）(1985)．新版 K 式発達検査法—発達検査の考え方と使い方—　ナカニシヤ出版

生澤雅夫 (2004a)．発達検査　氏原　寛・成田善弘・東山紘久・亀口憲治・山中康裕（編）心理臨床大辞典 改訂版（pp. 453-457）培風館

生澤雅夫 (2004b)．知能検査　氏原　寛・成田善弘・東山紘久・亀口憲治・山中康裕（編）心理臨床大辞典 改訂版（pp. 459-463）培風館

生澤雅夫・松下　裕・中瀬　惇 (2001)．新版 K 式発達検査 2001 実施手引書　京都国際社会福祉センター

生澤雅夫・大久保純一郎 (2003)．「新版 K 式発達検査 2001」再標準化関係資料集　発達・療育研究（京都国際社会福祉センター紀要）, 別冊, 21-63.

生澤雅夫・辻本英夫 (1990)．新版 K 式発達検査による乳幼児の反復検査　生澤雅夫 新版 K 式発達検査の拡張と精密化の研究（昭和 61・62・63, 平成元年度　科学研究費補助金（一般研究 A）研究成果報告書）(pp. 7-16)

伊藤大幸 (2020)．療育手帳判定におけるアセスメント手法に関する心理測定学的検証　令和 2 年度 厚生労働科学研究費補助金（障害者政策総合研究事業）分担研究報告書

Kaplan, R. M., & Saccuzzo, D. P. (1993). *Psychological Testing: Principles, Applications, and Issues* (3rd ed.). Brooks/Cole.

小宮三彌・塩見邦雄・末岡一伯・置田幸子 (2007)．改訂版 鈴木ビネー知能検査　古市出版

黒田美保・伊藤大幸・萩原　拓・染木史緒 (2014)．日本版 Vineland-Ⅱ 適応行動尺度マニュアル　日本文化科学社

松井　博 (2005)．標本調査法入門—基礎から学ぶ, 標本調査の理論と実際—　財団法人 日本統計協会

松下　裕 (2012)．発達アセスメントと支援　松下　裕・郷間英世（編）新版 K 式発達検査法 2001 年版 発達のアセスメントと支援（pp. 1-52）ナカニシヤ出版

松下　裕・郷間英世（編）(2012)．新版 K 式発達検査法 2001 年版 発達のアセスメントと支援　ナカニシヤ出版

松下　裕・生澤雅夫 (2003)．新版 K 式発達検査（1983 年版）から新版 K 式発達検査 2001 へ　発達・療育研究（京都国際社会福祉センター紀要）（特集 新版 K 式発達検査 2001 再標準化関係資料集）, 2003.5 別冊, 1-19.

村井潤一郎・橋本貴充 (2017)．心理学のためのサンプルサイズ設計入門（KS 心理学専門書）講談社

三木安正 (1980)．新版 S-M 社会生活能力検査　日本文化科学社

日本版 Bayley-Ⅲ刊行委員会（2023）．Bayley-Ⅲ乳幼児発達検査 日本文化科学社

沖 清豪（2021）．大学入学共通テストの開始と高大接続 教育制度学研究, 28, 261-269.

大谷多加志・原口喜充・清水里美（2019）．成人期の発達検査課題としての「正方形の数」課題の適切性―新版 K 式発達検査の成人級課題の精密化― 発達・療育研究（京都国際社会福祉センター紀要）, 35, 3-14.

大谷多加志・清水里美・郷間英世・原口喜充・清水寛之（2017）．幼児期の発達評価における語定義課題の適切性―新版 K 式発達検査の「語の定義」の下位項目の検討― 人間文化 H&S（神戸学院大学人文学会）, 42, 35-42.

大谷多加志・清水里美・郷間英世・大久保純一郎・清水寛之（2019）．幼児におけるじゃんけんの勝敗判断に関する発達段階の評価 発達心理学研究, 30, 142-152.

大谷多加志・清水里美・清水寛之（2017）．新版 K 式発達検査の「名詞列挙」の下位項目の適切性― 2001 版の下位項目の問題と改訂版の作成に向けて― 発達・療育研究（京都国際社会福祉センター紀要）, 33, 15-26.

Roid, G., & Barram, R.（2004）．*Essentials of Stanford-Binet Intelligence Scales (SB5) Assessment.* John Wiley & Sons.

繁桝算男・柳井晴夫・森 敏昭（1999）．Q & A で知る統計データ解析― DOs and DON'Ts ― サイエンス社

嶋津峯眞（1985）．監修者の序 生澤雅夫（編） 新版 K 式発達検査法―発達検査の考え方と使い方―（p. viii） ナカニシヤ出版

嶋津峯眞・生澤雅夫・中瀬 惇（1983）．新版 K 式発達検査実施手引書 京都国際社会福祉センター

清水寛之（2004）．正規分布 氏原 寛・成田善弘・東山紘久・亀口憲治・山中康裕（編） 心理臨床大辞典 改訂版（pp. 607-608） 培風館

清水里美（2023）．発達検査 津川律子・黒田美保（編著） これからの現場で役立つ臨床心理検査（pp. 32-40） 金子書房

新版 K 式発達検査研究会（編）（2008）．新版 K 式発達検査法 2001 年版 標準化資料と実施法 ナカニシヤ出版

新版 K 式発達検査研究会（編）（2020a）．新版 K 式発達検査 2020 解説書（理論と解釈） 京都国際社会福祉センター

新版 K 式発達検査研究会（編）（2020b）．新版 K 式発達検査 2020 実施手引書 京都国際社会福祉センター

Sparrow, S. S., Cicchetti, D. V., & Balla, D. A.（2005）．*Vineland Adaptive Behavior Scales*（2nd ed.）: *Survey Forms Manual.* Pearson.

Stern, W. L.（1912）. Über die psychologischen Methoden der Intelligenzprüfung. *Berichte für V. Kongress der Experimentelle Psychologie, 6,* 1-109.［English translation: Stern, W. L.（1914）. *The Psychological Methods of Testing Intelligence.* Warwick & York.］

鈴木治太郎（1930）．実際的個別的智能測定法 東洋図書

田中寛一（1947）．田中・びねー式智能検査法 世界社

田中教育研究所（編）(2003). 田中ビネー知能検査Ⅴ　田研出版

田中教育研究所（編）(2024). 田中ビネー知能検査Ⅵ　田研出版

田中　駿・清水寛之・清水里美・足立絵美・郷間英世 (2024). 人間の精神発達曲線への多項式のあてはめ：新版 K 式発達検査 2020 の標準化資料の分析から　発達心理学研究, *35*, 70-79.

Terman, L. M. (1916). *The Measurement of Intelligence*. Houghton.

津川律子・大六一志 (2023). 知能検査　津川律子・黒田美保（編著）　これからの現場で役立つ臨床心理検査（pp. 16-31）　金子書房

Wechsler, D. (1944). *The Measurement of Adult Intelligence* (3rd ed.). Williams & Wilkins.

Wechsler, D. (1955). *Manual for the Wechsler Adult Intelligence Scale*. Psychological Corporation.

Wechsler, D. (1958). *The Measurement and Appraisal of Adult Intelligence* (4th ed.). Williams & Wilkins.（ウエクスラ, D.　茂木茂八・安富利光・福原真知子（訳）(1972). 成人知能の測定と評価　日本文化科学社）

Wechsler, D. (1963). *Manual for the Wechsler Preschool and Primary Scale of Intelligence*. Psychological Corporation.

Wechsler, D. (1974). *Manual: Wechsler Intelligence Scale for Children, Revised*. Psychological Corporation.

吉村拓馬・大西紀子・恵良美津子・松田裕之・小橋川晶子・広瀬宏之・大六一志 (2019). 療育手帳判定における知能検査・発達検査に関する調査　LD 研究, *28*, 144-153.

第3章
新版 K 式発達検査 2020 の
標準化資料からみた子どもの発達

田中　駿

1．はじめに

　新版K式発達検査（以下，新K式検査とする）は，これまでに3回の標準化がなされた。標準化にあたって，新K式1983は1562人，新K式2001は2677人，そして新K式2020は3243人を分析対象とし，改訂のたびに分析対象人数と適用年齢の範囲が拡張された。それぞれの標準化で得られたデータは，得点や発達指数の形でまとめられ，標準化資料として報告されている（生澤，1985；生澤・大久保，2003；新版K式発達検査研究会，2020）。そして，これらの標準化資料は大きな規模の横断データでもあるため，さまざまな分析がおこなわれてきた。

　そこで，この章では，これまでの分析結果を簡単に紹介し，過去の研究成果の概観を示すとともに，新しく収集した新K式2020の標準化資料を用いた分析結果を紹介する。それにより，発達検査の標準化資料からどのようなことがわかるのかを示すとともに，現在の子どもの発達についての理解を深めたい。

2．標準化資料にかかわるこれまでの研究結果

［1］新K式1983の標準化資料を用いた潜在クラス分析による発達段階の推定
　生澤（1980，1982，1984）は新K式1983の標準化資料を用いて，潜在クラス分析により発達段階を導き出そうとした。潜在クラス分析とは，「合格」と「不

合格」のような 2 値的な変数（いわゆる 1-0 型の変数）で表された資料から，潜在クラスを見出そうとする解析方法である。ここでの潜在クラスとは，測定されたデータの背後にある質的な潜在変数の部分集合を指す。潜在クラス分析により，潜在クラスの個数や各変数の相対的な大きさを推定することができる。生沢（1976）は，潜在クラス分析によって見出された潜在クラスは，知能発達の点からみると互いに異なったクラスと考え，そのような潜在クラスは，発達の質的変化に対応して見出される，いわば発達段階を表すものとしている。新K式検査では，項目の「通過」または「不通過」によって 2 値の分類ができるため，それをもとに標準化資料の検査参加者がいくつの潜在クラスに分かれているか（潜在クラスの個数），それぞれ何人ずつからなるか（潜在クラスの相対的な大きさ），各潜在クラスに含まれる検査参加者が検査項目を「通過する」確率（潜在クラス別の各検査項目の項目別合格率ともいう）がいくらであるかを調べることができる。

　生澤（1980）は，新K式 1983 の標準化資料の検査参加者のうち 37 日〜 6 歳 11 か月の 1156 名について，259 項目を用いて潜在クラス分析をおこなった。その結果，5 つの潜在クラスが見出され，年齢の低い方から s，r，q，p，n と名づけられた。それぞれの潜在クラスの通過項目の内容から，s は「誕生後から 5，6 か月頃まで」，r は「寝返りができ，座位を保持することができ，姿勢の維持と制御を前提として，手や指を使った環境への積極的な働きかけと操作が可能になる段階」で「6，7 か月から 9，10 か月頃まで」，q は「立つこと，歩くことをはじめとする，全身の姿勢の制御と運動ができるようになり，手や指の運動や操作では 2 個の対象物に同時に注意を払い，関連づけたり，組み合わせたり，結合したりすることができるようになる段階」で「10，11 か月から 1 歳 7，8 か月まで」，p は「身体運動では跳躍が可能になり，手や指の運動は複数個のものを組み合わせる作業ができるようになるため，ある程度の見通しの能力ができあがり，比較や系列の初歩的な概念が理解でき，命名機能も完成しつつある段階」で「1 歳 8，9 か月から 3，4 歳頃まで」，n は「数概念の理解，全体の中から個々の要素を抽出する能力の出現，ある程度抽象的な名辞の理解の段階」で「4，5 歳以後」と推定された。

　生澤（1982）では，新K式 1983 の全 324 項目を用いて，0 〜 13 歳までの

1562 名を対象として，新たに潜在クラス分析がおこなわれた。この結果，上記の n は「4，5 歳頃から 6，7 歳頃まで」であり，新たな潜在クラスとして m が追加された。m は，「多数のものを関連づける系列の概念が成立する段階」で「7，8 歳頃以後」とされた。

［2］ 新 K 式 1983 と新 K 式 2001 の標準化資料の比較

　郷間（2003，2006）は，新 K 式 1983 と新 K 式 2001 の 50％通過年齢を変化率により比較した（「50％通過年齢」については第 2 章を参照）。変化率とは，新 K 式 1983 を A，新 K 式 2001 を B とすると，「変化率 =（B − A）/A × 100」で算出される。これにより，乳児期は「手をつき座る」「体重を支える」「寝返り」「足を口へ」「座位となる」「座る」「這い登る」「顔を向ける」「玩具（車）の追視」「両手に保持 10 秒」「片手を近寄せる」「コップを見る」「輪へ伸ばす」「コップに触る」「小鈴に手を出す」「小鈴を取る」「イナイイナイバー」「取ろうとする」など 10％以上促進している項目が多かった。幼児期は遅延している項目が多く，その傾向が学齢期も続くというものであった。とくに描画の項目である「正方形模写」は 50％通過年齢が 46.7 月から 52.6 月へと 5.9 月，「三角形模写」は 56.1 月から 64.0 月へと 7.9 月，「菱形模写」は 74.9 月から 86.8 月へと 11.9 月，50％通過年齢が遅れていた。一方で，「色の名称 3/4」は 41.3 月から 34.7 月へと 6.6 月，「色の名称 4/4」は 48.3 月から 39.0 月へと 9.3 月，50％通過年齢が早くなっており，子どもの発達は年代とともに変化していることが明らかになった。

　次いで，郷間他（2008）は新 K 式 1983 と比べ，新 K 式 2001 で 50％通過年齢の遅延が認められた「描画」の 11 項目（「なぐり描き　例後」「なぐり描き　例前」「円錯画　模倣」「横線模倣」「縦線模倣」「円模写」「十字模写　例前」「十字模写　例後」「正方形模写」「三角形模写」「菱形模写」）について，年齢区分別の通過率を比較した。その結果，「円模写」「正方形模写」「三角形模写」「菱形模写」は，複数の年齢区分で新 K 式 2001 の通過率の方が低くなっていることが確認された。また，新 K 式 2001 の標準化資料のみを用いて「正方形模写」「三角形模写」「菱形模写」の男女差も検討し，描画の発達は男児の方が女児よりも遅いことを明らかにした。

［3］新Ｋ式 2001 の標準化資料を用いた成人級項目の分析

　新Ｋ式 2001 は適用年齢が成人まで拡張され，新たに項目が新設・追加された。大久保（2012）は，成人級の項目の相互の関係性を分析するために，新Ｋ式 2001 の標準化資料の 16 歳から 25 歳の 274 名を対象として，成人級の項目の因子分析をおこなった。因子分析をするために，下位検査項目がまとめられた。ここでの下位検査項目をまとめるとは，例えば，「心的回転Ⅰ」と「心的回転Ⅱ」は下位検査項目がそれぞれ 3 項目ずつあるが，これらをまとめて「心的回転」として，正答数で 0 ～ 6 の値になるようにした。この因子分析では，第 1 因子が課題の困難性，第 2 因子が結晶性 - 流動性知能であることを報告した。また，大久保（2012）は，各項目の通過率曲線の類似性をもとにクラスター分析もおこなっている。クラスター分析は傾向の似たデータを分類することができる。簡単な課題，比較的簡単な課題，比較的困難な課題，困難な項目の 4 つのクラスターと，各クラスター内に 1 つから 3 つのサブクラスターが見出された。しかしながら，大久保（2012）では，成人年齢の検査参加者のデータ数の問題もあり，検査項目を明確に分類することはできなかった。

3．新版Ｋ式発達検査 2020 の標準化資料を用いた分析

［1］標準化資料の比較にあたって

　新Ｋ式 2001 の作成の際には，改訂の基本方針として，①新Ｋ式 1983 の基本的性格は継承する，②再標準化のための資料はすべて新しく集める，③手引書の各種換算表はすべて更新する（松下・生澤，2003）とされた。この方針は新Ｋ式 2020 の改訂でも引き継がれている。また，「『新Ｋ式検査 1983』の用具（図版も含む）を，可能な限り，引き続き使用する」（松下・生澤，2003）ともされており，下位検査項目に至るまで，できる限り変更しないことに重きがおかれている。つまり，新Ｋ式検査の改訂は，以前の版の枠組みを継承しながらも，標準化資料は新たに集め直し，検査項目の構成を現在の子どもたちの発達に合わせることが非常に重要な作業であると考えられていた。同じ項目を使い続けるということは，検査用具や手続きを変更しなければ，その項目は何十年も前から同じ視点で子どもの発達をとらえることができる。もしも年代による

違いが明らかになれば，それは子どもの発達が全体として変化しているということになる。項目に変更があり，発達にも変化があると，項目の変更によるものなのか，子どもの発達が変化したのかがわからなくなってしまう。改訂の基本方針はこの問題を避けるために都合がよく，当初からの 40 年，あるいはそれ以前から使用されている項目がそのまま残されているため，50%通過年齢の比較ができるのである。

［2］ 新 K 式 1983 の 50%通過年齢との比較

郷間他（2022）によって，新 K 式 1983 との間で 50%通過年齢の比較がおこなわれた。比較には郷間（2003, 2006）と同じく変化率が用いられた。この比較では，乳児期から幼児期後半までは，促進した項目も遅延した項目も，ほぼ同じ割合であった。しかし，項目別にみていくと，「色の名称」は発達が促進した一方で，「円模写」「正方形模写」などの描画や「折り紙」などの微細運動は発達が遅延してきており，新 K 式 2001 のときにみられた傾向が，新 K 式 2020 でもみられた（第 1 章参照）。

［3］ 新 K 式 2001 の 50%通過年齢との比較

田中・郷間（2023）によって，新 K 式 2001 との間で 50%通過年齢の比較がおこなわれた。新 K 式 2001 は〈姿勢・運動〉領域 52 項目，〈認知・適応〉領域 165 項目，〈言語・社会〉領域 111 項目の計 328 項目が採用されていた。こ

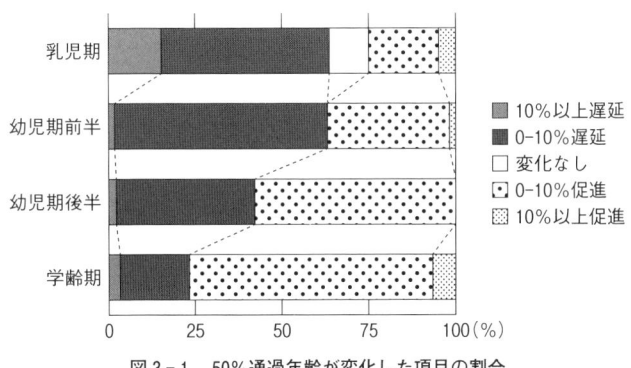

図 3-1　50%通過年齢が変化した項目の割合

こではこのうち，新K式2020でも項目として使われており，50％通過年齢が算出でき，評価基準がほぼ同一の項目である256項目を分析の対象とした。

　50％通過年齢に関して，発達が促進した項目（50％通過年齢が下がった項目）は256項目中101項目であった。一方で，発達が遅延した項目（50％通過年齢が上がった項目）は同じく141項目，変化がみられなかった項目は同じく14項目であった。発達が促進した項目よりも，遅延した項目の方が多かった。ここでは0歳以上1歳未満（以下，0〜1歳とする：他も同様）を乳児期，1〜3歳を幼児期前半，3〜6歳を幼児期後半，6〜12歳を学齢期とすると，発達の促進した項目は，学齢期が77.7％（23項目）で最も割合が高く，次いで幼児期後半57.8％（26項目），幼児期前半36.8％（21項目），乳児期25.0％（31項目）であった。発達の遅延した項目は，乳児期63.7％（79項目）で最も割合が高かったが，幼児期前半の63.2％（36項目）とほぼ変わらなかった。幼児期後半は42.2％（19項目），学齢期は23.3％（7項目）であった。

　次に，前述の変化率を用いて分析をおこなった。50％通過年齢が10％以上変化した項目を表3-1，表3-2に示す。変化率が10％以上であったのは，乳児期25項目であり，幼児期前半は2項目，幼児期後半は1項目，学齢期は3項目であり，乳児期に多くみられた。領域別にみると，〈姿勢・運動〉領域は促進した項目がなく，乳児期の7項目が遅延していた。〈認知・適応〉領域は，促進した項目が8項目，遅延した項目が9項目であり，〈言語・社会〉領域は促進した項目が1項目，遅延した項目が6項目であった。

　乳児期は，50％通過年齢の変化率が10％以上であった項目が多く，発達が遅延した項目の方が促進した項目よりも多かった。乳児期の発達は遅れがあると考えられ，なかでも〈姿勢・運動〉領域は促進した項目はなく，7項目が遅延していた。この項目には「頭を上げる」「頭上げ　領域Ⅱ」などの頭の動きや首のすわりに関連したものが5項目あった。〈認知・適応〉領域の「追視　頭の動きを伴う」や〈言語・社会〉領域の「人の追視」「声の方を向く」などの頭の動きに関連した項目が遅延しており，初期の運動発達が遅れている結果となった。また，「両手に保持　3秒」などの初期の手指の操作に関連した項目も遅れていた。ただし，乳児期については，もともとの50％通過年齢が小さな値のため，50％通過年齢の少しの変化でも変化率が大きくなりやすいことが影響している

表 3-1　新 K 式 2001 から新 K 式 2020 で発達が促進した検査項目

	〈姿勢・運動〉領域	〈認知・適応〉領域		〈言語・社会〉領域
乳児期	——	つかんで離さぬ コップを見る 玩具（車）の追視	片手に保持 3 秒程度 拇指側かき寄せ	自像に発声
幼児期前半	——	形の弁別 I　1/5		——
幼児期後半	——	——		——
学齢期	——	模様構成 II　3/3	釣合ばかり I　3/3	——

表 3-2　新 K 式 2001 から新 K 式 2020 で発達が遅延した検査項目

	〈姿勢・運動〉領域		〈認知・適応〉領域		〈言語・社会〉領域	
乳児期	頭を上げる 両手支持で立つ 頭上げ 領域 II 肘支持 頭上げ	手をつき座る 頭を水平 頭 領域 II に保つ	両手を開く 優位 両手に持つ 両手に保持 3 秒 第 3 提示 落さぬ	追視 頭の動 きを伴う 表情の変化 両手に保持 10 秒 両手に持つ	人の追視 刺激に発声	声の方を向く 手を見る
幼児期前半	——		——		2 数復唱 1/3	
幼児期後半	——		四角構成 例後 2/2		——	
学齢期	——		——		語の差異 2/3	

と考えられる。

　幼児期前半，幼児期後半，学齢期は大きく変化した項目は少なかった。新 K 式 2001 の頃から，発達は大きく変化していないということである。新 K 式 1983 と新 K 式 2020 との 50% 通過年齢の比較を紹介したが，50% 通過年齢が 10% 以上変化した項目が 11 項目あり，「形の弁別 I」は促進していたが，「折り紙」や「描画」「数の復唱」は遅延していた。このことから，幼児期前半は 1980 年から 2000 年頃にかけて遅延し，2000 年から 2020 年頃にかけては，その遅延したままの状態が続いていると考えられた。

［4］新 K 式 2001 の得点との比較

　新 K 式 2020 は，新 K 式 2001 の検査項目をもとにして再標準化されており，新 K 式 2020 では最終的に削除された「性の区別」などの項目も，調査段階では資料が集められていた。一部の検査項目の下位検査項目の変更があったため

に，その点では厳密ではないものの，検査参加者の得点を新Ｋ式 2001 の得点に直すことができるため，得点比較が可能である。乳幼児期から学齢期（田中・足立，2022）と学齢期から青年期（清水他，2022）について結果が報告されており，年齢区分別に t 検定により分析がおこなわれた。t 検定は 2 つの群の平均値の差が偶然による差なのか，それとも有意なのかを判断することができる。ここでは子どもの発達を検討するため，「0:00-0:01」から「11:00-12:00」までの比較結果をまとめて表 3-3 に示す。

　〈姿勢・運動〉領域で新Ｋ式 2020 の得点が有意に低かった年齢区分は 4 区分であった。一方で，新Ｋ式 2020 の得点が有意に高かった年齢区分は 1 区分であった。同じく，〈認知・適応〉領域で新Ｋ式 2020 の得点が有意に低かった年齢区分は 1 区分，新Ｋ式 2020 の得点が有意に高かった年齢区分は 5 区分であり，〈言語・社会〉領域で新Ｋ式 2020 の得点が有意に低かった年齢区分は 1 区分，新Ｋ式 2020 の得点が有意に高かった年齢区分は 5 区分であった。また，全領域で新Ｋ式 2020 の得点が有意に低かった年齢区分は 2 区分，新Ｋ式 2020 の得点が有意に高かった年齢区分は 7 区分であった。

　ここでも，0 〜 1 歳を乳児期，1 〜 3 歳を幼児期前半，3 〜 6 歳を幼児期後半，6 〜 12 歳を学齢期として，得点からこの 20 年の発達の傾向をみていく。表 3-4 に年代，領域別の発達の傾向をまとめた。

　乳児期のなかでも「0:00-0:01」は，新Ｋ式 2020 の得点の方が高かったが，標準化集団の生活日齢も新Ｋ式 2020 の方が高かったためではないかと考えられた。その年齢区分を除外して考えると，〈姿勢・運動〉領域は 4 区分で新Ｋ式 2020 の得点の方が低く，発達に遅延がみられた。また，〈言語・社会〉領域と全領域も同じく新Ｋ式 2020 の得点の方が低い年齢区分があり，一部に遅延がみられた。

　幼児期前半は，「3:00-3:06」の〈認知・適応〉領域で新Ｋ式 2020 の得点の方が低かったが，その他には大きな差はなかった。幼児期前半の発達は大きく変化していなかった。

　幼児期後半からは〈姿勢・運動〉領域の項目がなくなるため，比較からは除外し，その他の領域をみていく。幼児期後半の 5 歳以降から学齢期にかけては，いずれの領域も新Ｋ式 2020 の得点の方が高かった。この年代に関しては，統

表 3-3　新 K 式 2001 と新 K 式 2020 の得点比較の結果

	〈姿勢・運動〉領域	〈認知・適応〉領域	〈言語・社会〉領域	全領域
新 K 式 2020 の方が得点が低い年齢区分	0:02-0:03 0:04-0:05 0:05-0:06 0:08-0:09	3:00- 3:06	0:07- 0:08	0:02- 0:03 0:05- 0:06
新 K 式 2020 の方が得点が高い年齢区分	0:00-0:01	5:00- 5:06 5:06- 6:00 6:00- 6:06 7:00- 8:00 9:00-10:00	0:00- 0:01 5:00- 5:06 6:00- 6:06 7:00- 8:00 9:00-10:00	0:00- 0:01 5:00- 5:06 5:06- 6:00 6:00- 6:06 7:00- 8:00 9:00-10:00 11:00-12:00

注）0:02-0:03 は 2 か月超 3 か月以下を示す。

表 3-4　年代別・領域別の 20 年前との得点比較からみた発達の傾向

	〈姿勢・運動〉領域	〈認知・適応〉領域	〈言語・社会〉領域	全領域
乳児期	遅延	―	一部遅延あり	一部遅延あり
幼児期前半	―	一部遅延あり	―	―
幼児期後半	―	一部促進あり	一部促進あり	一部促進あり
学齢期	―	促進	促進	促進

計的な有意差も多くの年齢区分で認められていた。幼児期後半から学齢期にかけては，発達が促進したということである。それも乳児期のように，一つの領域だけが変化していたのではなく，〈認知・適応〉領域も〈言語・社会〉領域もどちらも促進していた。また，先ほどの 50% 通過年齢の比較においても幼児期後半から学齢期は促進した項目が多くあったため，一部分だけが促進したわけではなく，新 K 式検査で評価することのできる全体的な発達が促進したと考えられた。幼児期での育児・家庭環境の質が高ければ，学齢期の算数能力の高さが予測されること（Özkan & Baydar, 2021）や，思春期の言語能力や数学能力の高さが予測されること（Kim et al., 2023）が報告されている。このような，子どもたちを取り巻く生活環境の質の変化が良い方向に進んだことにより，発達が促進した可能性がある。

［5］ 多項式からみた子どもの発達

　人間の発達には一定の順序性と方向性があり，青年期に近づくと発達の速度は緩やかになっていく。新Ｋ式検査で測定することのできる「発達」も同様である。これらは一生涯にわたる発達的変化を示す曲線（発達曲線）で示されることが多く，発達の概観をとらえることができる。田中他（2024）は多項式により，新Ｋ式検査の得点を発達曲線で表現することを試みたので，ここで紹介する。

　新Ｋ式 2020 の標準化資料をもとに日齢を x 軸に，得点を y 軸にすることで，多項式を作成した。標準化資料の 0 歳から 20 歳までの 2636 名を対象として，全領域の得点を最小二乗法により 1 次式から 6 次式まで作成すると，標準化資料の測定値との一致率から 3 次式のあてはめが適当であった。測定値とは，年齢区分別の得点の平均値のことであるため，詳しくは解説書（新版Ｋ式発達検査研究会，2020）のⅢ章（p.78）を参照してもらいたい。式は，$y = 1.503 \cdot 10^{-9} x^3 - 4.610 \cdot 10^{-5} x^2 + 4.279 \cdot 10^{-1} x + 2.571$ であった。3 次式と測定値を図 3 - 2 に示す。

　この 3 次式に基づくと，当該の年齢区分において年齢が大きくなるほど得点の伸びが小さくなる。つまり，得点が大きくなるほど，1 点にかかる日数は多くなる。得点の最大値は 7120.6 日（233.9 月：19 歳 6 か月）のときに 1254.7

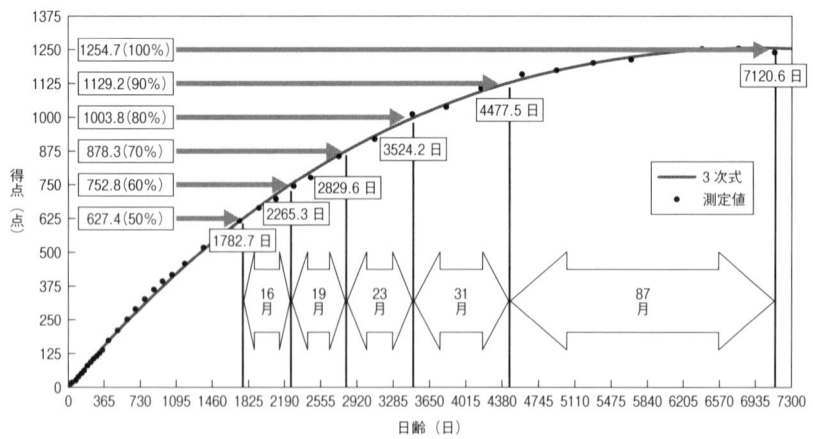

図 3 - 2　3 次式による発達曲線と測定値

点となる。つまり，19 歳 6 か月頃までは得点は伸び続けていくということである。得点の伸び方を確認していくと，得点が最大値の 50％である 627.4 点のときに，日齢は 1782.7 日（58.6 月；4 歳 11 か月）となる。5 歳までには，新 K式検査で測ることのできる発達の半分ほどとなる。その後，得点が 10％伸びるまでにかかる日数は 16 月（482.6 日），19 月（564.3 日），23 月（694.6 日），31月（953.3 日）と次第に長くなっていく。4477.5 日（147.1 月；12 歳 3 か月）には得点の最大値の 90％となり，あとの 10％には，87 月（2643.1 日；7 年 3 か月）程度かかる計算となる。つまり 19 歳まで一定のペースで発達するわけではなく，年齢が高くなるにつれて徐々に発達の速度は緩やかになっていく。とくに，12 歳以降は発達の速度が急激に遅くなる。12 歳は思春期への移行期にあたり，日本では小学校から中学校へ進学する時期である。ここまでは順調に伸びてきたものが，伸びにくくなるということは，多くのさまざまな発達課題や学習課題が与えられ，それまで以上に個人の努力が求められるようになるのかもしれない。

［6］標準偏差からみた子どもの発達

　標準偏差の説明については 2 章を参照していただきたい。新 K 式検査のような比率 IQ が採用されている検査は，年齢によって標準偏差が変化する。これは比率 IQ の検査が子どもの発達の度合い（発達指数）を導き出すものであるためである。

　新 K 式検査は生活年齢とともに発達年齢が増加していくため，生活年齢が大きくなるほど，発達年齢の標準偏差も一定の割合で大きくなっていくはずである。ここでは，0 歳〜10 歳の発達年齢（DA）と発達指数（DQ）の標準偏差について検討した。発達指数は解説書（新版 K 式発達検査研究会，2020）Ⅲ 章（p. 82）に掲載されているため，発達年齢について表 3−5 にまとめた。なお，発達年齢については精密計算（日齢計算）をすべき場合でも，すべて月齢で示した。

（1）発達年齢（DA）の標準偏差の推移

　図 3−3 に発達年齢の標準偏差の推移を示す。

　〈認知・適応〉領域，〈言語・社会〉領域および全領域のいずれにおいても，

表3-5　年齢区分別の発達年齢（月齢）の平均と標準偏差

年齢区分		〈認知・適応〉領域		〈言語・社会〉領域		全領域	
超	以下	平均	標準偏差	平均	標準偏差	平均	標準偏差
0:03	0:04	3.55	0.69	3.64	0.82	3.53	0.74
0:04	0:05	4.56	0.74	4.53	1.02	4.56	0.71
0:05	0:06	5.39	0.84	5.53	1.23	5.35	0.80
0:06	0:07	6.57	0.61	6.75	0.91	6.61	0.70
0:07	0:08	7.48	1.00	7.24	1.15	7.52	1.00
0:08	0:09	8.52	0.96	8.52	0.86	8.52	0.86
0:09	0:10	9.49	1.04	9.23	1.09	9.53	0.83
0:10	0:11	10.38	1.05	10.36	1.38	10.34	0.94
0:11	1:00	11.27	1.03	11.47	1.96	11.33	1.09
1:00	1:03	13.74	1.70	13.83	2.11	13.62	1.52
1:03	1:06	16.59	1.92	16.20	2.64	16.51	1.73
1:06	1:09	19.60	1.51	19.24	2.33	19.76	1.45
1:09	2:00	23.25	2.25	22.00	2.73	22.73	1.76
2:00	2:03	25.78	3.23	25.59	4.23	25.67	2.94
2:03	2:06	28.77	4.05	28.83	5.18	28.77	3.86
2:06	2:09	31.84	4.86	31.35	4.15	31.51	3.78
2:09	3:00	34.51	4.43	34.70	5.12	34.42	4.18
3:00	3:06	38.71	5.59	38.76	5.18	38.64	4.65
3:06	4:00	45.15	5.12	45.69	7.29	45.32	5.30
4:00	4:06	50.94	6.49	50.98	7.69	51.00	6.31
4:06	5:00	57.41	7.43	57.15	7.45	57.24	6.66
5:00	5:06	63.32	6.62	64.12	7.17	63.80	5.81
5:06	6:00	69.04	6.78	68.46	7.10	68.78	6.10
6:00	6:06	75.71	9.40	75.04	7.89	75.36	7.43
6:06	7:00	80.59	10.08	79.89	7.43	80.15	7.31
7:00	8:00	91.77	14.12	91.10	9.06	91.17	9.89
8:00	9:00	100.27	16.22	102.31	12.36	101.41	11.39
9:00	10:00	119.82	22.42	118.51	19.87	118.86	18.11

標準偏差の推移は非常によく似ている。1歳頃まで大きな増減はなく推移している。その後，徐々に大きくなっていくが，3歳頃に再び停滞し，7歳頃まではあまり大きくならない。7歳頃からは大きくなっていく。特徴的なのは，7歳頃までは全領域と〈認知・適応〉領域の標準偏差は近い数値になっているが，7歳以降は全領域と〈言語・社会〉領域が近い数値になっている。

　生活年齢が大きくなっても発達年齢の標準偏差が大きくならない，または小さくなる時期がみられた。生沢（1976）は，Barkley Growth Study（Bayley,

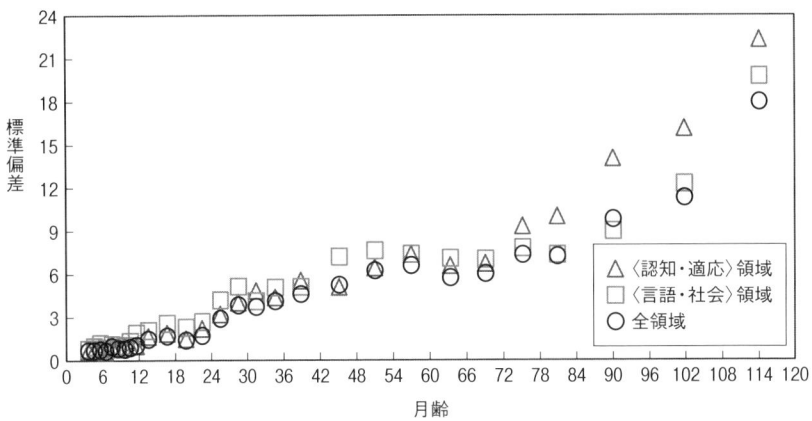

図 3-3　発達年齢（DA）の標準偏差の推移

1949）の精神年齢の標準偏差について検討し，標準偏差は 1 か月から 6 か月までほぼ直線的に増大し，その後 12 か月までほぼ一定の値で頭打ちし，その後再び直線的に増大するが，36 か月から 42 か月もほかの時期と比べて増加しないことを示した。生沢（1976）は，標準偏差が頭打ちになる要因として，その時期には発達の「境目」があり，ある特定の発達段階から次の発達段階に移行するまでには一種の飛躍が必要で，そのために若干の期間を要するとしている。そして，早めにこの段階の境目に到達する子どもと，少し遅れて到達する子どもがいて，このような発達段階の境目にあたるところでは，発達年齢の標準偏差の頭打ち（増大しない）現象が起こるとしている。このような現象が新 K 式 2020 でも起こっていて，1 歳 6 か月頃や，3 歳頃，4 ～ 7 歳頃が顕著であった。この結果は，生沢（1976）による Barkley Growth Study（Bayley, 1949）の分析結果とよく似た時期であった。

　1 歳 6 か月は，ことばが出始める時期である。また，スムーズに歩けるようになり，行動範囲が広がることも特徴である。しっかり自分が興味をもって探索し，さまざまなことを吸収していく時期なのかもしれない。1 歳 6 か月と 3 歳はどの自治体でも健康診査（以下，健診）がある年齢である。また近年は 5 歳児健診を実施している自治体がある。定型発達において個人差があまり出にくい時期に健診をおこなうことは，個人の発達の遅れを発見する意味では適切

な時期であると考えられる。

（2） 発達指数 （DQ） の標準偏差の推移

　図3-4に発達指数の標準偏差の推移を示す。発達指数の標準偏差は3か月頃には15以上だが，6か月頃までに15程度となり，その後は12前後で推移している。〈言語・社会〉領域は4歳頃までは15程度あり，他の領域よりもばらつきが大きいが，5歳頃には他の領域と同じく10程度となる。〈認知・適応〉領域は7歳頃から15程度となり，その後は他の領域よりも標準偏差が大きい。〈言語・社会〉領域も全領域も，9歳頃に標準偏差が10となる。こちらも発達年齢の標準偏差と同じく，7歳頃までは全領域と〈認知・適応〉領域の標準偏差は近い数値になっているが，7歳以降は全領域と〈言語・社会〉領域が近い数値になっている。

　発達指数の標準偏差からは以下のような特徴が読み取れる。第1に，生後半年になるまでは個人差がかなり大きいということである。乳児の発達は1日で大きく変化することもあり，また，検査をするときの本人の機嫌や環境にも大きく左右される。ここでの個人差は，これらの要因によるものであると推測された。

　第2に，〈言語・社会〉領域は5歳頃までは個人差が大きいということが挙

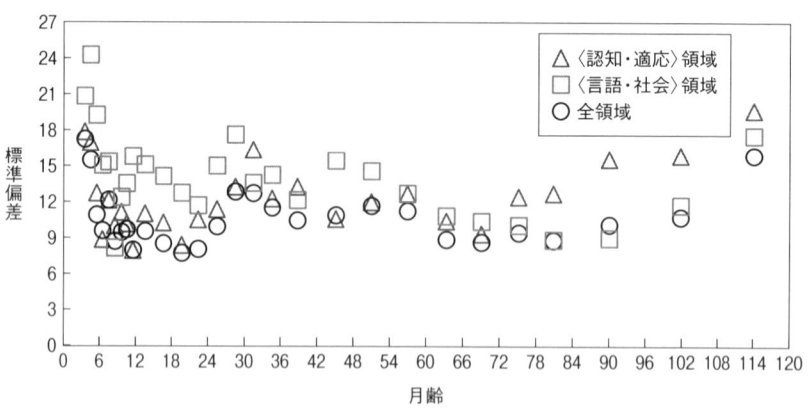

図3-4　発達指数 （DQ） の標準偏差の推移

げられる。とくに，1 歳を過ぎた頃と 4 歳を過ぎた頃は標準偏差が大きくなっていることが読み取れる。1 歳を過ぎた頃は，ちょうどことばを話し始める時期であり，言語獲得は個人差が大きいことはよく知られている。新 K 式検査の項目にも，「語彙 3 語」や「絵の名称」などの言語獲得に関連する項目が多数採用されており，これらの項目の成否が標準偏差の大きさを左右しているものと思われる。4 歳頃には，数に関連した「13 の丸」や「数選び」などが配置されている。これらの数の理解ができているかどうかがばらつきにつながっているのかもしれない。

4．今後の展望と課題

[1] 新版 K 式発達検査 2020 年版の標準化資料の分析の展望

　本章では 2 つの標準化資料の比較のみであったが，新 K 式 1983，新 K 式 2001，新 K 式 2020 の 3 つの標準化資料の 50％通過年齢の比較による検討も可能である。先述したが，新 K 式検査は同じ項目をできるだけそのままの形で使用することとなっているため，それにより発達のこのような比較が可能になっている。したがって，次回の標準化の際も，このような比較が可能なように標準化資料を得なければならない。ただしこれは検査項目の新設・削除があり，全面的に実現可能であるとはいえないが，次の再標準化でも 2001 年版をもとにすれば，本章で比較したよりも長期間の発達の変化を検討することができる。つまり，今後も新 K 式検査において一貫性や連続性を保ち，子どもの発達の変化を同じ基準で追っていくことが新 K 式検査の標準化資料のもつ強みになる。標準化資料により，時代の変化に応じた子どもの発達の変化を明らかにしていくことは，新 K 式検査の再標準化だけではない重要な役割となる。

　これまでの標準化資料において新 K 式 1983 では主な検査参加者が 13 歳までであり，新 K 式 2001 では 20 歳〜 69 歳までの検査参加者が 133 名と少なく，新 K 式検査を用いて，成人の発達を分析することができなかった。しかし，新 K 式 2020 では 20 歳〜 80 歳までの検査参加者は 607 名であり，成人の分析をすることも可能になった。新 K 式 2001 で成人まで検査が拡張されたことを考えれば，20 歳以降の発達を表現することも，新 K 式検査の担うべき役割になる。

本章では，多項式による発達曲線のあてはめに関する研究や発達年齢，発達指数の標準偏差を取り上げたが，生澤（1980, 1982, 1984）のように潜在クラス分析を実施して，発達段階を検討することも重要である。そうすれば0歳から80歳までの発達段階を見出すことができるかもしれない。

　また，因子分析やクラスター分析により，新Ｋ式検査が評価しようとしている内容を詳細に検討していくことも重要である。新Ｋ式検査は〈姿勢・運動〉領域，〈認知・適応〉領域，〈言語・社会〉領域の3領域で構成されているが，新Ｋ式2020では新設項目もあり，その構造を改めて確認する必要があるだろう。

［2］次の標準化に向けて

　文部科学省（2022）の調査において，「学習又は行動面での著しい困難を示す」とされた通常学級の児童生徒の割合は8.8％であり，前回調査時の2012（平成24）年の6.5％よりも高いことが報告された。また，義務教育段階の全児童生徒数は減少しているにもかかわらず，特別支援学校，特別支援学級あるいは通級を利用する児童生徒数とその割合は増加している（文部科学省，2023）。今回の標準化資料の分析により示された発達の促進は，必ずしも現代の子どもたちがかかえる発達の課題とはつながっていないように思われる。すなわち，定型発達児を対象とした標準化資料によって検査を作成し，分析をするだけでは，現代の課題に充分に対応した検査とは言い切れないのではないだろうか。標準化にとどまらず，さまざまな人々を対象に新Ｋ式2020を実施し，その結果をまとめていくことが求められる。

　また，COVID-19による行動制限は記憶に新しい。新Ｋ式2020の標準化資料はコロナ禍以前に集められた資料であるため，コロナ禍を経験した人との比較が可能である。KIDS乳幼児発達スケールを用いた研究では，コロナ禍を経験した子どもは，それ以前の子どもに比べて，5歳時に平均で4.39か月発達が遅れていることが報告されている（Sato et al., 2023）。5歳で遅れが大きくなったのは，5歳は同年齢集団のなかでとくに社会性を育む年齢であるにもかかわらず，それが制限されたことによる影響ではないかとされている。このようなコロナ禍前後の比較が標準化資料を使えば可能であり，コロナ禍の生活が発達に与える影響を新Ｋ式検査を用いて明らかにしていく必要があるだろう。

　最後に，本章では発達の変化について取り上げたが，その原因は明らかにさ
れていない。郷間（2012）は発達の変化の原因について，①子どもの生活習慣
やライフスタイルの変化，②脳の発達に悪影響をおよぼす化学物質，③不適切
な養育（マルトリートメント），④脳機能や脳発達の性差に応じた育児や教育
の不足，⑤環境の遺伝子に対する影響，⑥子ども側の環境への適応，を挙げて
いる。しかし，発達の変化はこれらの複数の要素が絡んでおり，新K式検査か
らみた発達の変化の詳細は明らかにされていない。このような発達の変化の原
因を明らかにしていくことは，子どもにとってより良い環境を作っていくため
にも重要となる。

　以上のような調査をおこない，データを蓄積していくことが，次の標準化の
指針となるだろう。新K式検査の資料の収集だけにとどまらず，生活環境や社
会環境などの情報も一緒に収集していくことで，標準化資料がより有効活用さ
れることに期待したい。

引用文献

Bayley, N.（1949）. Consistency and variability in the growth of intelligence from birth to 18 years. *Journal of Genetic Psychology, 75*, 165-196.

郷間英世（2003）. 現代の子どもの発達的特徴についての研究──1983年および2001年のK式発達検査の標準化データによる研究Ⅰ──　子ども学（甲南女子大学国際子ども学研究センター），*5*, 11-22.

郷間英世（2006）. 現代の子どもの発達の特徴とその加齢に伴う変化──1983年および2001年のK式発達検査の標準化資料の比較による検討Ⅱ──　小児保健研究，*65*, 282-290.

郷間英世（2012）. 最近の子どもは以前の子どもに比べて発達が遅れてきているか　松下　裕・郷間英世（編）　新版K式発達検査法2001年版 発達のアセスメントと支援（pp. 73-108）　ナカニシヤ出版

郷間英世・大谷多加志・大久保純一郎（2008）. 現代の子どもの描画発達の遅れについての検討　奈良教育大学教育実践総合センター研究紀要，*17*, 67-73.

郷間英世・田中　駿・清水里美・足立絵美（2022）. 現代の子どもの発達の様相と変化──新版K式発達検査1983と2020の標準化資料の変化から──　発達支援学研究，*2*, 99-114.

生沢雅夫（1976）. 知能発達の基本構造　風間書房

生澤雅夫（1980）. 新版K式発達検査の潜在クラス分析　人文研究（大阪市立大学文学部紀要），*32*, 567-594.

生澤雅夫（1982）．新版Ｋ式発達検査の潜在クラス分析——0 ～ 13 歳児の分析——　人文研究（大阪市立大学文学部紀要），*34*, 629-657.

生澤雅夫（1984）．新版Ｋ式発達検査の潜在クラス分析——生活年齢と潜在クラスの対応——　人文研究（大阪市立大学文学部紀要），*36*, 313-336.

生澤雅夫（1985）．新版Ｋ式発達検査の作成過程　生澤雅夫（編）　新版Ｋ式発達検査法—発達検査の考え方と使い方—（pp. 45-102）　ナカニシヤ出版

生澤雅夫・大久保純一郎（2003）．「新版Ｋ式発達検査 2001」再標準化関係資料集　発達・療育研究（京都国際社会福祉センター紀要），別冊，21-63.

Kim, J. J., Henry, D. A., & Dearing, E.（2023）. Early childhood predictors of black children's achievement: Home, early care and education, and neighborhood contexts. *Early Childhood Research Quarterly, 63*, 337-351.

松下　裕・生澤雅夫（2003）．新版Ｋ式発達検査（1983 年版）から新版Ｋ式発達検査 2001 へ　発達・療育研究（京都国際社会福祉センター紀要），別冊，1-19.

文部科学省初等中等教育局特別支援課（2022）．通常の学級に在籍する特別な教育的支援を必要とする児童生徒に関する調査結果について　Retrieved July 4, 2024, from https://www.mext.go.jp/b_menu/houdou/2022/1421569_00005.htm

文部科学省初等中等教育局特別支援課（2023）．特別支援教育の充実について　Retrieved July 4, 2024, from https://www.mhlw.go.jp/content/001231516.pdf

大久保純一郎（2012）．新版Ｋ式発達検査 2001 における成人級課題について　松下　裕・郷間英世（編）　新版Ｋ式発達検査法 2001 年版 発達のアセスメントと支援（pp. 53-72）　ナカニシヤ出版

Özkan, D., & Baydar, N.（2021）. The roles of stimulating parenting and verbal development throughout early childhood in the development of mathematics skills. *Cognitive Development, 58*, 1-15.

Sato, K., Fukai, T., Fujisawa, K., & Nakamuro, M.（2023）. Association between the COVID-19 pandemic and early childhood development. *JAMA Pediatrics, 177*, 930-938.

清水里美・大谷多加志・田中　駿・原口喜充・郷間英世（2022）．現代の成人の発達に関する検討—新版Ｋ式発達検査標準化資料の経年変化に基づいて—　平安女学院大学研究年報, *22*, 59-66.

新版Ｋ式発達検査研究会（編）（2020）．新版Ｋ式発達検査 2020 解説書（理論と解釈）京都国際社会福祉センター

田中　駿・足立絵美（2022）．新版Ｋ式発達検査 2001 と 2020 の標準化資料の得点比較　発達・療育研究（京都国際社会福祉センター紀要），*38*, 3-11.

田中　駿・郷間英世（2023）．この 20 年で子どもの発達は変化したのか—新版Ｋ式発達検査 2001 と 2020 の標準化資料の比較から—　発達・療育研究（京都国際社会福祉センター紀要），*39*, 3-9.

田中　駿・清水寛之・清水里美・足立絵美・郷間英世（2024）．人間の精神発達曲線への多項式のあてはめ—新版Ｋ式発達検査 2020 の標準化資料の分析から—　発達心理学研究, *35*, 70-79.

第**4**章
新版Ｋ式発達検査における
乳児期から成人期までの検査得点の性差
標準化資料の分析と国際共同研究への展望

Karri Silventoinen・石川素子

1．はじめに

　認知能力における男女の差は学業成績や学歴，さらには社会的な地位や業績などにも影響をおよぼす可能性があるため（Bukodi et al., 2014），性差に着目することは重要である。こうした認知能力における性別による違いの背後には，生物学的メカニズムと社会的要因のどちらもが存在していると考えられる。生物学的要因についての先行研究を例に挙げると，男女の間には脳の解剖学的な違いがあることが確認されている（Williams et al., 2021）。しかし，こうした性差は相対的に小さいものであり，それらが認知機能と行動における男女の差をどれだけ説明できるかについては明らかではない（Eliot et al., 2021）。また，ホルモンの違いが認知能力における性差に寄与する可能性が指摘されているが，この分野の研究と理解はまだあまり進んでいるとはいえない（Núñez et al., 2020）。他方で，育児，教育制度，社会規範をはじめとするさまざまな社会的要因は，男女間の性差を生み出す可能性がある（Eagly & Wood, 2013）。さらに，社会的要因が認知能力などにおける性差に与える影響は，時が経つにつれて変化するとともに，個々の社会によって異なることもありうる。具体例として，学歴の性差を複数の出生コホートに分けて調べてみると，このことは明らかである。すなわち，第二次世界大戦より前に生まれた集団においては，男性の教育レベルは女性よりも高かったが，それ以降に性差は徐々に消失していき，今や西欧では，若い世代の教育水準は男性よりも女性の方が高くなっている国が

いくつもある（OECD, 2015）。これに対して，戦後日本の教育達成の性差の長期変動はやや異なる。日本でもすべての進学段階において性差が減少してきたのだが，大学進学段階に関しては出身階層や学力（中学校 3 年時の成績）を統制したあともなお，男性優位の状態が続いているのである（濱本，2020）。学歴における性差の長期的な変動や，欧米諸国の傾向と日本のそれとの違いは，ある特定の国や社会における男女の認知能力に関する研究結果が，他の国や別の出生コホートに対して直接に一般化できるわけではないことを示唆している。これはつまり，男女の性差を異なる社会的文脈のもとで分析し，解釈することが必要であることを意味する。

　知能検査における性差はこれまで数多く研究されてきたが，なかでもウェクスラー式知能検査を用いて測定したものが最も一般的である。これまでに実施された研究では，全検査 IQ においてわずかな性差を確認したのみであった（Giofrè et al., 2022）。しかし，全検査 IQ において性差がほとんど検出されなかったことは，いささか人為的なものであるといえるかもしれない。というのも，知能検査の作成にあたっては，男女が同じような検査結果を示すように調整されているのが一般的であるからである。そのために，ウェクスラー式知能検査に代表されるような全検査 IQ では，認知能力における微妙な性差が覆い隠されてしまっている可能性が考えられる（Halpern & Wai, 2020）。実のところ，全検査 IQ ではなく，特定の知能検査を用いた場合には，男女の間で体系的な違いを認めることができる。なかでも最もよく知られているものとしては，男性は平均して心的回転を測定するテストにおいて成績が良いのに対して（Peters et al., 2006），女性は言語に関するテスト，とりわけ作文力を測定する課題で成績が良いこと（Petersen, 2018）が挙げられる。さらに，全検査 IQ では男女の差はわずかであるにもかかわらず，学校では女子は概して男子よりも成績が良く，この性差は時を経ても変わらずに複数の欧米諸国で確認されている（Voyer & Voyer, 2014）。IQ の性差と学業成績の性差の間に矛盾があることは，女子が言語能力に優れているために，それが文系科目だけでなく他の教科においても有利に働くことに起因するのではないかと考えられる（Deary et al., 2007）。数学と科学の成績では，数十年前までは男性優位が確認されていたが，男女の違いは時代が進むにつれて徐々に縮小してきた（Hyde & Mertz, 2009）。

そして今や，直近の研究では世界的な傾向として，あるいは少なくとも欧米諸国では，数学と科学においても女子がわずかに優位であることがわかっている（Voyer & Voyer, 2014）。これは社会の変化がいかに学業成績に影響を与えるかを示すものでもある。さらに，全検査 IQ だけでなく，知識や二次的な抽象的関係，結晶性知能の他の側面などを測定する認知能力検査に対して，社会的な要因が重要な役割を果たしうることも示唆しているといえるだろう。

　これまでに概観した先行研究の結果を要約すると，全検査 IQ では男女間の差はごくわずかにすぎないが，特定の知能検査と学業成績ではより大きな性差がみられる。しかしながら，こうした研究のほとんどはアメリカ合衆国とその他の西欧諸国で実施されたものであるため，そこで得られた結果を日本社会へと一般化できるかどうかは不明な点が多い。心的回転に関する研究では，カナダとアメリカでの結果とほぼ同様に，日本の調査協力者においても男性優位が確認された（Peters et al., 2006）。また，日本の 5 歳児を対象に，幼児用のウェクスラー式知能検査（Wechsler Preschool and Primary Scale of Intelligence, WPPSI）の言語性 IQ，動作性 IQ，全検査 IQ と下位検査に性差があるかどうか，言語性 IQ と動作性 IQ の差に男女差があるか，知能因子構造に性差があるかを検討した研究では，いずれにおいても統計的に有意な性差は認められず，アメリカにおける研究結果と一致した（松原・益田, 1988）。しかし，認知能力を測定する他の検査では，文化の違いやその他の相違のために，日本でみられる性差は欧米諸国における性差とは異なるかもしれない。さらに，認知機能のさまざまな側面を検査する各種のテスト間で，性差は異なる様相を示す可能性もある。

　日本で開発された新版 K 式発達検査（以下，新 K 式検査とする）は，子どもの発達の状態を精神活動の諸側面にわたってとらえ，心身両面における発達の問題について適切な支援をおこなえるように作成されている（新版 K 式発達検査研究会, 2020）。新 K 式検査が日本国内において，乳幼児健診や支援教育などの場で広く利用されていることを鑑みると，同検査を用いて測定した結果に性差が存在するかどうか，さらに，子どもの成長と発達に伴い性差に変化がみられるのかを分析することは大切である。新 K 式検査のような発達検査や認知能力検査における性差の変化は，子どもの発達段階において，学校や社会

環境に関連する要因が男子と女子にどのように影響をおよぼすかについて，貴重な情報を与えてくれるだろう。もし検査結果に大きな性差が確認されるとすれば，それは個別の検査項目測定の際に考慮しなければならないため，性差の変化についての分析結果は臨床的にも重要な意味をもつ。

　本章では，京都国際社会福祉センター発達研究所が所有・管理する新 K 式検査の標準化調査データを用いて，乳児期から成人期にいたるまでの性差を〈姿勢・運動〉〈認知・適応〉〈言語・社会〉の 3 領域と全領域の検査得点から分析する。さらに，発達において最も著しい促進を示した検査項目を男女の各々につき例示する。そして考察では，この研究で得られた結果を，日本以外の国や社会でこれまでにおこなわれてきた研究の知見に照らし合わせて検討する。このように研究結果を対比させることにより，今回の分析で確認された性差がどれだけ男女の生物学的な差異によるものであるか，また，文化的・社会的なレベルの要因をどれだけ反映しているかを割り出しやすくなる。もし，文化的に大きく異なるような国々の間で同様の結果が得られるとすれば，それは性差の背後には生物学的に重要な要因があるということを示唆する。これに対して，さまざまな国の間で結果がバラバラであるとすれば，男女の差異は生物学的に決まるのではなく，社会的なレベルの要因によって変更可能であるということを強く裏づけるといえるだろう。本章の最後に，本研究の結果が与える臨床的および社会的な示唆について論じ，性差の背後にある社会的要因をより深く理解するための国際比較研究の意義について検討する。

2．全領域の得点における性差

　本研究ではまず，新 K 式検査における全領域の得点が男女の間でどのように異なるかを分析した。本研究で実施したすべての分析は，新 K 式検査 2001 の標準化資料（調査協力者数 2677 名）と新 K 式検査 2020 の標準化資料（調査協力者数 3243 名）に基づく。データ分析を実施するにあたり，調査協力者の年齢を乳児期から成人期にいたるまでの 7 段階のライフステージに分類した。これらのライフステージは，人間の認知力における生物学的な変化を反映するのみならず，社会環境の変化も映し出す。そして，社会環境の変化は子どもの

認知能力の発達にも影響を与えると考えられる。子どもにとって最も重要な環境の変化は，7歳までに学校教育がはじまることであろう。その後も，社会環境の変化は，学校教育制度における特色がある特定の年齢に設定されていることに連動して起こる。各ライフステージの名称（＝年齢グループ）とそれに対応する年齢，および年齢グループと標準化年ごとの男女別調査協力者数は表4-1のとおりである。

表4-1は新K式検査の全領域の得点の平均を性別，年齢グループ，標準化年ごとに示している。乳児期から成人期までの各ライフステージに帰属する調査協力者の年齢分布は，2つの標準化年の間，および性別間でいくらか差異があり，それが検査得点の平均に影響してしまう可能性がある。この影響を排除するために，すべての平均点を年齢で統制した。また，統計的な分析をおこな

表4-1　年齢グループ，性別，標準化年ごとの調査協力者数，および新版K式発達検査の全領域の得点の平均と95%信頼区間

年齢グループ	年齢（歳）		男性				女性			
					95%信頼区間				95%信頼区間	
	超　以下	N	平均	下限	上限	N	平均	下限	上限
2001 年									
乳児期	0 - 1	311	74	73	75	286	75	74	76
幼児期	1 - 3	245	291	287	294	174	301	297	306
小児期前期	3 - 7	378	620	615	625	376	626	621	631
小児期後期	7 -10	112	919	906	933	124	934	921	947
思春期	10-14	134	1164	1153	1176	110	1140	1127	1152
青年期	14-20	137	1277	1266	1287	157	1252	1242	1262
成人期	20＋	47	1278	1256	1299	86	1254	1237	1270
2020 年									
乳児期	0 - 1	309	73	72	74	294	72	71	73
幼児期	1 - 3	192	**289**	285	293	219	**298**	295	302
小児期前期	3 - 7	429	633	628	638	420	636	631	641
小児期後期	7 -10	102	967	953	981	117	952	939	965
思春期	10-14	111	1163	1150	1176	129	1154	1142	1166
青年期	14-20	138	1272	1261	1282	176	1239	1230	1249
成人期	20＋	261	**1264**	1255	1273	346	**1230**	1222	1238

注）各年齢グループにおいて性別間および2つの標準化年の間にある年齢差で平均点を統制した。有意水準5%（$p < .05$）で性差を認めた平均点を太字で記す。Stata/MP 18.0Windows 版・統計解析ソフトウェアを用いて分析をおこなった。

う際には，標本誤差があるために，統計的推定に関係する不確実さが常に存在
することにも注意しなければならない。本研究における統計的推定の不確実さ
とは，分析により認めた性差は偶然によるものであるため，母集団における真
の差を反映していないことを指す。この不確実さを克服するために，各々の平
均値推定において 95％信頼区間を求めた。これは，もし新たに調査協力者のサ
ンプルを集めた場合には，95％の事例において平均点はこの区間内におさまる
ことを意味する。さらに，統計分析において慣例的に使われている有意水準
5 ％（0.05）を用いて，男女間で統計的に有意な差を認めた値を太字で記した。
有意水準 5 ％とは，この場合，「母集団には性差が存在しないために，確認さ
れた性差は標本誤差によるものである」という確率が 5 ％（20 分の 1 ）にすぎ
ないことを指す。これらの統計解析は線形回帰モデルを用いて実施した。本モ
デルを含むすべての統計モデルは，Stata/MP 18.0 Windows 版・統計解析ソ
フトウェア（StatCorp, Collage Station, TX, USA）を使用して推定した。

　表 4 - 1 からも明らかなように，新 K 式検査の全領域の得点における性差は，
2001 年と 2020 年の間でお互いにかなり類似した結果を示した。各年齢グルー
プの特徴を述べると次のとおりである。乳児期の男児と女児の得点はほぼ同じ
である。しかし，幼児期になると女児は男児よりも発達がやや進んでいた。全
領域得点における女子の優位は 2001 年標準化集団では小児期後期まで，2020
年標準化集団では小児期前期まで続いた。この段階を過ぎると，男子の全領域
得点は女子をわずかに上回り，成人期まで男子優位が継続した。しかしながら，
とりわけ 2020 年標準化集団では，確認された性差がすべて統計的に有意であ
るわけではない。

　このように，新 K 式検査の全領域の得点における性差は，2001 年と 2020 年
のいずれの標準化年においても，体系的なパターンを示したことが判明した。
しかしながら，有意な性差が大半のライフステージにおいて確認されたとはい
え，男女の差は決して大きいわけではない。これについて具体例を挙げると，
青年期では 2001 年の男子の全領域得点は女子よりも 24 ポイント高く（95％信
頼区間：11-38 ポイント），2020 年では男女の得点差は 33 ポイントだった
（95％信頼区間：18-48 ポイント）。これらの得点差を標準化した値へと変換し，
性差を標準偏差（SD）を用いて表示すると，男女の差の大きさはより理解しや

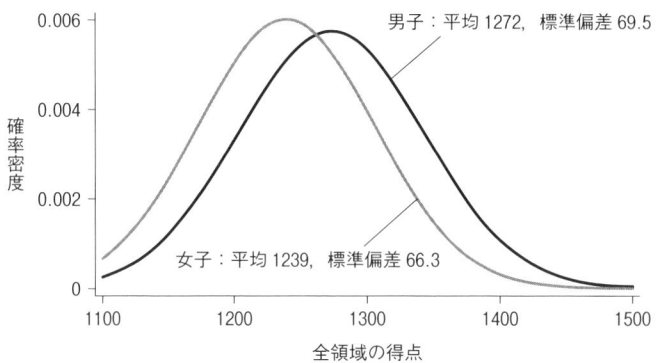

図 4 - 1 新 K 式検査 2020 標準化資料の青年期の全領域得点の性別正規分布

すくなる。このように数値を変換すると，2001 年の性差は 0.39 の標準偏差の違いに相当し（95％信頼区間：0.17-0.61），2020 年の性差は 0.47 の標準偏差の違いと同等であることがわかる（95％信頼区間：0.26-0.68）。これはつまり，全領域の得点の分布は男子と女子の間で大部分が重なり合っていることを意味する。男子と女子の得点の重なり合いを図式化したものが図 4 - 1 である。この図は，2020 年の青年期の全領域得点の正規分布を性別に示したものであるが，男子の得点は概して女子よりもいくらか高いとはいえ，得点分布の大部分は男女間で重複していることが明らかである。分析の結果，これとほぼ同じような性差が成人期においても確認することができた。

3．3 領域の得点における性差

新 K 式検査の検査項目は，〈姿勢・運動〉領域，〈認知・適応〉領域，〈言語・社会〉領域の 3 領域から構成されている。そこで次に，この 3 領域の得点における性差が，前節で明らかになった全領域得点の性差にどのように寄与しているかを分析した。全領域の得点を分析したときと同様に，ここでも線形回帰分析を統計モデルとして用いた。しかし，統計的に有意であるか否かを示す方法として，信頼区間ではなく p 値を求めた。ここで実施した分析における p 値とは，「母集団には性差が存在しないために，確認された性差は標本誤差に

表 4 - 2　年齢グループおよび標準化年ごとの新 K 式検査 3 領域の性別平均得点と性差の統計的有意性

年齢グループ	〈姿勢・運動〉領域			〈認知・適応〉領域			〈言語・社会〉領域		
	男性	女性	p 値	男性	女性	p 値	男性	女性	p 値
2001 年									
乳児期	25	25	0.642	37	38	0.632	11	12	0.032
幼児期	66	67	0.211	168	173	0.002	56	61	0.004
小児期前期	83	83	0.728	332	332	0.979	205	211	0.016
小児期後期	NA	NA	NA	461	462	0.836	375	388	0.024
思春期	NA	NA	NA	565	553	0.025	516	503	0.021
青年期	NA	NA	NA	611	600	0.005	581	568	0.002
成人期	NA	NA	NA	602	595	0.232	591	575	0.021
2020 年									
乳児期	24	24	0.820	36	36	0.410	12	12	0.995
幼児期	66	66	0.669	168	172	0.019	56	61	0.002
小児期前期	83	83	0.901	337	339	0.372	213	215	0.422
小児期後期	NA	NA	NA	479	473	0.256	404	395	0.088
思春期	NA	NA	NA	558	556	0.598	521	514	0.184
青年期	NA	NA	NA	607	592	<0.001	581	564	<0.001
成人期	NA	NA	NA	599	580	<0.001	581	566	<0.001

注）性別間および 2 つの標準化年の間にある年齢差で平均点を統制した。

よるものである」という確率である。表 4 - 2 に 3 領域の得点の性別平均と性差についての統計解析の結果を，年齢グループと標準化年ごとに示す。各領域の分析結果の概要は以下のとおりである。

〈姿勢・運動〉領域では，2001 年と 2020 年のいずれにおいても，乳児期から小児期前期にいたるまで性差は認められなかった。新 K 式検査の標準化調査では，4 歳を超える年齢に対しては〈姿勢・運動〉領域の検査項目を実施しないことが多いために，それ以降のライフステージにおける同領域の結果は得られなかった。

〈認知・適応〉領域では，〈姿勢・運動〉領域と同様に乳児期には性差は確認されなかった。幼児期になると女児の得点は男児に比べてやや高かったが，この性差は小児期前期・後期にはすでにみられなくなった。思春期から成人期にかけて男女の差は逆転し，男子の得点は女子に比べて体系的に優れていた。例えば，青年期の性差をみると，2001 年には 11 ポイント（95％信頼区間：3-19

ポイント），2020 年には 15 ポイント（95％信頼区間：7-23 ポイント），男子が優位になっている。これを標準化した数値に置き換えると，2001 年の性差は 0.33 の標準偏差の違いに（95％信頼区間：0.10-0.55），2020 年の性差は 0.43 の標準偏差の違いに相当する（95％信頼区間：0.21-0.64）。この数値は，性差はあるものの，男女の得点分布は大部分が重なり合っていることを意味する。〈認知・適応〉領域の平均得点における性差についての分析結果は，2001 年と 2020 年でおおよそ同じといえる。しかしながら，いくつかの年齢グループにおいては，標本サイズが小さいために結果は統計的に有意ではなかった。

　〈言語・社会〉領域においても，乳児期の性差は認められなかった。2001 年には幼児期から小児期後期まで，2020 年には幼児期から小児期前期まで，女児の得点は男児よりもいくらか高かった。しかしこの時期を過ぎると，男女の得点差は逆転し，成人期にいたるまで男子の得点は女子よりも優れていた。青年期の得点の性差をみると，2001 年には 13 ポイント（95％信頼区間：5-22 ポイント），2020 年には 18 ポイント（95％信頼区間：9-27 ポイント），男子が女子よりも高い。これは 2001 年の性差は 0.35 の標準偏差の違いに（95％信頼区間：0.12-0.57），2020 年の性差は 0.42 の標準偏差の違いであることに相当する（95％信頼区間：0.20-0.63）。〈認知・適応〉領域の得点と同様に，いずれの標準化年においてもほぼ同じような性差が確認されたが，標本サイズの制約があるために，すべてのライフステージにおいて統計的に有意であるわけではない。

4．個別の検査項目における性差

　本研究の最後の課題として，乳児期から成人期までの 7 段階のライフステージの各々において，男女でそれぞれ発達が最も著しく促進した検査項目は何であるかを明らかにした。そのために，各年齢グループにおいて，検査項目ごとの通過／不通過につきロジスティック回帰分析を実施し，男女のどちらかに有利になる検査項目を特定した。これにより，異性に比べて高い通過率を示した検査項目を抽出することができた。この分析では，統計的検出力を高めるために，2001 年と 2020 年の標準化資料を統合し，標準化年と年齢の効果で分析結果を統制して算出した。

　このような方法を用いて実施した個別の検査項目における性差についての分析結果は，全領域の得点の差異を反映したものとなった。乳児期には，男女のどちらかに対して有利になる検査項目の数はバランスが取れており，57％の項目で男児の通過率が高かった。ところが，幼児期（28％）と小児期前期（34％）では男児に有利な検査項目は少数だった。これは，この時期には女児の発達が男児よりも進んでいることを意味する。小児期後期には，有利な項目における男女比はほぼ均等になり，49％の検査項目において男子が優位となった。そして，思春期（68％），青年期（84％），成人期（78％）においては，過半数の検査項目で男子の通過率が女子よりも高かった。

　表4-3に，異性に比べてとくに高い通過率を示したために，性別による効果が最も大きいとみなすことができる5つの検査項目を，男女別および年齢グループごとに掲載した。7つの各ライフステージにおいて，最も大きな性別効果を示した検査項目には変動がみられるものの，全体として体系的なパターンや傾向も確認することができる。男性は数学や心的回転，空間認知能力に関係する検査項目で優れていた。例を挙げると，「はめ板」（乳児期と幼児期），「時計の針」（小児期前期），「数学的推理」（小児期前期，小児期後期，思春期，および青年期），「心的回転」（思春期），「三角形置換」（思春期），「立体の断面」（青年期），「数列」（青年期と成人期）などである。これに対して，女性は折り紙や描画などの手先の器用さ，言語や記憶に関する能力を測定する検査項目を得意とすることが確認できた。「描画」（幼児期），「人物完成」（幼児期），「折り紙」（幼児期と小児期前期），「記憶玉つなぎ」（小児期前期），「数の記憶」（小児期前期，小児期後期，および成人期），「文の記憶・短文復唱」（小児期後期，成人期），「文章整理」（思春期），「抽象語の理解」（青年期），「語彙・60語列挙」（成人期）などが，こうした検査項目に相当する。

▎5．考　察

［1］結果の解釈と先行研究との対比

　新Ｋ式検査の標準化資料を基にした本研究により，検査得点の性差には明らかなパターンがみられることが確認された。すなわち，乳児期には男女の差

表 4 - 3　各年齢グループにおいて，男女でそれぞれ最も著しい発達の促進を示した 5 つの検査項目

	男性で発達が最も促進した検査項目	女性で発達が最も促進した検査項目
乳児期	P73　はめ板　円板　回転 M1　対人反応　顔を注視 P67　自動車（玩具）　予期的追視 M26　鏡　自像に発声 U11　仰臥位の検査　両手を触れ合わす	P43　小鈴　釘抜状把握　不完全 P44　小鈴　釘抜状把握 I1b　座位への引き起こしの検査　頭を後屈 M2　対人反応　微笑 M11　対人反応　人見知り
幼児期	P72　はめ板　円板をはめる P35　積木とコップ　コップに入れる　例後 P68　課題箱　丸棒　例後　1/3 P51　小鈴と瓶　瓶に入れる　例前 T9　立位の検査　支え歩き　両手	V11　左右弁別　全逆　3/3　5/6 V14　数の理解　13 の丸　10 まで　1/2 P106　描画　十字模写　例前　1/3 P79　折り紙　折り紙 II P110　人物完成　人物完成　3/9
小児期 前期	V26c　時計の針　時計の針　2/3 P122　積木叩き　積木叩き　9/12 P96　財布探し　財布探し（I） V58　数学的推理　数学的推理 I　2/3 P94　模様構成　模様構成 II　1/3	V33　絵の名称　絵の名称 I　5/6 P95b　記憶玉つなぎ　1/2 P79　折り紙　折り紙 II V10b　比較　表情理解 I　5/6 V5b　数の記憶　5 数逆唱　1/2
小児期 後期	V51　語の定義　4/5 V50　了解　了解 III　2/3 V58　数学的推理　数学的推理 I　2/3 V23　数の理解　5 以下の加算　3/3 V5c　数の記憶　6 数逆唱　1/2	V43　日時　4/4 V4　数の記憶　5 数復唱　1/2 V7　文の記憶　短文復唱 II　1/3 P125　紙切　紙切 I V4e　数の記憶　9 数復唱　1/2
思春期	P134　心的回転　心的回転 II　3/3 P127　三角形置換 V26e　方位　2/2 V58　数学的推理　数学的推理 I　2/3 V5　数の記憶　4 数逆唱　1/2	P87　重さの比較　5 個のおもり　2/3 P121　積木叩き　積木叩き　8/12 V43　日時　4/4 V47c　文章　文章整理　2/2 P120　積木叩き　積木叩き　7/12
青年期	V58　数学的推理　数学的推理 I　2/3 P94c　模様構成　模様構成 II　3/3 P130　立体の断面　3/3 V62　数列　7/8 V75　理解　理解 III　2/3	V77　抽象語の理解　抽象語の理解 II　2/3 P126　紙切　紙切 II V57　反対語　4/5 P135　釣合ばかり　釣合ばかり I　3/3 P125　紙切　紙切 I
成人期	V46　語彙　名詞列挙 V75　理解　理解 III　2/3 P135　釣合ばかり　釣合ばかり I　3/3 V62　数列　7/8 P137　釣合ばかり　釣合ばかり III　3/3	P94b　模様構成　模様構成 II　2/3 V7　文の記憶　短文復唱 II　1/3 V46b　語彙　60 語列挙 V5　数の記憶　4 数逆唱　1/2 P125　紙切　紙切 I

注）2001 年と 2020 年の標準化資料を統合し，各年齢グループ内で標準化年と年齢の効果を統制した。

はみられないが，幼児期と小児期には女児は男児に比べて発達がやや進んでいた。ところが思春期になると，男子の得点は女子よりもわずかに優位となり，それが成人期まで継続した。このパターンは 2001 年と 2020 年の標準化調査でおおよそ同じであるため，本研究の結果は日本の子どもの認知発達における現実の，かつ一貫した性差を反映していると結論づけることができるだろう。これは，欧米諸国を中心にこれまでにおこなわれてきた研究から得られる知見とは異なる。これらの研究では，主にウェクスラー式知能検査を用いて全検査 IQ を測定しており，検査結果に体系的な性差が認められなかったことを明らかにしてきた（Giofrè et al., 2022）。しかしながら，欧米の先行研究とは異なる結果にもかかわらず，本研究で判明した新 K 式検査の性差は決して大きいわけではない。図 4-1（p. 95）示したように，検査得点の分布は男子と女子の間で大部分が重なり合っているのである。

　これまでに実施された研究では，新 K 式検査による測定結果は IQ と強い相関関係があり（Koyama et al., 2009），親の評価による発達質問紙（Kinder Infant Development Scale, KIDS）を用いて発達障害をもつ乳幼児を評価した結果とも穏やかな相関を示したことが確認されている（Aoki et al., 2016）。さらに，健康な幼児を対象とした研究においても，国際的に用いられている Bayley 乳幼児発達検査（Bayley Scales of Infant and Toddler Development, BSID）と新 K 式検査を用いた結果の間に穏やかな相関関係があることが明らかにされた（Tatsuta et al., 2013）。また，新 K 式検査の 2020 年版標準化調査では，28 名の成人（男性 13 名，女性 15 名）に対して日本版ウェクスラー成人知能検査（Wechsler Adult Intelligence Scale-Third Editon, WAIS-Ⅲ）も実施したところ，2 つの検査の各尺度において高い相関が確認された（新版 K 式発達検査研究会，2020）。しかし，これについては標本サイズが小さいために，今後さらなる検討が必要であろう。他方で，学齢期の子どもに関していえば，新 K 式検査が知能指数や心身の発達を測定する他の検査とどのように相関するかについての研究は，いまだにほとんど進んでいない状況にある。性差はライフステージを経ながら変動していくことが本研究で明らかになったが，これは新 K 式検査が人間の認知能力の発達を広範囲にわたって測定できることを示唆している。さらに，新 K 式検査の実施によって得られる結果は，ウェクスラー式知能

検査や他の一般的な知能検査により測定される全検査IQ，いわゆる一般因子
（g因子）のみに限定されるわけではないことも示している（Jensen, 1998）。し
たがって，学校や趣味などを通して身につけた知識や技能も，新K式検査の得
点に影響を与える可能性があるといえるだろう。このことは，性差を解釈する
にあたり，脳構造とホルモンの違いに関連する生物学的な差異に加えて
（Halpern & Wai, 2020），社会的・文化的な要因も十分に考慮することの重要
性を訴えている。

　新K式検査の3領域における性差の検討では，〈姿勢・運動〉領域の発達に
は男女の差がみられないことを確認した。〈姿勢・運動〉領域の測定結果が得
られるのは4歳程度までである。したがって，幼児期には女児が男児よりもわ
ずかに発達が進んでいるとはいえ，この発達の促進は〈姿勢・運動〉領域には
みられないこと，すなわち男児も女児も乳幼児期にはほぼ同じような運動機能
の発達をたどることが考えられる。他方で，〈認知・適応〉領域と〈言語・社
会〉領域を検討すると，この2領域の得点は全領域の得点に類似している。す
なわち，〈認知・適応〉領域と〈言語・社会〉領域においても，幼児期と小児期
には女児の方が男児より発達がやや進んでいたが，思春期になると男子が優位
になり，これが成人期までつづいた。本研究で言語・社会的技能において，思
春期以降の男子に優位な結果が確認されたことは非常に興味深い。というのも，
これまでの研究では，言語技能における女子の体系的な優位性が確認されてき
たからである（Petersen, 2018）。さらに，女子の思春期が男子よりも早く始ま
ることが，女子の学力の向上に有利に働き，青年期の認知能力の発達を促進さ
せるのではないだろうかと考えられてきた（Torvik et al., 2021）。本研究の結
果と主に欧米諸国で実施された研究の間の相違は，日本社会と西欧社会の間に
存在する社会的，文化的な違いを反映している可能性がある。しかし，研究に
使用された検査の違いも，先行研究と比べて異なる結果が出たことに寄与して
いる面があるといえるだろう。これまでの研究では，女子はとくに作文力で男
子をはるかに凌ぐことが確認されてきたが（Reynolds et al., 2015），新K式検
査には作文力を広範囲にわたって測定するような検査項目はない。したがって，
研究の結果をできるかぎり比較可能なものとするためには，同じ計測装置や検
査を用いて，注意深く異文化間比較を実施することが重要である。

　さらに，個別の検査項目の成績で確認された性差も，社会的・文化的な要因の重要性を裏づけている。本研究では，男子は数学や心的回転の能力を測る検査項目で優れており，女子は折り紙を扱う検査項目や描画を得意とすることが明らかになった。これまでにアメリカ合衆国および他の西欧諸国で実施された研究では，男子が数学と科学で優位であることが確認されてきたが，近年では男女の差はこれらの国では実質的にはほとんどなくなっている（Hyde & Mertz, 2009）。したがって，日本では今でも男子が女子よりも数学に興味があることが，新K式検査の関連する検査項目における性差を説明しているのではないかと思われる。他方，男子が女子に比べて心的回転の課題を得意とすることは十分に立証されており，この性差は日本でも確認されている（Peters et al., 2006）。女子については，一般的に男子に比べて折り紙あそびを好むことが，この検査項目の成績が良い理由と考えられる。また，現代の日本の子どもの描画発達において女子が男子よりも早いことは，3歳児から6歳児を対象とした研究で確認されている（郷間他，2013）。興味深いことに，すでにアメリカ合衆国で実施された初期の研究は，女子は男子よりも描画のテストで成績が良いことを報告している（Goodenough, 1926; Harris, 1963）。したがって，描画発達の男女差は日本の文化的文脈に特有のものではなく，普遍的な現象であると考えられる。

［2］性差と社会・文化的な影響

　これまでに実施された世界的規模の研究では，15歳の男子生徒は女子生徒に比べて問題解決能力が優れていること（Borgonovi & Greiff, 2020），成人の空間認知能力を測定する課題では男性の成績の方が女性よりも高いことが確認された（Coutrot et al., 2018）。このように，男性の体系的な優位性がいくつもの国で明らかになったにもかかわらず，男女間の差異の大きさは国によって異なることもこれらの研究で証明されたことは注目に値する。つまり，いくつかの社会的指標を用いて測ったジェンダー不平等が小さい社会ほど，認知能力の男女差が小さいことが立証されたのである。生態学的な関連性についての議論には慎重さを必要とするが，これらの研究結果は，男女の性差の大きさは世界中で一貫性のあるものではなく，社会レベルの要因に左右されることを示唆し

ている。しかしながら，他方で，読解力などの面で女子が男子よりも発達が進んでいることは特筆すべき点である。社会や学校教育制度において，男子あるいは女子の才能や素質に否定的な影響を与えている要因は一体何であるかを特定し，それらを取り除いていくことは，男女の性差の縮小のみならず，子どもの認知能力の全体的なレベルの向上へとつながるだろう。

　思春期以降，男性の方が新 K 式検査の得点が優れていることは，日本の教育制度に何かしら関連しているのではないだろうか。しかし，これは個々の検査参加者の特質と無関係であるわけではなく，むしろ，教育制度と個々人の特徴は相互に作用していると思われる。一般的な傾向として，男性は女性よりも工学，科学，数学といった分野により興味があることが知られている。これは主にアメリカ合衆国や他の西欧社会で実施された研究（Su et al., 2009）によって証明されてきたのだが，同様の性差はおそらく日本にも存在するだろう。したがって，日本の教育制度が男子学生のこれらの教科への興味を後押ししており，それが新 K 式検査における男子の高い得点へとつながっていることが十分に考えられる。しかしながら，多くの国で確認されてきたように，学業成績の性差は固定的なものではなく，女子に有利に働く方向へと変わることもありうる（Voyer & Voyer, 2014）。これは，幼児期と小児期前期には数学的な思考に実質的な男女差はないことを証明した研究からも裏づけることができる（Kersey et al., 2018）。したがって，男子が数学などの分野で優れていることは生得的な性差に起因するのではなく，社会化の過程や男女の性別による役割分担など，社会のさまざまな側面の影響を受けて，能力や成績の男女差が形づくられていくといえる。男女の性別が，特定の科目を選択することや学校での全般的な熱意や意欲など，日本の教育制度におけるさまざまな事柄に対してどのような影響を与えるかについて，今後より詳細に研究する必要があるだろう。

［3］　国際共同研究の可能性と意義

　一般的な学業成績および特定の認知能力における男女の差が，国や社会によって大きく異なることが検証されたことにより，日本以外のさまざまな社会においてもさらに研究をおこなう必要性が高まっている。本章では，認知能力の発達における性差についての先行研究と新 K 式検査標準化資料を比較した

ことにより，西欧社会に基づく研究結果が，日本にも直接に一般化できるわけではないことを立証した。現在使われている発達心理学や教育心理学の教科書の大半が欧米諸国で実施された研究に基づいていることを考えると，今回の分析で得られた結果は画期的である。これはつまり，日本とその他の非西欧社会にとって，西欧社会の知見の妥当性は限定的なものにすぎない可能性があることを意味する。この事実は，研究面での国際連携・協働を進めていくことの必要性を喚起する。国際共同研究を実施することにより，複数の国における検査結果を比較対照し，各々の社会において認知能力検査の成績に影響を与えている特定の因子をより鮮明に確認することができる。子どもの心身の発達の状態を文化的に敏感な形で測定できるように作成された検査である新 K 式検査は，国際共同研究を進めていくという目的において，またとないような機会をグローバルに提供している。最も望ましいあり方の一つとして，新 K 式検査は他の言語に翻訳されるだけではなく，さまざまな社会的・文化的な文脈においても広く使用可能なものへと適用できる可能性を秘めている。異なる国や社会の間の類似点と相違点を比較することは，家族や教育システム，さらには社会規範や社会における価値体系が子どもの認知能力の発達の背景にどのような役割を果たしているかについて，極めて重要な示唆を与えてくれるだろう。このような国際比較研究によって得られる知見は，心理学や教育学を含む社会科学・行動科学全般において重要な価値をもつと同時に，子どもの精神発達を最大限に支援するために，その研究成果を社会制度の向上に活用することも可能である。

　他方で，国際共同研究の実施においては，日本と他のアジア諸国に焦点を当てることも，グローバルな観点から大きな意義があるといえる。すでに数十年も前から，欧米諸国では日本の教育制度の水準の高さが評価されてきた（Lynn, 1988）。さらに近年では，OECD 生徒の学習到達度調査（PISA）における日本の成績が，過去 20 年間にわたって世界的に非常に高いレベルを維持していることにより，日本に対する評価はますます高まっている（OECD, 2023）。したがって，日本の学校教育制度についての研究は国際的にも重要な意味をもち，他の国や社会にも適用できる方法や基準を明らかにしていくことに役立つのではないだろうか。

　将来的には，中所得国に暮らす子どもの認知能力の発達に焦点を当てた研究も増やしていかなければならない。これらの国々の経済的潜在力は高いが，その潜在力を生かしていくには，教育制度への投資が必要である。しかし，これまでの研究は主に高所得の欧米諸国でおこなわれてきたために，中所得国の教育制度の向上へと導いていくためには現在の知見には限界があり，偏った見方もあるだろう。したがって，子どもの認知能力の発達に影響を与える要因を理解するためには，各々の国における文化や社会につながりのある特徴を十分に考慮に入れたうえで，研究を実施していくことが必要である。アメリカ合衆国で開発され，西欧の高所得国を主な対象とする多くの検査に比べて，新 K 式検査は文化的特徴に敏感な形で作成されているために，上記のようなこれから必要とされる研究に役立つ可能性がある。しかし，これには日本とは異なる社会の文化的特徴に合わせて新 K 式検査をさらに開発・調整していく作業が必要である。したがって，新 K 式検査が日本以外の国や社会においても妥当性があるかどうかを検討するために，さらなる研究を実施することが求められている。

［4］臨床的示唆と結論

　本研究の結果は，子どもと成人の認知能力の発達を測定するにあたり，新 K 式検査をいかに活用すべきかについての臨床的な示唆も与えている。男女間の性差は体系的かつ統計的に有意であることが確認されたものの，それらは比較的小さいものであることを改めて強調しておきたい。新 K 式検査の得点分布は，どのライフステージにおいても大部分が男女の間で重なり合っており，個人間の得点差と比べると男女の得点差はごくわずかにすぎない。さらに，新 K 式検査の検査項目は互いにバランスをとっているため，検査が男性か女性のいずれかに対して概して有利に働くということは決してない。したがって，本研究で明らかになった性差は，教育制度やその他の社会的要因が子どもたち個々人の関心や熱意と相互に作用して生まれた現実の差異を反映している可能性が高い。これは，新 K 式検査の全領域の得点ないし 3 領域の得点をみるときに，男女で異なる参照値を設ける理由はまったくないことを意味する。しかしながら，特定の検査項目を用いる際には，状況は少々異なるといえるだろう。例えば，男子は数学的推論を測る項目で点数がやや優れており，女子は折り紙の技能を測

る項目を得意としたが，これはおそらく，男子と女子で異なる興味関心を反映した結果であると考えられる。したがって，ある家族における兄弟姉妹の間で，通過できる検査項目に年齢差が出ることは十分にありうることで，この差が個々の子どもの発達の状況を広く映し出しているわけではない。子どもの親との面談場面ではこのことをよく考慮に入れたうえで，特定の検査項目ではなく，全領域の得点の方を重視しなければならない。

　さらに，新 K 式検査は日本社会を対象として開発された検査であり，外国にルーツをもつ子どもに対する本検査の妥当性についてはまだ検証されていないことにも言及しておきたい。日本在留の外国人が増加するなかで，親が外国にルーツがある子どもを含めた研究をもっと実施していく必要性が高まっている。日本語を母語とする子どもとそうでない子どもの間で，一般的な認知能力に何らの差もないとしても，文化的な理由が原因で，外国にルーツをもつ子どもの新 K 式検査の成績は低くなる可能性が考えられる。必然的にこうした場合においても，文化に関係する要因のために，外国にルーツをもつ子どもが学業成績で劣ってしまうことがありうる。外国にルーツがある親，およびそうした親をもつ生徒の学習指導にあたる教師は，新 K 式検査や学業成績におけるこうした結果を注視し，日本社会に文化的に適応することの大切さを子どもに対して説いていくことができる。しかしながら，さまざまな人種的・民族的背景をもつ子どもを含めた新 K 式検査を用いた研究はまだ実施されていないために，これらの議論はすべて推論に基づくものにすぎない。

　最後に本章の結論を述べると，新 K 式検査標準化資料を用いて乳児から成人までの心身の発達の状態を分析したところ，男女の差はいくらかの体系的なパターンをとることが確認された。乳児期には性差は存在せず，幼児期と小児期には女児の成長は男児よりもやや進んでおり，思春期になると男子の得点は女子をわずかに上回り，これが成人しても継続する。しかしながら，調査協力者の間の個人差と比べると，この性差は小さいものである。本研究で確認された性差は，日本の教育制度の特徴やその他の社会的要因が，子ども自身の興味や熱意と相互に作用して生まれたものではないかという問いを提起する。この問いに答えるためには，国際比較研究において，子どもの認知発達を測る類似した検査を異なる社会的・文化的文脈のもとで実施する必要がある。しかしな

がら，本章で明らかになった性差は，全体として大きいものとはいえない。そのため，現時点では，臨床実践の場で性別ごとの基準値を参照しながら個人の発達の状態を評価することには問題があるといえるだろう。

引用文献

Aoki, S., Hashimoto, K., Ikeda, N., Takekoh, M., Fujiwara, T., Morisaki, N., Mezawa, H., Tachibana, Y., & Ohya, Y. (2016). Comparison of the Kyoto Scale of Psychological Development 2001 with the Parent-Rated Kinder Infant Development Scale (KIDS). *Brain and Development, 38*, 481-490.

Borgonovi, F., & Greiff, S. (2020). Societal level gender inequalities amplify gender gaps in problem solving more than in academic disciplines. *Intelligence, 79*, 101422.

Bukodi, E., Erikson, R., & Goldthorpe, J. H. (2014). The effects of social origins and cognitive ability on educational attainment: Evidence from Britain and Sweden. *Acta Sociologica, 57*, 293-310.

Coutrot, A., Silva, R., Manley, E., de Cothi, W., Sami, S., Bohbot, V. D., Wiener, J. M., Hölscher, C., Dalton, R. C., Hornberger, M., & Spiers, H. J. (2018). Global determinants of navigation ability. *Current Biology, 28*, 2861-2866.

Deary, I. J., Strand, S., Smith, P., & Fernandes, C. (2007). Intelligence and educational achievement. *Intelligence, 35*, 13-21.

Eagly, A. H., & Wood, W. (2013). The nature-nurture debates: 25 years of challenges in understanding the psychology of gender. *Perspectives on Psychological Science, 8*, 340-357.

Eliot, L., Ahmed, A., Khan, H., & Patel, J. (2021). Dump the "dimorphism": Comprehensive synthesis of human brain studies reveals few male-female differences beyond size. *Neuroscience & Biobehavioral Reviews, 125*, 667-697.

Giofrè, D., Allen, K., Toffalini, E., & Caviola, S. (2022). The impasse on gender differences in intelligence: A meta-analysis on WISC batteries. *Educational Psychology Review, 34*, 2543-2568.

郷間英世・川越奈津子・立田瑞穂・中市　悠・郷間安美子・鈴木万喜子・落合利佳 (2013). 最近の子どもの描画発達の男女差についての検討　京都教育大学紀要, *122*, 101-109.

Goodenough, F. L. (1926). *Measurement of Intelligence by Drawings*. World Book Company.

Halpern, D. F., & Wai, J. (2020). Sex differences in intelligence. In R. J. Sternberg (Ed.), *Cambridge Handbook of Intelligence* (pp. 317-345). Cambridge University Press.

濱本真一（2020）．戦後教育達成の性差の長期変動——学校段階・階層によるトレンドの違いに着目して——　社会学評論，71, 377-393.

Harris, D. B.（1963）．*Children's Drawings as Measures of Intellectual Maturity: A Revision and Extension of the Goodenough Draw-a-Man Test.* Harcourt, Brace & World.

Hyde, J. S., & Mertz, J. E.（2009）. Gender, culture, and mathematics performance. *Proceedings of the National Academy of Sciences, 106,* 8801-8807.

Jensen, A. R.（1998）. *The g-factor: The Science of Mental Ability*（S. W. Itzkoff, Series Ed.）. *Human Evolution, Behavior, and Intelligence.* Praeger.

Kersey, A. J., Braham, E. J., Csumitta, K. D., Libertus, M. E., & Cantlon, J. F.（2018）. No intrinsic gender differences in children's earliest numerical abilities. *npj Science of Learning, 3,* 12.

Koyama, T., Osada, H., Tsujii, H., & Kurita, H.（2009）. Utility of the Kyoto Scale of Psychological Development in cognitive assessment of children with pervasive developmental disorders. *Psychiatry and Clinical Neurosciences, 63,* 241-243.

Lynn, R.（1988）. *Educational Achievement in Japan: Lessons for the West.* Palgrave Macmillan.

松原達哉・益田良子（1988）．WPPSI による 5 歳児の知能構造——男子と女子を比較して——　筑波大学心理学研究，10, 149-155.

Núñez, F., Maraver, M. J., & Colzato, L. S.（2020）. Sex hormones as cognitive enhancers? *Journal of Cognitive Enhancement, 4,* 228-233.

OECD（2015）. *The ABC of Gender Equality in Education: Aptitude, Behaviour, Confidence.* OECD Publishing.

OECD（2023）. PISA 2022 Results: Factsheets Japan. Retrieved January 12, 2024, from https://www.oecd.org/publication/pisa-2022-results/country-notes/japan-f7d7daad/.

Peters, M., Lehmann, W., Takahira, S., Takeuchi, Y., & Jordan, K.（2006）. Mental rotation test performance in four cross-cultural samples（N = 3367）: Overall sex differences and the role of academic program in performance. *Cortex, 42,* 1005-1014.

Petersen, J.（2018）. Gender difference in verbal performance: A meta-analysis of United States state performance assessments. *Educational Psychology Review, 30,* 1269-1281.

Reynolds, M. R., Scheiber, C., Hajovsky, D. B., Schwartz, B., & Kaufman, A. S.（2015）. Gender differences in academic achievement: Is writing an exception to the gender similarities hypothesis? *The Journal of Genetic Psychology, 176,* 211-234.

新版 K 式発達検査研究会（編）（2020）．新版 K 式発達検査 2020 解説書（理論と解釈）京都国際社会福祉センター

Su, R., Rounds, J., & Armstrong, P. I.（2009）. Men and things, women and people: A meta-analysis of sex differences in interests. *Psychological Bulletin, 135,* 859-884.

Tatsuta, N., Suzuki, K., Sugawara, T., Nakai, K., Hosokawa, T., & Satoh, H. (2013). Comparison of Kyoto Scale of Psychological Development and Bayley Scales of Infant Development second edition among Japanese infants. *Journal of Special Education Research, 2*, 17-24.

Torvik, F. A., Flatø, M., McAdams, T. A., Colman, I., Silventoinen, K., & Stoltenberg, C. (2021). Early puberty is associated with higher academic achievement in boys and girls and partially explains academic sex differences. *Journal of Adolescent Health, 69*, 503-510.

Voyer, D., & Voyer, S. D. (2014). Gender differences in scholastic achievement: A meta-analysis. *Psychological Bulletin, 140*, 1174-1204.

Williams, C. M., Peyre, H., Toro, R., & Ramus, F. (2021). Neuroanatomical norms in the UK Biobank: The impact of allometric scaling, sex, and age. *Human Brain Mapping, 42*, 4623-4642.

第 II 部

新版 K 式発達検査
の臨床活用

第5章

新版K式発達検査の臨床活用の基本

清水里美

1. はじめに

　第Ⅱ部は，新版K式発達検査（以下，新K式検査とする）の臨床活用に焦点を当てる。新K式検査は，乳児から成人まで人の発達をとらえる尺度として作成されており，生涯を通して発達の様子を調べることができる。また，どのような発達水準の人たちに対しても検査を利用できるよう工夫されている。そのため，療育手帳の判定や，母子保健法に定められた健康診査における精密検査，早産・低出生体重児の発達に関する経過観察，就学相談など，さまざまな臨床現場で活用されてきた。第Ⅱ部の第6章から第11章では，医療・福祉・教育などの分野において，実際に新K式検査がどのように活用されているかについて紹介する。それぞれの章の著者が臨床場面で実践を重ねて得られた貴重な知見が凝縮された内容である。読者のみなさんの臨床的な立場や専門的な関心に従って読み進めていただきたい。

　本章では，各論に先立ち，検査の流れに沿って実践に役立つ基本的な内容についてまとめる。検査結果を解釈する際の参考となる知見についても触れる。さらに，新K式検査にかかわる研究をいくつか挙げ，今後求められる発達検査のあり方について考えてみたい。なお，ここでは検査を実施する人を検査者，検査を受ける人を対象者と呼ぶ。対象者には乳幼児も含まれる。検査結果を共有する直接支援者（教師や保育者，療育者など）のことは関係者とする。

2．検査者としての心構え

［1］検査者の条件

　本書の第 1 章（p. 24 参照）では，ビネー（Binet, A.）とシモン（Simon, T.）による「正しい検査をおこなうのに必要な注意」が紹介されている。それに加えて，検査者にはどのような条件が求められるのであろうか。松田（2021）は，検査結果に影響を与える検査者の力量について「検査者能」という概念を用いて説明している。「検査者能」には，①検査に伴う侵襲性に配慮し，安心して検査を受けることができる状況を作る「面接能」，②正確な測定をおこなう「測定能」，③検査結果を冷静かつ総合的に判断する「評価能」，④受け取り手に応じて，ふさわしい形式と内容で結果を伝える「報告能」，⑤検査実施の全過程（適切な検査バッテリの選択，実施から報告までの段取り，中断・中止の判断，検査用紙の保管と処分，実施法変更の判断など）を管理する「管理能」が含まれる。これらは，心理検査の実施者に共通して求められる基本的な内容といえよう。

　上記に加え，検査者に求められる条件には専門資格や職務上の役割がある。2017 年に「公認心理師法」が施行されたことから，医療機関を中心に心理検査の実施者について一定の基準が設けられるようになっている。日本文化科学社では，自社が発行している心理検査の種類により，その使用者レベルを A ～ C までの 3 段階で示している。レベル A は「保健医療・福祉・教育等の専門機関において，心理検査の実施に携わる業務に従事する方」，レベル B は「レベル A の基準を満たし，かつ大学院修士課程で心理検査に関する実践実習を履修した方，または心理検査の実施方法や倫理的利用について同等の教育・研修を受けている方」，レベル C は「レベル B の基準を満たし，かつ心理学，教育学または関連する分野の博士号，心理検査に係る資格（公認心理師，臨床心理士，学校心理士，臨床発達心理士，特別支援教育士），医療関連国家資格（医師，言語聴覚士等）のいずれかを有する方，あるいは国家公務員心理職（家庭裁判所調査官等），地方公務員心理職（児童心理司等）の職で心理検査の実施に携わる方」とされている。そして，個別の知能検査の使用者レベルは最も厳しい

「レベル C」となっている（日本文化科学社，2020）。新 K 式検査については検査者資格に関する規定が公表されているわけではないが，やはり発達や心理検査に関する基礎的な知識に加え，必要な専門資格を取得していることと，実際に行政や福祉，保健医療，教育などの専門機関で心理支援に携わっていることが求められよう。

　ところで，ビネー（Binet, A.）が知能検査を開発した目的は，一人ひとりの子どもに対しできるだけ早い段階で最適な教育を提供するために，発達の状態を客観的に把握する必要があると考えたからであった（Binet，1911　波多野訳 1974）。そこで，発達の進み具合がわかる課題を考案し，標準的な精神発達の年齢水準を表す尺度とした。さらにビネーは，知的な遅れがあった場合，その程度がどれくらいか，それが実際なのか，外見上のものなのか，例外的事情によって大きく誇張されていないか，どんな特殊機能や作業で問題が現れるか，原因は何で，改善できるものなのか，といった点について推理し，明らかにすることが重要であると述べている。そのためには，与えられた課題が「できた／できなかった」の二者択一ではなく，「どのようにできたか」あるいは「どのようにできなかったか」を観察し，対象者の発達の程度を探ることが求められる。新 K 式検査ではビネー式検査の考え方が取り入れられており，検査場面を対象者の発達を理解するための「構造化された行動観察場面」ととらえている（生澤，1985）。新 K 式検査の検査者には，人の発達への関心と専門的知識に加え，検査場面で対象者の全般的な行動や課題に対する特徴的な反応を十分に注意深く観察し，その臨床的意味を理解しようと努める姿勢が求められる。

［2］検査の習熟

（1）初学者の場合

　新 K 式検査の施行に際しては，検査をおこなうための基礎知識，検査の習熟，子どもに関する経験の 3 つが求められている（生澤，1985）。それでは，初学者はどのように学びを進めていけばよいのであろうか。

　新 K 式検査は 0 歳から成人まで幅広い年齢を対象としているため，初学者にとって，一度にすべての年齢範囲の対象者への実施法を学ぶのは容易でない。そこで，臨床支援の対象となる障害種別や年齢層がおよそ定まっている場合は，

該当する検査項目から順に習得していくのが現実的であろう。

　なお，検査時の反応や行動の記録は結果の解釈にとって重要である。限られた時間のなかですばやく正確に記録するために，検査用紙のどこに，どのような項目が配置されているのか，各項目の記録欄はどのあたりにあるのかを熟知していなければならない。

（2）定型発達を知る

　新 K 式検査は定型発達の対象者の結果をもとに標準化されているため，初学者は可能な限り，定型発達と考えられる対象者（すなわち，臨床場面で出会う対象者ではない）への検査経験を積むことが推奨される。定型発達の範囲でも，一人ひとりは個性的な存在であり，反応や行動にはバリエーションがある。定型発達の範囲内のバリエーションを理解しておくことが，臨床事例の反応や行動の解釈に役立つ。例えば，検査項目「姓名」について，実施手引書に「苗字は言えず，名前のみ答える」や「苗字は言えるが名前は通称になる」という反応例が挙げられている。これは，年齢の幼い子どもに実施したときに比較的よくみられる反応である。一方，臨床場面では，口頭で尋ねると無反応なのに，紙に文字で「なまえ」と書くと自分の名前を正しく書けるという事例に出会うことがある。定型発達児にはみられない特殊な反応であり，聴覚的な言語情報の処理の問題が疑われる。このような事例では，聴覚に何らかの障害がないかを確認することが求められる。音声言語の理解は困難でも文字言語であれば理解できるという情報は，支援の重要な手がかりとなるだろう。

　定型発達の対象者の協力が得られるならば，一定の間隔を開けて再検査を依頼することを推奨する。発達の経過を縦断的に追うことで，それぞれの検査項目がどのようにできるようになっていくのかがよくわかる。さらに，さまざまな年齢の人たちに協力してもらうことができれば，同一の項目を用いて横断的に検査を実施し，発達的変化の個人差をとらえる目を養うことも有効である。麻生・伊藤（2000）は，1 歳台から 2 歳台にかけての子どもたちに積木を積ませる「タワー課題」（新 K 式検査の「積木の塔」に相当する）を与え，課題の理解そのものが難しい時期から，課題の難しさを理解し，自己と他者の意図調整を図る時期を経て，調和できるようになるまでの発達的な経過を詳細に記述

している。この記述から，他者との関係のなかで自己の振舞いを調節していく発達の姿がよく理解できる。このように，同じ課題を月齢の異なる子どもに与えてみることで，反応と発達との関連がより明確になる。

（3）録画の利用

　手引書どおりに検査を実施できているか，手続きや教示の誤りはないかを自己点検するうえで，最も学びとなるのは自身の検査場面を録画して見返すことである。対象者の承諾が得られれば，自身の振り返りのために検査実施場面を録画し，見返してみることを勧める。検査場面を改めて確認すると，観察の見落としや，記録の抜けに気づくかもしれない。

　十分に経験を積んだ検査者であっても，いつの間にか手続きが自己流になっていることがある。機会があれば自身の検査場面を録画し，視聴を通して手続きの再確認をすることで，検査の質を保つことが望まれる。録画視聴では，実際の検査場面とは違う立場で対象者の行動や反応を観察できるため，発達の理解に役立つ新たな視点が得られることも期待できる。

　最後に，初学者の参考となるよう，検査者になるためのチェックリストを図5-1に示しておく。

□ 心理検査，発達，障害などの基礎知識を学んでいる
□ 専門的な資格を有しているか，それに準ずる専門職として心理検査にかかわっている
□ 心理検査の倫理規定，および職場の倫理規定を踏まえ，対象者の同意を得ることができる
□ 検査の手続きについて熟知しており，手引書を見なくても実施できる
□ 検査用紙の項目配置が理解できている
□ 定型発達の反応や行動を把握しており，各反応の判定基準を十分理解している
□ 検査結果の処理の仕方（発達年齢や発達指数の意味と換算の方法）を理解している
□ 結果の返し方について，専門的な立場からの方針をもっている
□ 結果の保管と処分を責任をもっておこなうことができる

図5-1　検査者になるためのチェックリスト

3．実施上の留意点

［1］説明と同意

　心理検査に関する一般的な倫理規範として，実施前に対象者やその保護者への説明と同意が必要である。説明の仕方や同意の取り方はそれぞれの機関や検査状況によって異なるかもしれないが，いずれにしても一定のルールを設けておくことが望まれる。一般的には，検査の目的や対象者および関係者の検査に対する期待を確認し，検査でわかること，わからないこと，おおよその所要時間などについてわかりやすく説明する。そのうえで，書面または口頭で同意を得る。検査者は，同意の方法，日時，説明者名および同意者名などを記録に残す。検査結果や個人情報の取り扱いについても説明が必要である。万が一，検査を受けることを拒否されたとしても，それによって不利益が生じないよう配慮しなければならない。検査は支援を考えるうえで有用ではあるが，検査を受けなければ支援が始められないわけではない。対象者や関係者にとって本意でない選択を迫ることにならないよう努める。検査の内容に関する守秘義務についても留意したい。対象者や関係者にも守秘義務があるということを説明し，検査項目が不用意に拡散しないよう協力を求めるのも検査者の責務となる（日本テスト学会，2007）。

［2］検査環境

　検査実施の手順や環境への配慮に関して，とくに乳幼児を対象とする場合の留意点は，第 7 章で示されている。ここでは，一般的な事柄について述べておく。

（1）検査室の準備

　検査室の環境は検査結果に影響するため，配慮が必要である。落ち着いた静かな空間でなければならない。また，同席者の存在も検査結果に影響を及ぼすため，対象者が幼児であっても保護者など引率者と分離できる状況であればできるだけ分離して実施する。分離できない場合は，少し離れたところに席を用

意し，静かに見守ってもらうようお願いする。

　また，訪問先で検査を実施しなければならない場合は，検査室の環境設定を前もって確認しておくとよい。検査実施に適切な環境として，対象者の注意を引くようなものが置かれていない，検査机や椅子のサイズが対象者に合っている，（時計にかかわる検査項目を実施する可能性がある年齢の対象者では）室内に時計が設置されていない，外部の音が気にならない，といったことが挙げられる。

（2）検査時間

　検査の日時を決める際には，時間帯と所要時間の両方について，考慮に入れる必要がある。とくに幼い子どもが対象の場合，実施時間帯の影響は大きい。可能な限り対象者にとって都合のよい時間帯になるよう調整する。また，検査者に対する人見知りや初めての場所への不安といった情緒的な反応が生じることを想定し，検査者や場所に慣れてもらうための時間的な余裕も見込んでおく。

　検査は，集中が途切れないように手際よく実施することを心がける。所要時間の目安として，乳児の場合は 15 分程度，幼児の場合は 30 分程度が目標となる。学齢期の場合も小学校の授業時間を参考に，40 分程度で終了できるよう努める。

　検査を始めてから，対象者が急な体調不良に見舞われたり，反応に時間がかかったりといった予期せぬ事態が生じることがある。場合によっては，観察できたところまでの内容と対象者の日常の様子から発達をとらえることができる質問紙法の結果を合わせて，評価をおこなわなければならないこともあるだろう。検査者はどのような事態になっても最善を尽くせるよう準備しておく。

［3］検査の開始と終了
（1）どこから始めて，どのように進めればよいか

　新 K 式検査の実施順は，すべて検査者にゆだねられている。検査者は，対象者の状態や検査の目的を検討し，実施順の見通しを立てておく。しかしながら，検査が始まれば，その場の状況に応じて臨機応変に組み立てを考え直していくことも必要になる。

　円滑に検査を施行するためには，どのような手順でおこなえばよいだろうか。基本的には，同じ材料（例えば，紙と鉛筆）を用いる検査項目は続けて実施する方が，出し入れの手間が省ける。また，発達年齢の見通しが立つ項目を最初に実施し，その反応から該当すると考えられる発達年齢周辺の項目に進んでいくとよい。例えば，第 3 葉では積木に関連する項目，第 4 葉では描画に関連する項目を先に実施すると，おおよその発達水準の見当をつけることができる。

　検査実施の際のポイントとして，松下（2012）は「系列化された類似の課題の無試行通過」と「系列課題の上限と下限」について触れている。「系列化された類似の課題の無試行通過」とは，「より高次の検査項目が通過の場合は，それより低次の発達にあたる項目は無試行通過としてよい」というルールである。例えば，「歩く 2，3 歩」が通過の場合は，それより低次の「一人立ち」や「支え歩き 片手」は無試行通過となる。一方，「系列課題の上限と下限」とは，「模様構成」「積木叩き」「釣合ばかり」など，同じ材料で難易度の異なる課題が並んでいる項目では，必ず上限・下限を確かめるということである。臨床事例では，特定の課題系列を得意（あるいは不得意）とする場合があり，発達的な特徴の手がかりになる。

　大島（2011）は，新 K 式検査の実施について，検査者が見立てた発達像に関する仮説検証と表現している。片岡（2012）も，慣れた検査者は最初の項目への反応だけで対象者についての「臨床印象」をもつことができ，後はその「臨床印象」を確かめていくような感じがあると述べている。彼らのように，新 K 式検査の経験を積んだ検査者は，検査項目への反応についての解釈仮説をもっており，それをもとに対象者について「理解できた」というところに至るまで項目を選んで検査を進めている。臨床実践を重ねることで，実施しなければならない項目や実施しなくてもよい項目について判断できるようになる。

（2）どのように終了すればよいか

　通過項目と不通過項目の境界を確認し，プロフィールが描ければ検査終了となる。ところが，検査用紙上，項目間にいくつもの空白のセル（検査用紙のひとつひとつのマス目）があり，発達年齢が 3 カラム（新 K 式検査では左端から右端にかけて並ぶ縦列のことを「カラム」と呼んでいる）以上離れていること

領域	3:0超-3:6	3:6超-4:0	4:0超-4:6	4:6超-5:0	5:0超-5:6	5:6超-6:0	6:0超-6:6
姿勢運動(P-M)	ケンケン　T14	ケンケン 左右　T14b					
認知・適応	四角構成 例後2/2　P88		西角構成 例前2/3　P89	模様構成I 2/5　P91	模様構成I 3/5　P92	模様構成I 4/5　P93	模様構成II 1/3　P94
			模様構成I 1/5　P90				
	門の模倣 例後　P27	門の模倣 例前　P28		階段の再生　P29			
	形の弁別II 10/10　P84						釣合ばかりI 3/3　P135
				玉つなぎ 1/2　P95			
	折り紙II　P79	折り紙III　P80					
	十字模写 例後1/3　P106			正方形模写 1/3　P107	三角形模写 1/3　P108		
		人物完成 3/9　P110		人物完成 6/9　P111			人物完成 8/9　P112
	重さの比較 例後2/2　P85	重さの比較 例前2/3　P86					

図5-2　検査実施のルール

例）「形の弁別II」と「釣合ばかり」は同じ行にあるが，その間に5カラム分の空白セルが存在する。「形の弁別II」が通過した場合，「釣合ばかり」を実施するかどうかは「模様構成I」や模写課題など周辺項目の通過の様子を確認して決定する。

がある（図5-2参照）。そのようなときは，周辺の項目の通過状況を確認するとよいだろう。「下限」は必ず確かめなければならないが，「上限」を確認するために不通過と推定できる項目まで実施する必要はない。

　発達検査の目的は，検査場面の反応や行動をもとに，対象者の発達を評価するための情報を得ることである。検査を進めているうちに，対象者の反応から刺激を受け，さらにいろいろなことを試したくなることがある。例えば，検査者の教示ではまったく応答してくれない対象者に出会ったとき，「無反応」として終わりにせず，保護者に教示してもらった場合の反応も確かめてみようという考えが浮かぶ。まずは手引書どおりに実施したうえで，どのような助けがあれば対象者の力を引き出せるかを探るようにしたい。一方で，検査時間をいたずらに長引かせないということも念頭に置いておきたい。

　検査では，できない項目ばかりが続いて終わりにならない配慮も求められる。不通過項目が続いて終了となると，対象者には「できなかった」という思いが強く残り，検査自体が楽しい場面でなくなるかもしれない。先に述べたように，検査者が自由に項目の実施順序を組み立てられるので，対象者が「楽しかった」「できた」という気持ちになって終われるよう工夫してほしい。

　検査実施の際に，保護者が同席している場合は，「できる項目」と「できない項目」があることを実際に観察してもらうことで，必要な支援に関する共通理解を得ることができるだろう。ここでは，「できていないこと」に焦点を当てるのではなく，「できていること」や「少しの助けがあればできそうなこと」に

ついて保護者と確認することが重要である。

　対象者が就学以降の年齢である場合，何らかの評価がなされるような場面に抵抗感や不安感を抱いている恐れがあることにも留意する。終了後に，ねぎらいのことばを伝えることで安心につながる。検査者は，検査環境を整えるとともに，対象者の体調や情緒面に配慮する必要がある。万が一，実施が難しくなった場合は無理をせず，別の方法を検討するという判断力も専門性に含まれている。

［4］発達スクリーニングとしての利用法

　乳幼児健康診査での発達スクリーニングや保育所・こども園・幼稚園の巡回相談における発達の見立てなどで，新 K 式検査の一部の項目が用いられることがある。乳幼児健診でよく用いられる項目については，第 6 章を参照されたい。巡回相談における発達の見立てでは，数の理解や描画の様子，じゃんけんのルールの理解，左右の弁別ができているか，といったことが参考になる。これらは，集団での行動観察や保育者への聴き取り，あるいは掲示された作品の確認により，ある程度の情報収集が可能である。

　発達スクリーニングでは見逃しのないよう留意すると同時に，子育ての不安を喚起しない配慮が求められる。一般にスクリーニング検査では，実際に疾患のある人のうち，検査で陽性と判定された人の割合を示す「感度（sensitivity）」と実際に疾患のない人のうち，検査で陰性と判定された人の割合を示す「特異度（specificity）」のバランスを考慮し，適切な基準値を設定することが求められる（野嶋・野口，2022）。感度が高いほど疾患を正確に検出できる可能性が高まり，特異度が高いほど健康な人々を誤って陽性と判定する可能性が低くなる。発達スクリーニングでも，感度と特異度は重要な指標となる。新 K 式検査では，50％通過年齢をもとに検査用紙に項目が配置されているが，発達のスクリーニングのためにいくつかの項目を取り出す場合には注意が必要である。50％通過年齢のみを基準にすると，感度は高くなるかもしれないが特異度は低くなる。75％通過年齢や 90％通過年齢（新版 K 式発達検査研究会，2020）も参照するとよい。

4．結果の解釈

［1］検査項目が測るもの

　京都国際社会福祉センターが開催している新 K 式発達検査の講習会のなかで，「それぞれの検査項目が測っているのはどのような能力か」「それぞれの項目ができるようになるためには，どのような力を獲得し，どのような発達水準に達している必要があるのか」といった質問が出ることがある。第 1 章でも述べられているが，新 K 式検査は人間の精神発達に関する特定の理論を基礎に作成されたものではなく，乳幼児の発達の詳細な観察をもとに，発達の状態や行動の意味を理解する出発点の一つとして考案されたものである（生澤，1985）。そのため，反応と解釈を直接的，機械的に結びつけるのは困難である。検査者は，対象者の行動や反応が何歳相当の発達の様相と一致しているのかを観察し，解釈を検討する。それには，定型発達の反応内容をよく理解していることが前提となる。また，同じ不通過でもその内容の違いに着目することが重要である。例えば，「玉つなぎ」は制限時間があるため，見本と同じようにつなげられても制限時間オーバーで不通過になる場合がある。見本どおりにできない場合も，一部見逃しの惜しい反応もあれば，見本には目もくれず好きなようにつなぐ反応もある。同じ不通過でも，それぞれの内容が異なるため，結果の解釈も当然違うものになる。

　松田（2022）は，認知症高齢者に心理検査を実施する際の留意点をまとめているが，そのなかで結果の解釈には三つの視点が重要であると述べている。それは，心理測定学的視点，神経心理学的視点，および心理社会的視点である。心理測定学的視点とは，検査態度やモチベーションといった検査時の心理状態や測定誤差を考慮に入れる視点である。神経心理学的視点とは，結果に関わる脳神経機能の障害や原因疾患を推定する視点である。そして，心理社会的視点とは，結果と実生活での行動や困難さとの関係を探り，支援を検討する視点である。新 K 式検査においても，「△課題は○という能力の有無を測っている」とか，「◇課題ができない場合は□の能力が弱いためである」というような一般化はできず，松田（2022）の示す三つの視点を念頭に置いて，目の前の対象

者の検査項目への反応を解釈することが求められる。検査場面での反応や行動から，なぜできないのか，あるいはなぜできたのかを読み取ることこそが，まさに検査者の専門性になる。

［2］項目の特徴と反応内容との関係

　各項目の特徴と反応内容との関係に着目することも解釈の助けになる。新 K 式検査には，同じ材料を用いて異なる発達的側面を調べている項目や，異なる材料であっても，共通する要素を含んでいる項目がある。それらの項目でどのような結果が得られたかを比較することで，対象者の発達的特徴をとらえることができる。

　〈認知・適応〉領域の例を挙げてみよう。「人物完成 6/9」と「正方形模写」はいずれも 50％通過年齢が 4 歳後半に該当する項目であり，鉛筆で描画することを求めている。全般的な知的発達が 4 歳に達していない事例では「人物完成 6/9」も「正方形模写」も不通過となることが多い。「正方形模写」は基準に達しないが，「人物完成 6/9」は通過できたとしたらどうだろう。手先が不器用でうまく運筆をコントロールできないために，「正方形模写」は通過基準に達しなかったが，運筆の良し悪しが問われない「人物完成」では足りないものを見つけて正しい位置に描けたと考えられ，「人物完成 6/9」も「正方形模写」も不通過の事例とは発達的な課題が異なる。

　〈言語・社会〉領域の例として，「数選び」と「4 つの積木」について考えてみよう。「数選び」は，10 個の積木から，指定された数の積木を選んで器に入れる課題である。「4 つの積木」は，並べられた 4 つの積木一つずつに指を当てながら数える課題である。いずれも積木を使っている。「数選び 3（3 個の積木を入れる）」の 50％通過年齢は 43.5 月であるのに対して，「4 つの積木」は 39.6 月と 4 か月程度早くなっている。子どもの数概念の発達については，ピアジェ（Piaget & Szeminska, 1941）をはじめとして，多くの研究がある（藤永他，1962；栗山，1998；王，2009；山形，2015 などで紹介されている）。数概念の獲得は，ゲルマンとガリステルによる「1 対 1 の原理：ものと数詞を一つずつ対応させ，1 つの要素には 1 つの数詞しか用いない」，「安定順序の原理：用いられる数詞は安定した順序性をもつ」，「基数の原理：数え上げたとき，

最後の数詞が全体の数を表す」,「抽象化の原理（数える対象が何であっても，先の 3 つの原理が適応できること」,「順序無関係の原理：数える順序は関係ない」の 5 つの原理の理解が前提になることが知られている（Gelman & Gallistel, 1978 小林・中島訳 1988）。「4 つの積木」と「数選び 3」の反応の組み合わせは，いずれも不通過，「4 つの積木」は通過で「数選び 3」は不通過，「4 つの積木」は不通過で「数選び 3」は通過，いずれも通過という 4 つのパターンがある。反応の様子をよくみることで，先の原理のどこまで獲得できているのか，あるいは何が遂行の妨げになっているのかを知ることができる。

　「数の復唱」と「短文復唱」についても考えてみよう。材料は「数」と「短文」と異なっているが，どちらも聴覚情報を記憶し，再生するところは共通している。短文の復唱では 50％通過年齢が 76.9 月の「短文復唱Ⅱ」まで通過するのに，数の復唱は 51.1 月の「4 数復唱」も不通過となる事例がある。そのような事例では，意味のある文の方が短期記憶に残りやすいのではないかと考えられる。

［3］領域を超えた項目間の関連

　新 K 式検査は，〈姿勢・運動〉〈認知・適応〉〈言語・社会〉と 3 つの領域に分かれているが，領域を超えた項目間の発達的な関連を考えることは意味がある。村井（1970）は，乳児の言語発達について，言語形成過程と他の諸機能との関連性を指摘している。ここでは，第 1 葉（0 歳前半相当）から第 5 葉（成人年齢相当）にわたって用いられている積木を用いた項目を取り上げ，領域をまたいでの発達評価について考えてみたい。

（1）乳　児　期

　積木を用いた項目は，該当発達年齢 2 か月超の「掌把握」から始まる。「掌把握」は，積木をどのように把握するかを観察する項目である。乳児の場合，把握反射が消失するのはおよそ 3 か月を過ぎた頃になる。両手に保持が可能となってからは，持った積木をどのように扱うか，手元への注視の様子などを観察する。6 か月以降になると，机上に置かれた積木を自発的に摑むか，摑み方はどのようであるか，両手に持った積木を叩き合わせることができるか，同

時に提示されたコップに積木を入れたり，出したりするかなど，手と目の協応の様子や積木と他の事物とを関係づける操作ができるかなどを観察する。

（2）1歳以降

　1歳を過ぎる頃になると，積木を積もうとする様子が観察される。積木は積むものという慣用的な理解の表れととらえられる。どれくらい積むことができるかを観察する。手指の操作が未熟な場合は，持った積木を他の積木の上で一度に指を広げて放してしまい，うまく積むことができない。ゲゼル（Gesell, 1940　山下訳 1966）は，2個の「積木の塔」ができてから，さらに高く積み重ねることができるかは，まっすぐに積む運動的巧みさと注意の範囲に影響されるが，検査者の激励も動機づけになると述べている。そばにいる保護者や検査者が励ましたときの表情や反応を観察することで，社会性についても評価できる。

　積木を2個積む「積木の塔2」と積木を3個積む「積木の塔3」には大きな違いがある。「積木の塔2」では，1個の積木の上にもう1個を置くだけでよい。しかし，すでに積んだ積木の上に，さらにもう1個を重ねるには下の積木を崩さないようにしなければならない。手指の操作の巧緻性とともに，高く積むことへの興味が前提になる。したがってうまく積めなかったときに，自発的に繰り返し積もうと試みる様子が観察されるかどうかが重要な意味をもつ。

　岩堂（1991）は，1歳6か月児健診でことばの遅れが認められた子どものうち，3歳児健診でもことばの遅れが解消されていない問題群と解消した群について，さかのぼって1歳6か月児健診時の新 K 式検査の通過項目を調べている。その結果，「積木の塔3」が通過できていたかどうかがことばの遅れの解消の予測指標として重要であることがわかった。この「積木の塔3」について，岩堂（1991）は，相手の要求・指示に対する理解力，目標達成に向けての継起的な努力，細かい指先の操作と制御力などを総合した知的能力の発達を示しているとしている。さらに，両群の3歳時点の再検査結果では，「積木の塔8」には有意な差はなかったが，「家の模倣」「門の模倣　例後」などに有意差がみられ，形態を正確にとらえ，それを模倣するという空間関係の認知や手指の発達の点で，問題群は遅れをとっていた。ここでは積木に関する項目を取り上げたが，

第8章では初期の言語発達と認知発達との関連についてさらに詳細に述べられている。

（3）　3歳以降

　3歳児健診の発達スクリーニングでも使われている「トラックの模倣」や「家の模倣」では，積木をトラックや家に見立て，検査者と同じものを作ることができるかが求められる。手本を見せると，「トラック」と命名したり，「ブーブー」と言いながら押して見せたりしてくれる場合もある。このような自発的な言語表出の様子も観察し，記録しておく。

　教示に従ってトラックを構成することはせず，検査者が呈示した手本の上に積もうとする，積木を横に並べるなどの反応がみられるときは，教示がよく理解できていない段階である。教示を繰り返したり，手本を離して，改めて対象者の構成場所を指さしで示したりすると反応が変わるかを調べてみるとよい。

　第4葉には，手本をまねて積木で門を構成する「門の模倣」がある。この項目では，積木と積木の間の空間に斜めに積木を乗せなければならないため，トラックや家を構成するよりも手指の巧緻性や空間関係の理解が必要となる。できないときは例示をし，例前と例後の違いを観察する。作り方を示しても不通過になる場合，構成はわかっているが斜めの積木がうまく乗せられないのか，あるいは構成そのものの理解が不十分なのかを観察しておくと支援のヒントになる。

（4）　4歳以降

　第4葉の「階段の再生」は，〈言語・社会〉領域の「数選び」および「13の丸理解（Ⅰ）」の反応と合わせて分析するとよい。「階段の再生」では，検査者が積木で階段を構成し，指で1段ずつ押さえながら「1段，2段，3段，4段」と上っていく様子を見せ，階段のイメージを印象づける。その後に，対象者にモデルをよく見て覚え，再構成するよう求める。よくある不通過反応としては，階段の形態（段の輪郭）の直観的なイメージで再構成を試みるが，うまくいかないというものがある。検査者が数えてみせている段数はその段を構成する積木の個数を表しているのだが，上っていく指の動きに気を取られ，土台部分に

は注意が向いていないようである。

　「数選び 8」は指定された 8 個の積木を器に入れる課題である。通過反応では，積木を一つずつ数えながら器に入れたり，先に数えて集めてから器に入れたりする様子がみられる。不通過反応では，数えた数を覚えておけず途中でわからなくなる，数え間違いをする，などがみられる。「13 の丸理解（Ⅰ）」は，検査用紙の下段に並んでいる小さな丸を一つずつ指で押さえながら順に数え上げた後で，「全部でいくつ？」と問う課題である。不通過反応では，13 まで数えられても，最後の数詞が全体の数を表すということがわからず答えられない，最初からもう一度数え上げようとする，などがよくみられる。

　「13 の丸理解（Ⅰ）」と「数選び」では，数を直接扱うことが教示で明示されている点が「階段の再生」とは異なるものの，いずれも基数の理解ができていることが前提になる。「13 の丸理解（Ⅰ）」の 50％通過年齢は 51.7 月であるのに対し，「数選び 8」は 54.9 月，「階段の再生」は 58.6 月と，3，4 か月ずつ遅くなっている。これは，数えた最後の数を思い出して答える「13 の丸理解（Ⅰ）」に比べ，「数選び」では器に入れるという操作が加わること，「階段の再生」では（提示された階段の）視覚イメージの保持，数詞と段数に対応した積木の個数との関係の理解，および空間的な構成が求められることから，認知的な負荷がかかるためであると考えられる。

［4］発達段階と項目との関連

　検査結果の解釈では，ある項目と後の発達年齢の項目とがどのようにつながっているのかといった観点をもつことも重要である。ここでは，「系列化」に関連する項目として，「入れ子」「5 個のおもり」「三段論法」について取り上げてみたい。検査用紙では，「入れ子 3 個」は 1 歳 6 か月〜9 か月，「入れ子 5 個」は 2 歳 3 か月〜2 歳 6 か月，「5 個のおもり」は 6 歳 6 か月〜7 歳，「三段論法」は成人Ⅰの年齢区分に配置されている。すなわち，これらは異なる発達段階の課題である。「5 個のおもり」と「三段論法」の下位項目「大小」（A＞B，C＜B という条件が与えられ，A と C の関係を問う）は，ピアジェとイネルデ（Piaget & Inhelder, 1941 滝沢・銀林訳 1992）による「推移律（transitivity）」と関連する。推移律とは，既知の順序関係に基づいて，未知の順序関係を演繹

的に推論することと定義されている（中道, 2021）。ピアジェは, 4 歳から 9 歳の子どもを対象に, 同じ大きさの粘土玉を重さの順に並べさせる実験や, 言語教示で関係を説明し重さの順序を答えさせる実験をおこなった。そして, 子どもの反応の観察から「系列化の存在しない全体的配列の時期」「経験的系列化の時期」「関係の協調を伴う操作的系列化の時期」の 3 つの発達段階を示している（Piaget & Inhelder, 1941 滝沢・銀林訳 1992）。さらに, この最後の操作的系列化は, 具体的操作段階と形式的操作段階に分かれている。新 K 式検査の「5 個のおもり」は事物を具体的に操作する, 具体的操作期の項目であり,「三段論法」は解答を導くうえで論理的な思考が必要であることに加え, 問いの文言自体も抽象的であり, 形式的操作期の項目に該当する。

　ところで, この推移律にかかわる課題では, より低次の発達段階のものがあり（Piaget, 1970 中垣訳 2007；園田・丸野, 2010）, 松下（2012）によると「入れ子」が相当する。「入れ子」は, 大きさの異なる器を 3 個または 5 個提示し, 1 つに収めさせるという課題である。大きい器の中に, 小さい器を順に入れ込むことができればよい。「入れ子 3 個」の通過反応は, 小さい方に大きい方を入れようとして, うまくいかず, 器を入れ替えたら収められたというものがあり, 感覚運動的な操作により正答できたと考えられる。対して,「入れ子 5 個」の通過反応では, 視覚的に大きさを理解し, 試行錯誤せずにうまく収められるものが多い。ピアジェ（Piaget, 1970 中垣訳 2007）に従って整理すると,「入れ子」で試行錯誤の結果, 入れられた反応は「感覚運動的構造の段階」に相当し, 視覚的に大小関係を理解して入れられた反応は「表象的構造の段階」に相当すると考えられる。「入れ子 5 個」の 50% 通過年齢は 28.6 月,「大小比較」は 29.2 月と該当年齢が近いことから, ともに心的表象に基づいた操作の発達が関係していることがうかがえる。

［5］「他者認識」の発達
（1）他者認識の発達と検査項目における他者の三つの水準
　人は生まれたときから, 主たる養育者との関係のなかで, 他者に対する認識を深めていく。ここでの他者に関する認識とは,「人が特定の他者や一般的な自己以外の人たちをどのように知覚し, その特性や状態をとらえているかに関

する心的活動」とする。すなわち，知覚した他者についての意味づけや意識づけが含まれている。

　他者認識の発達はどのように進むのであろうか。乳児は人の顔に対して選好的に反応することが報告されている（山口，2003）。3 か月を過ぎると他者の喜び，悲しみ，驚きなどが区別できるようになり，6 か月頃には大人とのやりとりで予期や期待を示すようになるとされる（Rochat, 2001　板倉・開訳 2004；Tomasello, 1999　大堀他訳 2006）。8 か月頃には人見知りが表れ，特定の他者とそれ以外の他者を区別した愛着反応を示すことはよく知られている。新 K 式検査ではこの時期の発達をみる項目として，「顔を注視」「微笑みかけ」「人見知り」などといった項目が〈言語・社会〉領域に配置されている。

　他者を「意図をもった主体」と認識し，他者の伝達意図を理解できるようになるのは，9 か月頃と考えられている（Tomasello, 1999　大堀他訳 2006；Tomasello, 2003　辻他訳 2008）。新 K 式検査では，「指さしに反応」「バイバイ」「メンメ」「『チョウダイ』渡す」「検者とボール遊び」といった応答性をみる項目が 8 か月から 12 か月に配置されている。

　1 歳半頃になると行動レベルでの自他の意図や欲求の相違について理解し始め，2 歳半頃には心的表象レベルでの他者理解が進む（木下，2008）。4 歳頃になると，他者を「心をもつ主体」として理解し（Tomasello, 1999　大堀他訳 2006），時間的枠組みのなかで自他関係をとらえられるようになる（木下，2008）。他者の誤った信念に気づく，いわゆる「誤信念課題（false belief task）」が 4 歳以降にできるようになるのも，時間的な経過のなかで他者の心の状態に気づくことができるからであると考えられている。この誤信念課題とは，例えば，主人公マキシーがチョコレートを緑の棚にしまって出かけている間に，母親がそのチョコレートを使い，残りを青い棚に片づけ出かけた後，戻ってきたマキシーはチョコレートがどこにあると思っているかを問う課題である（Wimmer & Perner, 1983）。このような，他者の心を類推し，理解することができるかを調べる課題は「心の理論課題」とも呼ばれており，乳幼児の発達や自閉症児の認知特性を調べる研究などで広く用いられている。

　ところで，熊谷（2018）は，心の理論課題に通過できなかった子どもの大多数が，きちんと座って検査者の話を聴き，その意図に答えようとしていたこと

から，「私」と「あなた」という一，二人称的な心の理論が形成される時期と，三人称的な心の理論が形成される時期があると述べている。すなわち，検査者からの働きかけに応じられるかは，二者関係における他者認識の発達にかかわる。一方，三人称的な他者については，先の誤信念課題のマキシーのように明示されている第三者の場合と，明示されていない不特定多数の一般的他者の場合があると考えられる。この後者の他者認識は，岡本（1991）による「二次的ことば」の発達と関連すると考えられる。岡本（1991）の「二次的ことば」は，現実場面から離れたところでことばの文脈のみに頼る言語活動を指し，具体的な事柄について，状況文脈に頼りながら，直接対話の形で展開する言語活動である「一次的ことば」と区別されている。「一次的ことば」が話し手と聞き手とテーマ（対象）がその場に共在しているのに対し，「二次的ことば」は不特定多数の一般的他者（抽象化された他者）を聞き手と想定して話されるもので，7歳頃から発達するとされている。

　人の他者認識の発達についてまとめると，特定の他者の認識ができるようになる時期から，対面している他者と物やイメージを共有するようになり（三項関係の発達），特定の第三者を表象し，その心の状態を話題にできるようになり，やがて不特定多数の他者の理解水準を想定できるように進んでいくといえよう。これを踏まえると，検査項目でも「他者」を三つの水準に分類することができる。「第一水準の他者」は，対面での他者である。検査が実施されている場面では「目の前にいる他者」，すなわち検査者のことである。「第二水準の他者」は，検査課題で刺激材料として提示される第三者である。「第三水準の他者」は，「明示されていない不特定多数の一般的他者」になる。ここで挙げた先行研究における他者認識の発達と該当する発達年齢，および「他者」の三つの水準との関連について表 5 - 1 にまとめる。検査課題における他者の水準に着目することで，対象者の他者理解や他者関係のあり方に関する評価に役立つと考えられる。そこで，それぞれの水準に関連する検査項目の例と臨床場面における観察のポイントについて，以下の節で述べる。

（2）第一水準の他者に関連する検査項目

　検査者は，実際の検査場面において，対象者にとってまさしく「対面の他

表 5-1　発達年齢と「他者」の三つの水準，および他者認識の発達 (清水，2020 より引用)

発達年齢	9 か月頃～	1 歳半頃～	2 歳半頃～	4 歳頃～	7 歳頃～
認識できる「他者」の水準	第一水準 対面		第二水準 特定の第三者		第三水準 不特定多数の 一般的他者
他者理解 (Tomasello, 1999)	他者を意図を もつ主体として 理解する			他者を心をもつ 主体として 理解する	
意図理解 (木下，2008)	行動	心的表象～		時間的枠組み の理解～	
コミュニケーション (岡本，1991)	身振り 喃語～一語文	音声言語～ 二語文～	(一次的ことば)		文字言語～ 二次的ことば～

者」になる。その他者と直接やりとりすることを求める検査項目は，8 か月から 1 歳過ぎに配置されている「『チョウダイ』渡す」「バイバイ」「メンメ」「指さしに反応」「検者とボール遊び」「指さし行動」などである。これらの項目は，言語発達の基盤となる他者（検査者）の意図の理解や三項関係の成立の有無を観察する代表的な課題であり，言語発達研究における観察指標として広く採用されている（例えば，小山，1996；村井・小山，2002）。さらに，2020 年版で追加された「じゃんけん」を用いる課題についても，対面の他者である検査者の意図に従い，どのように応じるかを観察することがポイントとなる。ここで興味深いのは，知識としては「じゃんけん」の勝ち負けのルールを理解しているのに，検査場面では負ける方の手を出すことを拒否する事例に出会うことである。また，検査者の声掛けの仕方やテンポに合わせられず，自分のペースでないと応じられない事例にも出会う。定型発達児ではおよそ 5 歳頃に検査者の指示に従って，勝つ方の手も負ける方の手も出すことができるようになる（大谷他，2019）。それ以前の段階の子どもの場合，勝ち負けの判断は不十分でも，検査者とのじゃんけん遊びに嬉々として応じ，他者の掛け声に従うことにも抵抗を示さない。その様子は，他者と場を共有し，関係を楽しみ，自分の有能さを認めさせたいというようにも見受けられる。検査課題としての「じゃんけん」では，手の形を正しく作れるか，ルールに関する知識があるかといったこ

とと合わせて，検査者の要求にどのように応じるかを観察することで，対面の
他者に対する認識の発達や関係のもち方を評価できる。

（3）第二水準の他者に関連する検査項目

　想定された状況のなかで，明示された第三者である他者の期待や理解（場合
によっては感情も）を推論することを求める検査項目には，5 歳児向けの「了
解Ⅲ」と 2020 年版で追加された「絵並べ」がある。「了解Ⅲ」は，友達のもの
を壊したとき，学校へ行く途中で遅刻するかもしれないと気がついたとき，友
達がうっかり足を踏んだとき，という 3 つの設定された状況下での望ましい行
動や対応について問う課題で，社会的状況の理解と社会的慣習の理解ができて
いるかを調べる（松下・岩知道，2005）。子安・服部（1999）は，幼児の誤信念
課題の成績と「了解Ⅲ」の結果との関連について考察している。そこでは，「了
解Ⅲ」は設定された状況下での他者の言動やその心情を想定して答える課題で
あり，誤信念課題と同様に他者理解を前提としていると解釈されている。

　「了解Ⅲ」が言語的な状況理解や言語による表現能力が求められるのに対し，
提示された 3 枚または 4 枚の絵を時系列に従って並べる「絵並べ」では，言語
による説明は求められていない。視覚的な情報をもとに，他者の状況や意図の
理解ができているかが求められる。ストーリーは，バロン＝コーエン他
（Baron-Cohen et al., 1986）を参照し，機械的系列（物理的変化の理解），行動
的系列（人物の行為の意味理解），意図的系列（人物の心的状態の理解）に当た
るものが採用されている（大谷他，2017）。意図的系列に当たる「競争」が最も
難易度が高く，登場人物の心的状態の帰属を必要とする課題となっている。

　定型発達児の 50% 通過年齢は，「了解Ⅲ」が 66.1 月，「絵並べ 3/3」が 76.0
月となっている。「絵並べ」の不通過反応では，2 枚ずつのペアは前後関係が
成立しているが，4 枚全体としての時系列の検討はできていないと見受けられ
るものが含まれている。反応後に「お話」を説明してもらうことで，対象者が
どこに着目していたかを確かめることができるだろう。

（4）第三水準の他者に関連する検査項目

　課題解決において明示されていない他者の期待や理解を推論できるかが鍵と

なる検査項目は，「財布探し」や「反対語」などが該当する。これらの検査項目では，不特定多数の一般的他者が理解しているように問題をとらえているかという点に着目する。というのは，これらの項目では，標準化データをもとに，進齢とともに増加し，成人の大多数が答える内容を通過基準として定めているからである。すなわち，一般妥当性のある解を正答としている。

　「財布探し」は，中瀬（1986）による幼児から小学6年生までの調査結果に基づいて判定基準が定められていたが，清水・加藤（2021）が成人年齢まで拡張して調査したところ，1周で終わる不通過反応が少なからずみられた。そして，そのような反応は教示の意図する課題目標の軽視と効率優先の課題処理の結果であることを明らかにした。「財布探し」課題について，ハウィー（Howie, 2011）は，「課題情報を正確に知覚し，課題の意味するところを明確にし，運動場のサイズや形などのいくつかの情報を考慮に入れ，描線によって探索を表現することを認識する」「運動場に自分を位置づけ，運動場全体を探索プランに基づき体系的に覆わねばならないことを推論する」「自分の探索プランを表す線を正確に精密に描くために，試行錯誤や衝動的な反応を抑制する」という三つのプロセスを挙げている。すなわち，「財布探し」では，教示から提示図全体を描線で覆わねばならないと推論し，他者（検査者）に自分の探し方が誤解なく伝わるように描くことが求められている。このことから，清水・加藤（2021）は，1周で終わる反応の課題目標の軽視と効率優先の課題処理の背景には，不特定多数の一般的他者の視点の検討不足の可能性があることを指摘している。同じことは，「反対語」にもいえるだろう。「反対語」では，例えば「『高い』と『安い』は反対の意味を表しているが，どこか似たところもある，それは何か」と問う。そこでは，「い」の字といった単純な答えではないという課題意図への気づきを共通理解としてもつことが期待されている。したがって，しばらく考えて「わからない」と答える対象者と，「『い』の字」と平気で答える対象者とでは，同じ不通過でも一般解の認識が異なる可能性がある。

（5）評価における留意点

　発達検査は通常，個別で，机上の課題を中心に実施されることが多い。そのため，課題状況で理解できていたとしても，現実的な場面での認識や行動と必

表 5 - 2　**他者の水準と発達検査項目例** (清水，2021 をもとに改変)

他者水準		発達検査項目例	他者認識の内容
第一水準	対面の相手	バイバイ 「チョウダイ」渡す 指さしに反応 検者とボール遊び じゃんけん	目の前の他者の意図の理解
第二水準	特定の第三者	了解Ⅲ・絵並べ	提示された他者の状況と関連する社会的慣習の理解
第三水準	不特定多数の一般的他者	財布探し・反対語	多くの人が受け入れられる一般解の認識

ずしも一致するわけではないということも押さえておかねばならない。他者認識についても，日常生活場面での他者との交流の様子と合わせることで，臨床的な解釈が成立する。

　一般的に円滑なコミュニケーションにおいては，言語によるやりとりだけでなく，イントネーションや表情，状況文脈などから，その意図を汲み取る必要がある。このような他者の意図の汲み取りは，1 対 1 での対面よりも，1 対多や非対面においての方がより難しい。人は成長するにつれ，対面の相手だけでなく，その場にいない第三者の思いを汲んだり，一般常識とされる大多数の人のものごとのとらえ方を共有したりすることが期待される。日常場面で他者とどのような関係を形成しているかという情報に加え，ここで示した他者の三つの水準から検査項目への反応を検討することで，対象者の他者認識に関する新たな理解が得られるかもしれない。表 5 - 2 に，他者の三つの水準と主要な検査項目との関連を整理しておく。

5．検査実施後の対応

[1] 検査結果の説明

　発達検査の結果から，何をどのように伝えればよいだろうか。得られた情報を相談内容に応じて整理し，来談者の役に立つように返したい。そもそも，検査結果をどのように伝えるかは，検査者の立場によっても異なるだろう。一般

論として「保護者や本人の利益につながるよう結果を活用」することが第一になる。ここでは，どのような立場であっても，共通して押さえておきたいことをまとめておく。

（1） 発達年齢を重視する

　新Ｋ式検査では，対象者の発達年齢・発達指数が算出できる。すなわち，対象者の知能や発達は平均的に何歳くらいの子どもの一般水準に相当するか（精神年齢・発達年齢）がわかる。ただし，厳密にいえば，新Ｋ式検査は，同一年齢集団における対象児の相対的な位置（順位）として発達指数を算出する検査ではない（第２章を参照）。したがって，発達指数よりも発達年齢や項目ごとの反応の特徴を伝えることを推奨している。一般的にも発達指数よりも発達年齢の方が発達の進み具合が理解しやすいだろう。しかしながら，発達年齢にも注意が必要である。中澤（1995）は，同じ精神年齢（発達年齢）であっても知的障害児者と幼児では質的な差異があり，その数値の意味するところが異なること，また〈認知・適応〉領域と〈言語・社会〉領域に差がある場合や下位項目間に大きな差があるような事例では全領域の数値の扱いに注意が必要であることを強調している。

　発達指数を伝える必要がある場合は，誤解のないよう，相手の知識に合わせた説明が求められる。ある保護者は，検査結果の説明で「発達指数が80」と聞き，その数値の意味を「90以上が平均のところ，80で８割のでき」と受け取っていた。これは一例であるが，発達指数については，たとえことばを選んで説明したとしても，正しく理解してもらえるとは限らないことも念頭に置いておくべきである。

（2） 検査の目的に合わせる

　発達相談の一環として検査結果を説明する場合は，主訴に応じた説明が原則である。検査者が結果を直接伝える立場であれば，どのような情報をどのように伝えることが対象者や保護者にとって役に立つかを吟味し，支援者として信頼を得るよう努める。「発達検査を受ける」ことは，対象者や保護者にとって気持ちの負担を伴う決断だったかもしれない。「受けてよかった」と思っても

らえるよう，明日から生かせる情報を提供することが目標になる。検査項目を
例に出し，「○○ができないから××を練習すればよい」という助言は適切で
はない。

　検査結果を返す作業には，カウンセリングの要素も含まれている。事前に聴
き取った検査に対する期待や検査を通して知りたい内容に応じる際に，すでに
専門機関につながっているのか，まだつながっていないのかによって配慮すべ
き点が異なるだろう。対象者や保護者の心の準備状態にも気を配っておく必要
がある。また，対象者や保護者，あるいは身近な人の発達観や教育観によって
も発達上の問題のとらえ方は異なる。検査結果を返す際には，相手の心情を察
し，不安な思いに寄り添えるよう心がけたい。検査対象者が幼い子どもの場合
は，子育て支援も含めて結果を返すようにする。子どもの発達の見立てを保護
者と共有し，日常生活のヒントを伝え，今後につながる関係を築くことが望ま
れる。

［2］報告書の作成

　検査者は，検査を実施した後，結果をまとめて記録として残したり，関係者
と共有したりすることになる。所属機関で定められた書式がある場合は，それ
に従う。報告書の作成においては，「検査の目的を正しく理解し相談内容に答え
る」「検査を通じて得られた受検者についての情報を示す」「検査結果を簡潔にま
とめる」「今後の指針を示す」という 4 点が求められている（Lichtenberger et
al., 2004 上野・染木監訳 2008）。これらは，新 K 式検査に限らず，押さえてお
くべき基本的な内容である。新 K 式検査の報告書の具体例については，解説書
の第Ⅳ章（新版 K 式発達検査研究会，2020）に示されているので参照されたい。
ここでは留意点について簡潔に述べておく。

　報告書はできるだけ 1 枚にまとめることが望ましい。複数枚にわたる詳細な
報告は，発達相談の担当を引き継ぐ場合には有用なこともあるだろう。一方で，
検査の専門家でない相手には煩雑で，全体を理解することが難しいことがある。
いずれにしても，事実と解釈を明確に分けて記載し，助言した内容，あるいは
支援の具体的な内容について，専門家でなくても正確に読み取れるように記述
することが望まれる。

　基本的な情報としては，対象者の氏名，生活年齢，検査の目的（主訴），実施機関および実施者，実施年月日，実施時間帯（実際の所要時間），発達年齢，発達指数，各領域の検査項目の上限と下限などが挙げられる。また，検査時の特徴的な反応や対象者の様子など，観察されたことを客観的な事実として記載しておくと，検査結果の理解に役立つ。

　検査結果の解釈については，日常場面の様子の聴き取りを踏まえて記述すると，保護者や関係者に伝わりやすいだろう。検査項目への反応や行動観察の内容を具体的に挙げて，発達臨床の立場から解釈をおこなうことも有用である。できていないことや発達的に弱い面を挙げるよりも，できていることや芽生えとしてとらえられる面を記述し，日常場面で必要な支援について具体的に提示する。さらに，今後の検査（経過観察）の必要性についての意見も記載しておく。報告書には含めないが，実際に助言した内容と相手の反応について記録に残しておくことも次回に役立つだろう。

［3］経過観察

　生澤（1985）は，どんなに優れた発達検査であっても，一度の検査で対象者の発達のすべてが把握できることはないと述べている。経過観察をおこなうことで，対象者の発達の特徴がより詳細に把握できる。とくに，幼い子どもに検査をする場合は，初回の検査場面に対して保護者がどのような印象をもったかにも留意する。例えば，日常とは異なる場面であるために「日頃の様子と違った」「もっている力を充分に発揮できなかった」と感じたかもしれない。そのような場合は，一度の検査で何か決定的なことを言われたという思いに陥らないよう配慮することが必要である。初回の発達検査では，経過観察ができる関係を築くことが最優先になるかもしれない。

　経過観察は，一般的には 3 歳までは 3 か月から 6 か月，3 歳以上は 6 か月から 1 年程度の期間をおいておこなうことで，発達的な変化がとらえやすいと考えられる。具体的には検査用紙の該当年齢欄の年齢幅を参考にするとよい。1 歳台から 3 歳台までは 3 か月刻みとなっている。生活年齢が上がるにつれ，検査用紙の列の間隔は 6 か月，12 か月，24 か月と広がる。例えば，5 歳 6 か月を超えると 6 か月刻みになるため，6 か月以上あけることが望ましい。

　知的発達に遅れがあったとしても，その後の発達経過は一人ひとり異なる。丁寧な経過観察をおこない，その結果に基づいて支援を検討することが求められる。第11章で療育手帳の判定における活用を取り上げているが，この療育手帳の更新のための判定も経過観察の一つの機会である。実際，療育手帳の判定に新K式検査が用いられていたことが，新K式検査の2001年版で尺度を成人年齢まで拡張した理由であった（新版K式発達検査研究会，2008）。その結果，乳児から成人までの発達の経過を一つの尺度で追えるようになった。すなわち，同じ形式の検査用紙に結果が記録されており，それをみれば対象者の発達の軌跡（発達史）がたどれるようになっている。療育手帳の更新のための判定では，単に知的水準を調べるだけでなく，発達の経過を確認し，その人なりの育ちを保護者や関係者と共有するとともに，その時々の困りごとについての相談に応じる場とすることが望まれる。

　最後に，検査実施のためのチェックリストを図5−3に示す。

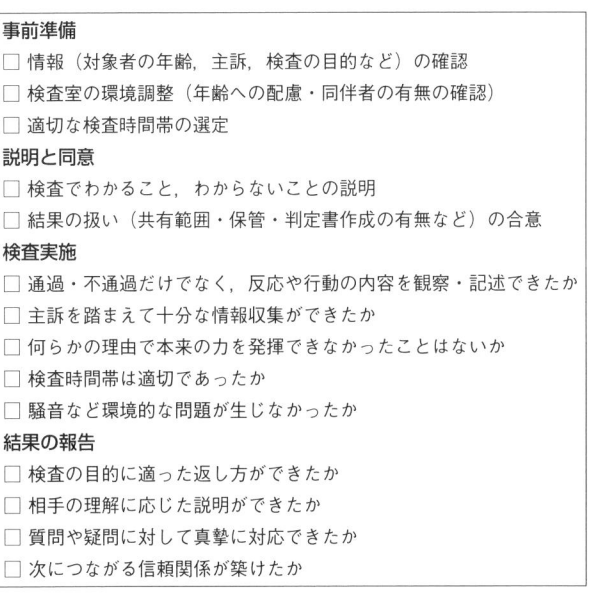

図5−3　検査実施のためのチェックリスト

6．臨床活用と今後の課題

［1］新版 K 式発達検査を用いた研究
（1）標準化資料の分析

　第 1 章および巻末の資料編の年表で触れているように，前身の K 式発達検査は就学前の子どもの発達を調べる検査として作成されたが，新版として改訂するにあたって，対象者の年齢や知的障害の重症度にかかわらず適用できるよう，成人年齢まで徐々に拡張された。改訂においては，旧版の検査項目が通用するかを確認し，通用する項目は残すという方針が取られてきた（標準化についての詳細は第 2 章参照）。旧版から受け継がれている検査項目について，1983 年版，2001 年版，2020 年版の各標準化データをもとにそれぞれの通過率を比較することで，過去の子どもの発達と現在の子どもの発達の共通点と相違点を知ることができる（第 3 章参照）。これに関連した研究がいくつか報告されている。また，性差についても報告されている（第 4 章参照）。

（2）指標としての役割

　新 K 式検査は，Bayley-Ⅲ（Bayley Scales of Infant and Toddler Development, Third Edition）の日本版（日本版 Bayley-Ⅲ刊行委員会，2023），質問紙形式の日本語版 ASQ-3（橋本他，2021）の妥当性の検証などに用いられている。
　Bayley-Ⅲに関連する研究としては，河野他（Kono et al., 2016）が，超低出生体重児（VLBW）124 名について，修正月齢 18 か月時点での新 K 式検査と Bayley-Ⅲの結果を比較検討し，新 K 式検査の〈認知・適応〉領域の発達指数（以下，DQ とする）と Bayley-Ⅲの認知尺度得点，〈言語・社会〉領域の DQ と言語尺度得点，〈姿勢・運動〉領域の DQ と運動尺度得点に強い相関が見出されたことを報告している。日本語版 ASQ-3 については，日本版のカットオフ値を定めるために，環境省による「子どもの健康と環境に関する全国調査（エコチル調査）」のパイロット調査に参加した 6 〜 66 か月児 439 名について，新 K 式検査の結果と DENVER Ⅱ（デンバー発達判定法，Denver Developmental Screening Test-Ⅱ）の結果を基準に用いて感度と特異度の検討がなされた

(Mezawa et al., 2019)。

［2］〈姿勢・運動〉領域の課題

　杉山他（Sugiyama et al., 2022）は，発達遅滞が疑われる 397 名の小児（0 〜 7 歳）を対象に，新 K 式検査による領域ごとの発達年齢と日本語版 WeeFIM（Functional Independence Measure for Children）Ⅱの項目得点との関連を調べている。WeeFIM Ⅱは生後 6 か月〜 7 歳までを対象とした日常生活技能の機能的自立度を 18 項目により 7 段階評価する生活場面の直接観察または養育者からの聞き取りに基づいて採点するものである（丸山・高橋，2021）。杉山他（Sugiyama et al., 2022）は，新 K 式検査の〈姿勢・運動〉領域は 4 歳までしか対応していないため，それ以降の年齢の日常生活技能の機能的自立度を調べることができなかったとしている。

　新 K 式検査の〈姿勢・運動〉領域の検査項目については，4 歳台までしか配置されていないことに加え，粗大運動に偏っている。したがって，微細協調運動については〈認知・適応〉領域の積木の操作や描画，折り紙などの様子を観察し，評価することが求められる。なお，第 7 章で，運動の不器用さがみられる場合の観察評価について述べられているので，参照いただきたい。

［3］これからの発達検査に求められること

　75 歳以上の高齢ドライバー用の認知機能検査に，2022 年度よりタブレットでの実施が認められ，一部の自治体で導入されているなど，時代の変化に伴って，専門家が対面しなくても実施可能な発達スクリーニング検査やタブレットデバイスを用いた心理検査の開発や実用化が進んでいる（飯干，2022）。

　幼児や小学生を対象としたタブレットを活用した検査では，読みに関する限局性学習症の早期発見を目的とした読み速度検査（林田他，2017），ひらがな聴写課題により書字動態と発達障害傾向との関連を調べるもの（恵他，2021），自閉スペクトラム症のスクリーニング補助として描画運動に着目したもの（山元他，2023），幼児期の発達スクリーニングとして描画課題と言語理解を取り上げたもの（清水他，2024）などが研究されている。いずれも取得データをクラウド上に保存したり，定量的な分析ができたりすることは，これまでの検査

にない利点である。

　海外においても，発達評価に ICT 機器が活用されている。アメリカでは自閉スペクトラム症診断の待ち時間解消のために開発された NODA Autism Diagnosis という遠隔医療システムがある（Nazneen et al., 2015）。18 か月から 8 歳までを対象としており，すべての州のすべての家族が発達評価にアクセスできることを目的としている。問診と Vineland 適応行動尺度（Vineland Adaptive Behavior Scales）に加え，指示された複数の場面の様子を動画撮影し，送信すると専門の臨床医に遠隔で相談することができるようになっている。発展途上国では，低所得者層の子どもの発達上の問題を的確に把握し，支援するために，タブレットデバイスを用いた Rapid Assessment of Cognitive and Emotional Regulation（RACER）という実行機能（課題を遂行するために思考と行動を制御する認知機能，第 7 章参照）を調べる検査が用いられている（Yuan et al., 2022）。この検査ではタブレット上に提示された刺激図形へのタッチを求めるもので，読み書きや計算ができない子どもにも実施できることから，ユニバーサルな支援の一つとして役立てられている。

　以上のように，就学以降の発達や学習の問題に関わる領域では，タブレットデバイスを用いたスクリーニング検査が開発，実用化されようとしている。とくに，必ずしも専門の検査者でなくても実施できること，取得データがクラウド上で保存できること，定量的な分析ができることなどがこれまでの検査にない特徴であり，直接支援にかかわる現場での活用が期待される。RACER のように，読み書き計算を習得していない対象者に実施できる検査は，外国にルーツをもつ子どもたちへの支援にも適用できる可能性がある。しかしながら，これらはあくまでスクリーニング検査としての位置づけであり，発達相談に至る前提で使用されるものになるだろう。

　人の発達を評価するというとき，単に発達年齢や発達指数が算出できればよいというわけではない。発達検査では，対象者の反応や行動，検査者との関係のもち方からその発達像を描き，さらに成育歴や家族関係，所属集団との関係などの情報を加えて総合的な解釈をおこなうことが求められる。そして，その結果は対象者の育ちを支援するために関係者と共有される。これらの過程は，対象者との信頼関係抜きには成り立たないだろう。専門家でなくても実施でき

る実用的な発達スクリーニング検査はあくまで一次検査であり，発達相談を兼ねた検査の実施はやはり臨床経験を積んだ専門家に期待される。

引用文献

麻生　武・伊藤典子（2000）．他者の意図に従う力・逆らう力　岡本夏木・麻生　武（編）　年齢の心理学（pp. 63-101）　ミネルヴァ書房

Baron-Cohen, S., Leslie, A. M., & Frith, U. (1986). Mechanical, Behavioural and Intentional understanding of picture stories in autistic children. *British Journal of Developmental Psychology*, *4*, 113-125.

Binet, A. (1911). *Les idees moderne sur enfants*. Flammarion.（ビネー，A.　波多野完治（訳）（1974）．新しい児童観　梅根　悟・勝田守一（監修）　世界教育学選集 20　明治図書）

藤永　保・斎賀久敬・細谷　純（1962）．幼児数概念の発達　心理学研究，*33*，20-33.

Gelman, R., & Gallistel, C. R. (1978). *The Child's Understanding of Number*. Harvard University Press.（ゲルマン，R., & ガリステル，C. R.　小林芳郎・中島　実（訳）（1988）．数の発達心理学　田研出版）

Gesell, A. (1940). *The First Five Years of Life*. Harper & Brothers.（ゲゼル，A.　山下俊郎（訳）（1966）．ゲゼル心理学シリーズ　IV　乳幼児の心理学　家政教育社）

橋本圭司・青木瑛佳・目澤秀俊・中山祥嗣（2021）．日本語版 ASQ-3 乳幼児発達検査スクリーニング質問紙―質問紙ダウンロード権付　医学書院

林田宏一・村瀬　忍・池谷幸子・鈴木祥隆（2017）．タブレット PC を用いた簡易な読み速度検査の開発　岐阜大学教育学部研究報告，人文科学，*65*，119-123.

Howie, D. (2011). *Teaching Students Thinking Skills and Strategies*. Jessica Kingsley Publishers.

飯干紀代子（2022）．遠隔で行う神経心理検査―信頼性と実用性の今とこれから―　認知リハビリテーション，*27*，13-22.

生澤雅夫（編）（1985）．新版 K 式発達検査法―発達検査の考え方と使い方―　ナカニシヤ出版

岩堂美智子（1991）．子どもの発達に学ぶ　岩堂美智子・松島恭子（編）　発達臨床心理学（pp. 3-61）　創元社

片岡基明（2012）.新版 K 式発達検査の特徴とその検査項目が示すもの　発達，*131*，34-39.

木下孝司（2008）．乳幼児期における自己と「心の理解」の発達　ナカニシヤ出版

Kono, Y., Yonemoto, N., Kusuda, S., Hirano, S., Iwata, O., Tanaka, K., & Nakazawa, J. (2016). Developmental assessment of VLBW infants at 18 months of age: A comparison study between KSPD and Bayley III. *Brain and Development*, *38*, 377-385.

Korematsu, S., Takano, T., & Izumi, T. (2016). Pre-school development and behavior screening with a consecutive support programs for 5-year-olds reduces the rate of school refusal. *Brain and Development, 38,* 373-376.

小山　正（1996）．子どもの象徴化能力を育てる　発達, *65,* 51-59.

子安増生・服部敬子（1999）．幼児の交互交代と「心の理論」の発達　京都大学大学院教育学研究科紀要, *45,* 1-16.

熊谷高幸（2018）．「心の理論」テストはほんとうは何を測っているのか？　新曜社

栗山和弘（1998）．子どもの数概念の発達について　宮崎女子短期大学紀要, *24,* 81-96.

Lichtenberger, E. O., Mather, N., Kaufman, N. L., & Kaufman, A. S.（2004）．*Essentials of Assessment Report Writing.*　John Wiley & Sons.（リヒテンバーガー, E. O., マザー, N., カウフマン, N. L., & カウフマン, A. S.　上野一彦・染木史緒（監訳）（2008）．エッセンシャルズ　心理アセスメントレポートの書き方　日本文化科学社）

丸山　元・高橋秀寿（2021）．小児における ADL 評価　*The Japanese Journal of Rehabilitation Medicine, 58,* 998-1004.

松田　修（2021）．実践者能という変数の統制をどう考えるか―臨床心理学研究の妥当性向上のために―　老年臨床心理学研究, *2,* 4-6.

松田　修（2022）．認知機能の減退　臨床心理アセスメント（現代の臨床心理学 2）（pp. 103-119）　東京大学出版会

松下　裕（2012）．発達アセスメントと支援　郷間英世・松下　裕（編）　新版 K 式発達検査法 2001 年版　発達のアセスメントと支援（pp. 1-52）　ナカニシヤ出版

松下　裕・岩知道志郎（2005）．認知の発達と新版 K 式発達検査―認知発達の観点からみた検査項目―　発達・療育研究（京都国際社会福祉センター紀要）, 別冊, 11-33.

恵　明子・鈴木暁子・愼　重弼・安村　明（2021）．ペンタブレットを用いた書字動態と ADHD および ASD 傾向に関する研究　認知神経科学, *22,* 151-157.

Mezawa, H., Aoki, S., Nakayama, S. F., Nitta, H., Ikeda, N., Kato, K., Tamai, S., Takekoh, M., Sanefuji, M., Ohga, S., Oda, M., Mitsubuchi, H., Senju, A., Kusuhara, K., Kuwajima, M., Koeda, T., Ohya, Y., & Hashimoto, K.（2019）．Psychometric profile of the Ages and Stages Questionnaires, Japanese Translation. *Pediatrics International, 61,* 1086-1095.

村井潤一（1970）．言語機能の形成と発達　風間書房

村井潤一・小山　正（2002）．乳幼児の言語・行動発達―機能連関的研究　風間書房

中道圭人（2021）．推移律　子安増生・丹野義彦・箱田裕司（監訳）　有斐閣　現代心理学辞典（p. 412）　有斐閣

中瀬　惇（1986）．新版 K 式発達検査の項目「財布探し」：横断的資料による反応の発達的分析　京都府立大学学術報告「人文」, *38,* 103-148.

中澤正男（1995）．MA と CA―精神年齢のなかの矛盾　発達, *61,* 33-35.

Nazneen, N., Rozga, A., Smith, C. J., Oberleitner, R., Abowd, G. D., & Arriaga, R. I.（2015）. A Novel System for Supporting Autism Diagnosis Using Home Videos: Iterative Development and Evaluation of System Design. *JMIR Mhealth Uhealth, 3,* e68.

日本版 Bayley-Ⅲ刊行委員会（2023）．Bayley-Ⅲ乳幼児発達検査　日本文化科学社

日本文化科学社（2020）．心理検査使用者レベル　Retrieved March 10, 2023, from https://www.nichibun.co.jp/usage/

日本テスト学会（2007）．テスト・スタンダード―日本のテストの将来に向けて―　金子書房

野嶋一平・野口泰司（2022）新たな評価法の統計―感度・特異度・ROC 曲線など―　特集　臨床現場からの研究発信―観察データをどう活かすか―　*The Japanese Journal of Rehabilitation Medicine, 59*, 1125-1130.

王　暁曦（2009）．幼児・児童における数概念の発達に関する研究展望―係数と加法の発達を中心に―　早稲田大学大学院教育学研究科紀要．別冊 16 号，185-195.

岡本夏木（1991）．児童心理　岩波書店

大島　剛（2011）．K 式発達検査を通して子どもの何が見えてくるのか？―K 式発達検査の使い手の立場から　発達，*126*，65-73.

大谷多加志・清水里美・郷間英世・大久保純一郎・清水寛之（2017）．発達評価における絵並べ課題の有用性　発達心理学研究，*28*，12-23.

大谷多加志・清水里美・郷間英世・大久保純一郎・清水寛之（2019）．幼児におけるじゃんけんの勝敗判断に関する発達段階の評価　発達心理学研究，*30*，142-152.

Piaget, J. (1970). Piaget's theory. In P. H. Mussen (Ed.), *Carmichael's Manual of Child Psychology* (Vol. 1, 3rd ed., pp. 703-732). John Wiley & Sons.（ピアジェ，J.　中垣　啓（訳）(2007)．ピアジェに学ぶ認知発達の科学　北大路書房）

Piaget, J., & Inhelder, B. (1941). *Le développement des quantités chez l'enfant : Conservation et atomisme.* Delachaux et Niestlé.（ピアジェ，J., & インヘルダー，B.　滝沢武久・銀林　浩（訳）(1992)．量の発達心理学　国土社）

Piaget, J., & Szeminska, A. (1941). *La genèse du nombre chez l'enfant.* Delachaux et Niestlé. （ピアジェ，J., & シェミンスカ，A.　遠山　啓・銀林　浩・滝沢武久（訳）(1992)．数の発達心理学　国土社）

Rochat, P. (2001). *The infant's world.* Harvard University Press.（ロシャ，P.　板倉昭二・開　一夫（監訳）(2004)．乳児の世界　ミネルヴァ書房）

清水里美（2021）．発達検査課題の認知的要因の分析―他者認識の観点から―　風間書房

清水里美・加藤　隆（2021）．大学生における財布探し課題の反応と課題認知の検討　LD 研究，*30*, 32-39.

清水里美・岡田佑一・米澤朋子（2024）．タブレット版発達スクーニング検査の開発―描画課題の実装と試行―　平安女学院大学研究年報，*24*.

新版 K 式発達検査研究会（編）(2008)．新版 K 式発達検査法 2001 年版 標準化資料と実施法　ナカニシヤ出版

新版 K 式発達検査研究会（編）(2020)．新版 K 式発達検査 2020 解説書（理論と解釈）京都国際社会福祉センター

園田直子・丸野俊一（2010）．知覚的判断から推移律判断にもとづく系列化への変化過程：重さ課題を用いて　発達心理学研究，*21*，23-35.

Sugiyama, M., Aoki, S., Kawate, N., & Hashimoto, K. (2022). Limitation of developmental test to measure functional independence of children: Relationship between the Japanese version of WeeFIM Ⅱ ® and KSPD. *Journal of Pediatric Rehabilitation Medicine, 15*, 667-676.

Tomasello, M. (1999). *The Cultural Origins of Human Cognition.* Harvard University Press.（トマセロ, M. 大堀寿夫・中澤恒子・西村義樹・本多 啓（訳）(2006). 心とことばの起源を探る―文化と認知― 勁草書房）

Tomasello, M. (2003). *Constructing a Language: A Usage-Based Theory of Language Acquisition.* Harvard University Press.（トマセロ, M. 辻 幸夫・野村益寛・出原健一・菅井三実・鍋島弘治朗・森吉直子（訳）(2008). ことばをつくる―言語習得の認知言語学的アプローチ― 慶應義塾大学出版会）

Wimmer, H., & Perner, J. (1983). Beliefs about beliefs: Representation and constraining function of wrong beliefs in young children's understanding of deception. *Cognition, 13*, 103-128.

山形恭子 (2015). 数の理解と産出における初期発達―数表記・計数を中心とした研究の概観― 京都ノートルダム女子大学研究紀要, *45*, 71-83.

山口真美 (2003). 赤ちゃんは顔をよむ―視覚と心の発達学 紀伊国屋書店

山元佑京・大本義正・熊﨑博一・岩永竜一郎・今村 明・清水日智・寺田和憲 (2023). ASD スクリーニングのための図形描画における筆跡特徴の検討 人工知能学会全国大会論文集

米澤朋子・岡田佑一・清水里美 (2022). 発達スクリーニングのためのタブレット描画データ取得システム HI 学会研究会, *24*, 87-92.

Yuan, H., Ocansey, M., Afarwuah, A. S., Sheridan, M., Hamoudi, A., Okronipa, H., Kumordzie, M. S., Oaks, M. B., & Prado, E. (2022). Evaluation of a tablet-based assessment tool for measuring cognition among children 4-6 years of age in Ghana. *Brain & Behavior,* e2749.

全　有耳

第6章 新版K式発達検査の 小児医療・母子保健領域における活用

1．はじめに

　医学における小児科学とは，小児治療学のほかに小児保健学も含めた広域な概念とされる。すなわち，小児の疾病の診断や治療のみならず疾病の予防や適正な発育・栄養を促し，さらには健康増進・健全育成に資することをめざすものである。とくに小児の発達診断においては，基礎疾患との関連など医療がかかわる側面と，予防や早期発見といった保健がかかわる側面があり，これら二つの領域が密接にかかわりあいながら成立している。本章では，新版K式発達検査（以下，新K式検査とする）が小児科診療および母子保健活動のなかでどのように活用されているかについて，その現状と検査時の留意事項および今後への期待について述べる。

2．小児医療における新版K式発達検査の活用

［1］小児科診療における子どもの発達の評価

　医療の進歩は日進月歩であるが，近年の新生児医療の高度化や神経発達症の病態解明などの影響を受けて，小児科診療の場において子どもの発達を評価し適切なタイミングで支援につなげるという役割が増加している。小児科診療のなかで子どもの発達の評価を考慮する機会としては，大きく以下の場合に分けられる。

（1）乳幼児健康診査

　1 か月健診は分娩をおこなった医療機関で受けることが一般的である。また，自治体によっては乳幼児健診を医療機関に委託しておこなっている場合（個別健診）や，自治体からの要請により集団健診に医師が従事する場合もあり，小児科医は自身の専門分野にかかわらず，子どもの発達のスクリーニングに従事する機会がある。

（2）身体面の基礎疾患がある場合

　脳神経系の疾患（てんかん，感染症，脳血管障害，脳神経系の奇形など）では発達の遅れや退行がみられることがあり，診断とそれに続く治療や適切な地域生活環境を検討するうえで発達の評価をおこなうことが求められる。また，先天性心疾患，染色体異常症，先天性代謝異常症など，上記以外の身体疾患においても，発達面で気がかりな様子が認められる場合には発達の評価が考慮される。さらに，早産・低出生体重などにより新生児医療を受けた場合には，定期的に発達のフォローアップがおこなわれるのが一般的である。2003 年に組織された新生児臨床研究ネットワークデータベース（Neonatal Research Network, NRN）には，多くの新生児医療をおこなう医療機関が参画しており，その研究成果が新生児医療の質の向上に役立てられている（第 7 章参照）。このなかでおこなわれている発達の評価指標として，新 K 式検査が活用されている現状がある（河野，2015）。

（3）神経発達症や心理的要因が関連する状態

　近年，神経発達症の診断ニーズが増大しており，診断をおこなう際には発達の評価が不可欠となる。神経発達症の診断は主として専門医療機関でおこなわれてきたが，待機期間の長さや地域格差などが課題にあった。このような現状に対して，厚生労働省の障害者対策総合研究事業を受けて 2016 年より各自治体でかかりつけ医などの医療従事者に対する研修体制の整備（かかりつけ医等発達障害対応力向上研修）が開始された。今後は専門性の有無にかかわらず初期診療を担う医療機関や医師の増加が期待される。また，心身症をはじめ心理的要因が関連する状態として，被虐待児や不登校を主訴に来院する事例も増加

しているが，この場合にも関連する要因や支援を検討するうえで発達特性の有無や発達・認知機能面からの評価が必要となる。

［2］検査方法の選択

　小児科診療のなかで発達の評価が必要となった場合には，より適切な検査方法を選択することが求められる。例えば，津守式乳幼児精神発達検査は 0 歳から 7 歳を対象とし，運動・探索・社会・生活習慣・言語の五つの領域の発達の状態について，養育者への問診から短時間で把握することができる（津守，1961，1965）。養育者への問診による評価は，特別な場所や時間を必要とせず診察場面でおこなえるという点で利便性が高い。一方で，より正確な評価が望まれる場合には，実際の子どもの反応を標準化された尺度に基づいて判定する必要がある。その際は，診察場面と区別して実施する必要があり，評価の目的や子どもと養育者の負担などを考慮したうえで検査方法が選択される。また，結果を受けて療育手帳や特別児童扶養手当などの障害福祉サービスの対象となる場合にはその情報提供をおこなうことも考慮される。

　医療機関でおこなわれる発達検査の診療報酬上の位置づけは，「発達及び知能検査（区分 D-283）」として，①「操作が容易なもの」（検査及び検査処理に概ね 40 分以上を要するもの），②「操作が複雑なもの」（同 1 時間以上），③「操作と処理が極めて複雑なもの」（同 1 時間 30 分以上）の 3 つに分類されている（厚生労働省，2022：表 6 - 1）。このうち新 K 式検査は②に含まれる。また，医療機関における検査の実施者について，2017 年の公認心理師法の施行後は公認心理師の配置が進んでいるが，現在のところ診療報酬上の規定はない。ただし，多くの機関で公認心理師あるいは臨床心理士などの心理専門職により実施されている現状がある。

［3］小児科診療のなかで新版 K 式発達検査を活用する場合の留意事項

　医師が発達検査などを診療場面で活用する場合の流れを図 6 - 1 に示した。前述のように，小児科診療のなかで発達の評価は多様な場面で実施されるが，医師の専門性によってその扱い方には多少なりとも差が生じうる。しかし，養育者にとっては発達検査を受けることや，その結果から障害の診断に至るプロ

表 6 - 1　「発達及び知能検査」の診療報酬上の位置づけ

診療報酬 点数	検査方法
80	津守式乳幼児精神発達検査 牛島式乳幼児簡易検査 日本版ミラー幼児発達スクリーニング検査 遠城寺式乳幼児分析的発達検査 デンバー式発達スクリーニング DAM グッドイナフ人物画知能検査 フロスティッグ視知覚発達検査 脳研式知能検査 コース立方体組み合わせテスト レーヴン色彩マトリックス JART（Japanese Adult Reading Test）
280	MCC ベビーテスト PBT ピクチュア・ブロック知能検査 新版 K 式発達検査 WPPSI 知能診断検査 WPPSI-Ⅲ知能診断検査 全訂版田中ビネー知能検査 田中ビネー知能検査 V 鈴木ビネー式知能検査 WISC-R 知能検査 WAIS-R 成人知能検査（WAIS を含む） 大協式盲人用知能検査 ベイリー発達検査 Vineland-Ⅱ日本版
450	WISC-Ⅲ知能検査 WISC-Ⅳ知能検査 WISC-Ⅴ知能検査 WAIS-Ⅲ成人知能検査 WAIS-Ⅳ成人知能検査

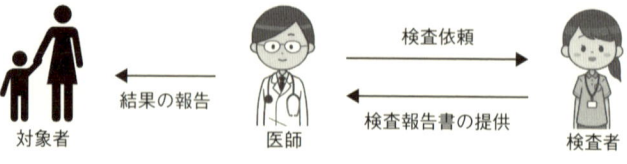

図 6 - 1　診療場面における発達および知能検査の実施の流れ

セスは非常に大きなイベントであることを忘れてはならない。養育者が安心して結果を受け止められるために，新Ｋ式検査を実施する際に留意が必要な点を以下に述べる。

（1）養育者への説明

　医師は，検査が必要と判断した場合，なぜ検査が必要なのか，検査により何がわかるのかを養育者に説明する。新Ｋ式検査では，発達年齢や発達指数により発達段階の推定が可能となる（量的側面）。ただし，発達段階を推定することのみが検査の目的であるというのは誤りであり，「子どもが検査場面で示した実際の反応を解釈する」ことで生活場面でのかかわりや環境上の工夫をおこなえるように検査結果を生かすということが同時に大切にされなければならない（質的側面）。すなわち，新Ｋ式検査をおこなうことで子どもの得意と不得意を知る，芽生え始めている力に気づく，どうすれば達成しやすくなるかを知る，といったことを通じてより適切な環境を提供できることに意味がある。郷間（2015）は，医師が発達検査を利用する場合，数値で示される量的側面に重きを置いてみることが多いと指摘したうえで，医師が検査の目的や方法を知っておくことは子どもの理解を深めるために有用であると述べている。

　検査についての知識を深めるには，新Ｋ式検査の実施手引書（新版Ｋ式発達検査研究会，2020a）を参照して検査の構造を理解したうえで，経験した事例の検査用紙に描かれたプロフィールと，検査報告書に記載された内容を照合しながら解釈する経験を積み上げることを推奨する。その際，これらの参考書籍や検査用具を目にする機会が少ないという現状もあり，検査用具一式を実際に見ておくことも大切である。

（2）発達検査をオーダーする際の配慮

　検査をオーダーする際は，検査の目的と検査時に配慮等が必要な点について検査者に伝えておく。子どもによっては初めての場面や人の前では不安が高くなり，予定していたタイミングで検査を実施できない可能性がある。近年は発達検査へのニーズの増大から予約枠に限りがあり，また複数回にわたっての来院は子どもと養育者の負担の増大にもつながることになるので，できれば再検

査は避けたいところである。このような場合にはあらかじめ検査者と出会うなどの機会をもうけることも考慮する。あるいは，養育者への配慮が必要なケースもあるかもしれない。カルテ内で共有しきれない情報について事前に検査者と医師間で共有をしておくことで，子どもがより安定した状態で検査にのぞめる可能性を高めることができる。

（3）検査結果の共有

　医師と検査者との結果の共有は主として心理検査報告書（文書）のやりとりでおこなわれる。可能であれば結果返しに検査者が同席するか，それが難しければ事前に医師と検査者で結果を対面で共有できる機会があると良い。これらが難しい場合には，養育者に伝えておくべき項目や，日々のかかわりに生かせる視点などが養育者にうまく伝わるよう報告書で記載する内容について検査者と共通認識しておく必要がある。

（4）養育者への結果返しで伝える内容

　（1）で述べたが，結果返しの際には，発達年齢や発達指数のみが一人歩きしないよう注意しなければならない。発達検査を受ける養育者の心理状態はさまざまであり，個々に応じた配慮が必要である。とくに医療機関で実施する発達検査の場合には，発達検査の結果が診断の根拠となることが多く，診断の告知とともに子どもの発達支援の手立てについて，発達検査の結果をもとに具体的なアドバイスや今後の見通しを伝えることが大切である。養育者が不安を抱きつつも，発達検査を受けて意味があったと感じられる機会となることが望まれる。

3．母子保健における新版 K 式発達検査の活用

［1］母子保健活動と子どもの発達のスクリーニング

　図6-2に母子保健施策にかかわる体系図を示した（厚生労働省，2015）。母子保健活動のなかで主要な柱である乳幼児健康診査（以下，乳幼児健診とする）の意義は，疾病や障害の一次予防（発生の予防）と二次予防（早期発見）

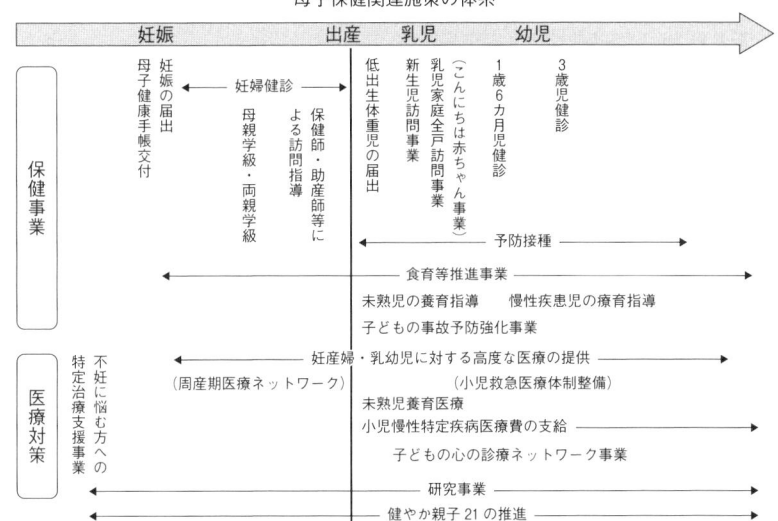

図6-2　母子保健関連施策の体系（厚生労働省，2015）

にあり，1965 年に制定された母子保健法のもとに，すべての自治体において実施されている。母子保健法第十二条には「市町村は，次に掲げる者に対し，厚生労働省令の定めるところにより，健康診査を行わなければならない」とあり，対象年齢を「満一歳六か月を超え満二歳に達しない幼児」（いわゆる 1 歳 6 か月児健診に該当）と「満三歳を超え満四歳に達しない幼児」（いわゆる 3 歳児健診に該当）としており，これらの健診は法定健診とも呼ばれる。また，第十三条では「前条の健康診査のほか，市町村は，必要に応じ，妊産婦又は乳児若しくは幼児に対して，健康診査を行い，又は健康診査を受けることを勧奨しなければならない」と定めており，自治体ごとに実施時期が決定されている。乳幼児健康診査事業実践ガイドのなかで記されている 2015（平成 27）年度の厚生労働省の調査によると，3 ～ 4 か月児健診はほとんどの市町村で実施され（実施率 97.8%），9 ～ 10 か月児健診がこれに次いで多い（72.4%）。また，2 歳児歯科健診（50.2%）や 6 ～ 7 か月児健診（44.0%）などとなっている（国立成育医療研究センター，2018）。実施方法として，市町村の保健センターなどでおこなう集団健診と，医療機関に委託しておこなう個別健診がある。

　乳幼児健診の始まりは，1937（昭和 12）年に保健所法が制定され，1939 年に愛育会と中央社会事業協会が提唱した「乳幼児一斉健康診断」に遡るとされる。当時は自治体レベルの取り組みであり対象者も低所得世帯に限定されていた。その後，第二次世界大戦後の 1947 年に児童福祉法が公布され，戦後の母子の健康状態の改善を目的として，健康診査や保健指導の実施などの施策が盛り込まれた。翌年の 1948 年にはすべての都道府県の保健所で乳幼児健診が実施されることになった。開始当初は主に子どもの発育および発達のチェックや栄養の改善が目的であった。その後は先天性疾患（先天性股関節脱臼，斜頸，先天性心疾患など）の早期発見と治療，脳性麻痺児の早期発見と早期療育へと変遷し，2000 年代に入ると子育て支援，児童虐待予防，発達障害児の早期発見・早期療育支援へと，医療の進歩や社会環境の変化ともあいまって，その重点課題は変遷してきた。乳幼児健診において発達障害児の早期発見が重点化された背景には，2005 年に施行された発達障害者支援法により発達障害児・者に対する国および地方公共団体の責務が明確化されたことにある。具体的には，第 5 条に「市町村は，母子保健法（昭和四十年法律第百四十一号）第十二条及び第十三条に規定する健康診査を行うに当たり，発達障害の早期発見に十分留意しなければならない」とあり，早期発見の機会として乳幼児健診の役割が示されている。第 6 条には，「市町村は，発達障害児が早期の発達支援を受けることができるよう，発達障害児の保護者に対し，その相談に応じ，センター等を紹介し，又は助言を行い，その他適切な措置を講じるものとする」とあり，スクリーニング後の養育者への支援や支援体制の構築についても示されている。このように，その時代における重点課題の変化に応じて問診票やスクリーニングの視点の見直しがおこなわれ，精度管理が維持されている。

　乳幼児健診の実施時期は，子どもの神経系の発達の節目となる時期に設定される。健診時期ごとの主な発達のチェックポイントの例を表 6-2 に示した。

　乳児期前期である 3〜4 か月では，定頸（頸のすわり）がみられる。これは後頭部を支えないで乳児を縦抱きにできる状態であり，4 か月を過ぎてもみられない場合には精密検査の対象となる。その他には筋トーヌス（筋肉の堅さ，上肢や下肢を揺らしたときの手関節や足関節の揺れの度合い，各種関節の伸びの度合いから判定）や姿勢の異常（自由姿勢で観察した場合の左右差，協応動

表6-2　健診時期と主な発達のチェックポイントの例

健診時期	主な発達のチェックポイント
3〜4か月	粗大運動（定頸，筋トーヌス，姿勢）
9〜10か月	粗大運動（自力移動の状態），微細運動（手の把握） 言語発達（喃語の発声），社会性（模倣，共同注意）
1歳6か月	粗大運動（独歩の獲得），言語発達（言語理解，有意味語の表出） 社会性（アイコンタクト，指さし，共同注意，社会的参照）
3歳6か月	言語発達（言語理解，簡単な質問への応答）， 社会性（他児への働きかけ），行動（多動）
5歳	言語発達，社会性（集団行動，同世代との遊び） 行動（多動，行動制御），協調運動

作の状態）など，粗大運動の発達や追視の状態がチェックポイントとなる。

　乳児期後期の9〜10か月になると，粗大運動として自力移動（ハイハイ，つたい歩き）が可能となり，微細運動としてはさみ持ち（積み木を拇指と他の指を対向させ指の腹でつかむ）がみられる。また，言語発達では「マンマンマンマン」「ダダダッ」などの喃語がみられ，大人が「だめ」と言うと手をひっこめるなどことばの理解が進み始める。社会性ではバイバイなどの模倣の出現や共同注意がみられるようになる。3〜4か月健診を含め乳児期のスクリーニングにより脳性麻痺，ミオパチー（筋疾患），知的障害，視力障害，難聴，その他の脳神経系疾患などの発見につながる。

　1歳6か月では，粗大運動として一人歩きが可能となり（正常では90％以上が可能となる），意味のある単語の表出がみられる。社会性では大人との遊びを楽しみアイコンタクトにより共有したり，他の子どもに興味を示すようになる。また，指さしで欲求を伝えたり，応答することができる。この時期の脳神経系の発達は脳幹支配から大脳支配優位となり，人間にしかできないことができるようになっていくが，その一つが意味のあることばを話すことであり，言語表出がみられない場合にはいわゆる「ことばの遅れ」としてスクリーニングの対象となる。ことばの遅れにつながる要因は実に多様であり，知的障害，自閉スペクトラム症，難聴，言語発達遅滞，構音障害などを念頭に，2歳から2歳6か月でフォローアップを実施している自治体も多く，個人差を見極めながら必要な子どもを発達相談や発達支援につなげる契機となっている。乳幼児健

康診査事業実践ガイド（国立成育医療研究センター，2018）には，社会性の発達の把握と支援のポイントについて，①社会性の発達において，1 歳 6 か月は大きなターニングポイントであること，②悉皆^{しっかい}的に地域の子どもの社会性の発達を把握することができ，養育者も気づいていないかもしれない社会性の問題をいち早く把握するという点で，有効なツールを使って社会性のつまずきのある子どもを的確に把握する必要があること，③最も有効性が高いアセスメントツールは，世界的にみても乳幼児期自閉症チェックリスト修正版（Modified Checklist for Autism in Toddlers，M-CHAT）であると記されている。M-CHAT は，英国で 1992 年に考案された CHAT をベースに，米国のロビンらにより開発された自閉スペクトラム症の早期発見を目的として開発された 23 項目から成る質問紙である（Robin, 2001）。親が子どもの現在の発達状況について，はい・いいえで回答する。日本の 1 歳 6 か月児健診に導入した場合の広汎性発達障害（自閉スペクトラム症）[1]のスクリーニング尺度として信頼性と妥当性の検証がおこなわれ，高い有効性が検証されている（神尾，2005）。具体的には，1 歳 6 か月児健診の問診のなかに M-CHAT 質問紙を追加し，基準値を下回る場合にはフォローアップ対象として観察（電話確認，面接）を継続し，親面接や子どもの行動観察，発達検査などの総合的な情報によって最終評価をおこなうものである。M-CHAT によるスクリーニングの意義として神尾（2006）は，より多くのハイリスク児にできるだけ早い時期から特性に適した介入を始めることによって，社会性の発達の促進や，興味に関する有益な技能の開発，そして二次的な情緒・行動の問題の予防につながる道が拓かれ，育児ストレスが原因の親の精神的不健康を予防することに役立つことが期待されるとしている。時代とともに重点課題が変化していくなかで，これらのツールの活用が乳幼児健診の精度の向上につながることが期待される。

　3 歳児になると，ことばは三語文より長くつながり，助詞の使用が増え文章で話す子どももいる。身辺自立が進む（排泄の自立）とともに自己主張も強くなる時期である。また，集団のなかでは同世代とのかかわりを楽しむ様子がみられると同時に，落ち着きのなさや多動が目立ち始める。落ち着きのなさや多

---

1)　広汎性発達障害は当時の診断名である。

動の原因として，注意欠如多動症などの神経発達症の可能性が考えられるが，この時期の子どもは好奇心旺盛であり行動制御が未熟であるため，神経発達症の見極めは慎重になされるべきである。

　日本臨床心理士会が乳幼児健診と乳幼児への発達支援がどのようにおこなわれているかを明らかにするために，全国すべての自治体（自治体数 1,917）を対象におこなった調査結果によると（日本臨床心理士会，2014），①乳幼児健診の要観察・要精密判定の割合は，1 歳 6 か月児健診で 25％，3 歳児健診で 27％であり，判定理由の内訳は，「発育/栄養，身体疾患，発達/行動」であった，②要観察・要精密判定のうち，発達/行動に問題のあった割合は，1 歳 6 か月児健診では，前述①で述べた割合の 43％（全体の 11％），3 歳児健診では 37％（同 10％）であったとされる。本結果でみると，それぞれの健診で 10％前後の子どもが発達や行動面の問題でスクリーニングされていることになる。

　また，同調査の乳幼児健診で発達検査を取り入れているかについての質問結果をみると，1 歳 6 か月児健診では全体の 28％，3 歳児健診では 29％が発達検査を実施していた。発達検査の種類として新 K 式検査が 1 歳 6 か月児健診で全体の 16％，3 歳児健診で 17％と，取り入れられている検査としては最多であった。新 K 式検査の検査項目を抜粋して実施している京都府の A 自治体の例でみると，1 歳 6 か月児健診で「なぐり描き」「指さし行動」「円板回転（はめ板）」「積木の塔 3」「語彙 3 語」「絵指示」「身体各部」，3 歳児健診で「形の弁別Ⅱ」「円模写」「十字模写」「家の模倣」「表情理解Ⅱ」「絵の名称Ⅱ」「長短比較」「年齢」「姓名」「了解Ⅰ」「数選び 3（3 個が難しい場合は 2 個でみる）」が使用されている。このような活用は，標準化された基準があるため判定の精度管理がしやすいことや，保健師が子どもの発達のマイルストーンを理解し，発達のスクリーニングの視点を獲得する機会となっており，新 K 式検査の母子保健における活用のモデル事例であるといえる。一方，新 K 式検査の 2020年版の改訂では，発達障害の支援ニーズの増大や乳幼児健診における発達障害のスクリーニングの重点化などを受けて，社会性の発達にかかわる評価尺度の充実が求められるようになり，新たな項目追加が検討され導入につながった。〈言語・社会〉領域の「指示への応答」「人形遊び」「じゃんけんⅠ」「じゃんけんⅡ」「絵並べ」である。「人形遊び」（1:6 超～ 1:9）は，検査者が人形にごは

んをあげるふりをし，子どもにも同じようにするよう求める課題であり，これには言語理解，模倣，注意，三項関係の成立などの視点が含まれている。「指示への応答」（1：9超〜2：0）は，スプーンやコップという具体物が提示されるとただちに手を伸ばして操作を開始するが，そこで検査者の「コップはどれ？」「コップちょうだい」に応じるには，言語理解に加えてすでに手に取っている物をいったん置くなどの開始した行動の制御や注意の切り替えなどの視点が含まれている（新版K式発達検査研究会，2020b）。これらの2020年版で加わった項目についても，個別の検査場面のみでなく乳幼児健診での導入が検討される可能性があり，新たな知見が蓄積されることに期待したい。一方で，新K式検査は，乳幼児健診そのものよりも健診後のフォローアップの機会として準備されている発達相談の機会においてより広く使用されている現状がある。

［2］　5歳児健診事業について

　5歳児健診事業は1996（平成8）年度に鳥取県の一つの町で開始され，2007（平成19）年度には鳥取県内のすべての自治体に広がり，その後全国の自治体に広がった経緯がある。小枝（2005）は，鳥取県の取り組みから，落ち着きのなさや特異的な認知障害，対人関係の障害などは3歳児健診までの乳幼児健診では気づきにくい問題であり，5歳を過ぎてからおこなう新たな健診ないしは発達相談の設置が必要であると指摘した。その際，健診と事後相談を一つのパッケージとして養育者の子育て不安や育てにくさなどの訴えに寄り添う形で継続的にみていく体制が，知的な遅れが明らかではない発達障害児の適正な発見と学校教育へのつなぎの役割を果たすことを指摘し，そのモデルを示した。さらに，5歳児健診での発達障害児の発見について，2004（平成16）年度の鳥取県の5歳児健診受診児について分析し，軽度発達障害に該当するものが6.7％あり，そのうち3歳児健診で発達上の問題の指摘がなかったものは軽度精神遅滞児の38.5％，注意欠陥多動性障害児の58.9％，広汎性発達障害児の42.9％，学習障害疑い児では100％であったとしている（小枝，2004）[2]。山口（2009）は，通常学級に所属する特別な支援を要する子ども285人の乳幼児健

---

2)　軽度発達障害，軽度精神遅滞，注意欠陥多動性障害，広汎性発達障害，学習障害は当時の診断名である。

診結果を後方視的に調査し，1 歳 6 か月児健診，3 歳児健診で発達の問題があると指摘された割合はそれぞれ 24.9％，31.2％であったと報告している。なかでも，学習障害や注意欠陥多動性障害児の指摘率は極めて低かったことから，乳幼児健診でとらえることが難しいこれらの発達障害については，5 歳時点でのチェックを設けることが必要と述べている。健診とともに整備が必要なのが事後支援であるが，小枝（2017）は，子育て相談，心理発達相談，教育相談の機会を整備することが適当であるとし，気づきの場としての健診だけでなく，気づきを深める場としての事後相談を整えておくことで，軽微な問題行動への対処法を伝授することもでき，その結果，療育機関まで行かずに済む例も少なくないと述べている。また，大分県での 5 歳児健診受診児の小学生でのフォローアップ結果から，不登校の発生率の減少がみられたとの報告があり（Korematsu, 2016），5 歳児健診が学校生活へのスムーズな移行に有効であることが検証されている。

　このように 5 歳児健診の有効性についての共通認識が浸透しているにもかかわらず，その実施状況は厚生労働省による 2021 年度の調査で 15％と，必要性は高く認知されながらも，自治体の予算やマンパワー不足により実施率が伸びなやむという現状にあった。このようななか，こども家庭庁は，5 歳児健康診査に対する予算措置の開始を自治体に通知した（「母子保健医療対策総合支援事業」の実施について（令和 5 年補正予算分）（令和 5 年 12 月 28 日付））。本通知で 5 歳児健診の目的は，「幼児期において幼児の言語の理解能力や社会性が高まり，発達障害が認知される時期であり，保健，医療，福祉による対応の有無が，その後の成長・発達に影響を及ぼす時期である 5 歳児に対して健康診査を行い，こどもの特性を早期に発見し，特性に合わせた適切な支援を行うとともに，生活習慣，その他育児に関する指導を行い，もって幼児の健康の保持及び増進を図ること」と記されている。鳥取県での 5 歳児健診の開始から自治体への予算措置に至るまでにおよそ 20 余年が経過したことになるが，今回の予算化が今後の母子保健施策とその後の特別支援教育の推進に大きな影響をおよぼすこととなるだろう。

　筆者は京都府の保健所に在職時に，市町村と協働して 5 歳児健診事業（発達相談を含む）の立ち上げ（モデル事業の実施）に携わり，その後も事後支援と

しての発達相談を通じて継続的に子どもと養育者に出会う機会を得ている。こ
れらの経験を踏まえ，事業概要やその意義について紹介する。本事業の目的は，
「①子どもに対する理解を深め，発達障害や種々の要因による集団不適応など
の発達上の課題に対し，保護者と保育者が共通理解の基に，個別的および集団
的援助によって子どもが持てる力を十分に発揮できるように養育環境を整える
こと，②保護者が乳幼児期の子育てを振り返り，育児不安を軽減するとともに，
主体的に必要な支援を活用し，親子で楽しく就学期を迎える準備を始める契機
とすること」（弓削，2009）にある。このように発達障害のスクリーニングのみ
を目的とするのではなく，さまざまな要因により「集団が苦手な子ども」とそ
の養育者に対する介入の契機とし，そのことにより子どものもてる力が発揮さ
れやすい環境を整えることを目的としている。内容は，養育者と保育者に問診
票（発達および行動面に関することを含む）への記入を求め，集団観察（園に
専門職がチームで出向き実際の様子を確認する）をおこない，さらに健診事業
とする場合には医師会の協力を得て医師の診察が加わる。また，事後支援とし
て発達相談（新K式検査で発達を評価），発達クリニック（小児科医による相
談），ペアレント・トレーニングや事後支援教室（ソーシャルスキルトレーニ
ングなどを取り入れた療育），教育相談などの機会が提供される。要支援（発
達の評価や個別の支援が望まれる）と判定された割合は平均して7～8％あり，
そのなかで3歳児健診までに何らかの発達の課題を指摘されていた者はおよそ
1/3と小枝（2004）による報告と近似している。要支援判定の子どものアセス
メントや支援を通じて得られたことは，発達の特性が顕著にみられる（診断域
にあると考えられる）ケースもあるが，診断域下と考えられるケースも少なく
ないことであり，5歳児健診を契機として養育者と保育者が子どもの発達の特
性を理解し，より良い環境を提供できるように支援できること，すなわち予防
的な介入ができる機会としての意義が確認された。就学後の経過を追えたケー
スでは，小学生でより問題が顕著となった結果，医療受診につながる例もある
が，養育者の理解や受容が進み適切な対応や環境調整がおこなわれたことで，
問題の深刻化に至らずにすむケースも少なくない。郷間（2022）は，発達的に
診断域下の事例の長期にわたる診療経過とともに新K式検査の結果を報告し
ている。そのなかで，診断域下の子どもは診断例より多数存在し，成長の過程

で不適応をきたす可能性があること，診断域下の場合でも発達の状態や得意・不得意を理解しておくことにより，困難さが表面化した際に適切な対応や支援が可能になるだろうと述べている。5歳児健診後の発達相談の意義は郷間の指摘に合致する。すなわち，診断域か否かにかかわらず子どもの発達の状態を確認し，どのようなかかわりや環境がより適切かについて養育者が知る機会があることが，その後の不適応の予防や早期対応に重要となる。一方，養育者の状況として，我が子の対応に行き詰まり育児不安が高まっている場合や，「我が子の発達や行動の状態をどう理解していいかわからない」という主訴がある場合も少なくない。背景には知的な発達の遅れがないことや，社会性や行動の特性ゆえのとらえにくさがあると考えられる。弓削（2009）は，5歳児健診受診児の1年後の経過を追跡し，要支援と判定された集団が苦手な子どもでは，1年後に「かんしゃくをおこしやすい」「注意しても聞かない」「こだわりがつよい」といった項目の改善が認められたことから，養育者と保育者が子どもの発達課題に気づき日常生活できめ細やかな配慮をすることで，子どもの行動が変化しうることを報告している。このように5歳児健診事業は，乳幼児健診からの流れのなかで，集団生活における発達課題に対する気づきと支援のスタートが可能となり，さらには特別支援教育へのスムーズな移行が可能となることや，幼児期後半の養育者への育児支援の機会としての意義が大きい。

［3］母子保健活動のなかで新版 K 式発達検査をおこなう場合の留意事項

　乳幼児健診や事後の発達相談で発達上の課題の指摘を受けることは，養育者の視点で考えると非常に繊細なものであり，実施者には養育者の思いを把握したうえでの丁寧な対応が求められる。核家族化により大家族で育つという機会は減少し，年上の子どもが弟や妹の世話をするということなく育った世代が現在の親世代であり，子どもというものに接触することなく親になることも少なくない。子どもにかかわる専門職にとっては発達の知識は基本的なことであるが，養育者にとってはそうではないことを理解しておく必要がある。実際の臨床場面で，指摘を受けるまでまったく気づかなかった，あるいは疑問に思わなかったという養育者に出会うことも珍しくない。スクリーニングの結果を「気づきの機会」ととらえ，気づきを理解へ，そして子育てにつなげていけるよう

導くことが求められる。保健機関の特性として，「すべての住民にアプローチ
できる」ことがあり，養育者と子どもに対して予防的介入がおこなえる意義は
大きい。問題の指摘に終わるのではなく，養育者がまずは我が子の発達の特性
について理解できるよう説明し，生活上の困り感について一緒に考え，養育者
の育児スキルを高める機会をさらに充実させる必要がある。

　新 K 式検査は，量的な側面（発達年齢，発達指数）とともに質的な側面（子
どもがどのように検査に取り組み反応したか）が得られるという点に大きな意
味がある。門（2015）は「一つ一つの検査課題が，その子どもにとってはどう
いう性格のものであり，その出来不出来がその子どものメリハリをどう反映し
ているかを考えることで，検査結果を支援に生かすことができるでしょう」と
述べている。量的な結果のみではなく，質的な結果から支援の手立てについて
考え，養育者に提案できることが大切であるといえる。知的な遅れはないが
「アンバランスさや偏り」を有する子どもが増加するなか，新 K 式検査の量的
側面と質的側面によるアセスメントが，これからの母子保健活動においてさら
に活用されるだろう。

4．おわりに

　小児の特徴には，①成長・発達すること，②身体的・精神的に未熟であるこ
と，③家族や社会などの環境の影響を受けやすいこと，が挙げられる。生澤
（1985）は「発達診断とは，子どもの健康，教育，福祉などの問題を，発達とい
う観点からとらえ，必要な予防，治療，教育上の対策を講じてゆこうとすると
ころに要請された概念である。発達的観点とは，一言で表現するならば子ども
と子どもがおかれている状況を全体的にとらえていこうとする立場であるとい
うことができよう。すなわち，子どもを環境との相互作用を通じて成長・発達
する存在としてとらえ，医療，保健衛生，福祉などの観点からだけでなく，望
ましい心理的，教育的，社会・文化的諸条件についてもあわせて検討していこ
うとするところに，特色がある」と述べており，子どもの発達をとらえる際に
は常に環境の影響を考慮することが必要となる。

　近年の子どもの心身の健康問題として，神経発達症や心の不調に対する医療

ニーズの増加，児童虐待，不登校，貧困，インターネット・ゲームや薬物など
への依存の低年齢化などが挙げられるが，これらの背景には養育環境や社会環
境要因が密接にかかわっている。2019 年末に始まった新型コロナウイルスに
よる世界的パンデミックの事態は子どもの発達や心理面に大きな影響をもたら
し，その影響は長期にわたる可能性がある。また，小学校・中学校・高校生の
自殺者数は 2022 年に 514 人と過去最多となった（厚生労働省，2022）。小児医
療，母子保健関係者には，子どもと子どもを取り巻く環境要因をアセスメント
し，予防的対応を強化することが今後さらに求められる。発達診断は子どもの
実態をとらえ支援を考えるスタートとなるだけでなく，養育者にとっては，子
育てや子どもとのかかわりに新たな視点をもてる機会にもなる。一人ひとりの
子どもがその子らしさを発揮できる環境が提供されるよう，これからの新 K
式検査の活用の広がりに期待したい。

引用文献

郷間英世（2015）．障害児をとりまく現状から発達検査の役割と課題を考える―小児神
　　経医としての立場からの検討　発達・療育研究（京都国際社会福祉センター紀要），
　　11（別冊），1-8.

郷間英世（2022）．医療機関の発達外来における新版 K 式発達検査の利用を中心に　発
　　達障害研究，*43*, 352-364.

生澤雅夫（1985）．発達診断の意義　生澤雅夫（編）　新版 K 式発達検査法―発達検査の
　　考え方と使い方―（pp. 257-258）　ナカニシヤ出版

厚生労働省（2015）．母子保健関連施策　Retrieved February 20, 2024, from https://
　　www.mhlw.go.jp/file/05-Shingikai-12401000-Hokenkyoku-Soumuka/0000096263.
　　pdf

厚生労働省　自殺の統計：各年の状況　Retrieved February 20, 2024, from https://
　　www.mhlw.go.jp/stf/seisakunitsuite/bunya/hukushi_kaigo/seikatsuhogo/jisatsu/
　　jisatsu_year.html

河野由美（2015）．極低出生体重児の予後　小児内科，*47*, 316-322.

門眞一郎（2015）．児童精神科医からみた新版 K 式発達検査―支援のためのアセスメン
　　ト・ツールとして―　発達・療育研究（京都国際社会福祉センター紀要），*11*（別
　　冊），9-13.

神尾陽子（2005）．乳幼児健康診査における高機能広汎性発達障害児の早期評価及び地
　　域支援のマニュアル開発に関する研究　厚生労働科学研究　課題番号（H16-子ど
　　も-018）.

神尾陽子（2006）．1 歳 6 か月健診における広汎性発達障害の早期発見についての予備的研究　精神医学，*48*, 981-990.

こども家庭庁（2023）．母子保健医療対策総合支援事業　Retrieved February 20, 2024, from https://www.cfa.go.jp/policies/boshihoken/tsuuchi/2023/

小枝達也（2004）．軽度発達障害児の発見と対応システムおよびそのマニュアル開発に関する研究　厚生労働科学研究費補助金報告書

小枝達也（2005）．注意欠陥/多動性障害と学習障害の発見について―鳥取県における 5 歳児健診の取り組みと提案　脳と発達，*37*, 145-149.

小枝達也（2017）．5 歳児健診：20 年間の経験　認知神経科学，*19*, 7-13.

国立成育医療研究センター（2018）．乳幼児健康診査事業実践ガイド　Retrieved August 5, 2024, from https://www.ncchd.go.jp/center/activity/kokoro_jigyo/guide.pdf

Korematsu, S., Takano, T., & Izumi, T. (2016). Pre-school development and behaivior screening with a consecutive support programs for 5-years-olds reduces the rate of school refusal. *Brain and Development, 38*, 373-376.

日本臨床心理士会　福祉領域委員会　発達障害支援専門部会（2014）．乳幼児健診における発達障害に関する市町村調査報告書

Robin, D. D., Fein, D., Barton, M. L., & Green, J. A. (2001). The Modified Checklist for Autism in Toddlers: An initial study investigating the early detection of autism and pervasive developmental disorders. *Journal of Autism and Developmental Disorders, 31*, 131-144.

社会保険研究所（2022）．医科診療報酬点数表第 42 版　社会保険研究所

新版 K 式発達検査研究会（2020）．新版 K 式発達検査 2020 実施手引書　京都国際社会福祉センター

新版 K 式発達検査研究会（2020）．新版 K 式発達検査 2020 解説書（理論と解釈）　京都国際社会福祉センター

津守　真・稲毛教子（1961）．乳幼児精神発達診断法　0 才〜3 才まで　大日本図書

津守　真・稲毛教子（1965）．乳幼児精神発達診断法　3 才〜7 才まで　大日本図書

山口志麻・高田　哲（2009）．通常学級に所属する特別な支援を要する子どもの実態と乳幼児健診結果の後方視的検討　脳と発達，*41*, 334-338.

弓削マリ子・全　有耳（2009）．5 歳児モデル検診受診児の 1 年後の検討　脳と発達，*41*, 269-274.

第7章

早産・低出生体重児と新版 K 式発達検査

加藤寿宏・松島佳苗

1．はじめに

　周産期医療の進歩により，新生児の生存率は大きく改善されてきた。現在，我が国の新生児死亡率は 1000 出生あたり 0.8 人であり（2022 年），世界で最も低い値となっている（厚生労働省，2023）。なかでも，在胎 22 週から 37 週未満で誕生した早産の子どもの生存率は，在胎週数が早い子どもほど大きく改善している（河野，2023：図 7-1）。また，日本において，体重が 2500g 未満で出生する低出生体重児の割合は，9.4％（2021 年）であり（母子衛生研究会，2023），これは東アジア・太平洋地域での平均割合 6％を上回っている。

　早産で出生した子どもは体重も少ない傾向にあり，そのような早産と低出生体重の両方の基準に該当する子どもを早産・低出生体重児という。新生児死亡率の改善は，早産・低出生体重児の生命予後の改善に他ならない。しかし，早産・低出生体重で出生した子どもは，長期的な疾病や障害を合併する割合が高く，生命予後の改善の一方で，生存児に起こり得る障害への対応が周産期医療の課題となっている。

　本章では，近年，臨床の場で出会うことが多い，早産・低出生体重児の発達特徴と新版 K 式発達検査（以下，新 K 式検査とする）を実施するうえの留意点を解説する。また，本章の最後では，早産・低出生体重児の発達支援の経過をとらえるうえで，新 K 式検査の有用性と限界について，事例を通して紹介する。

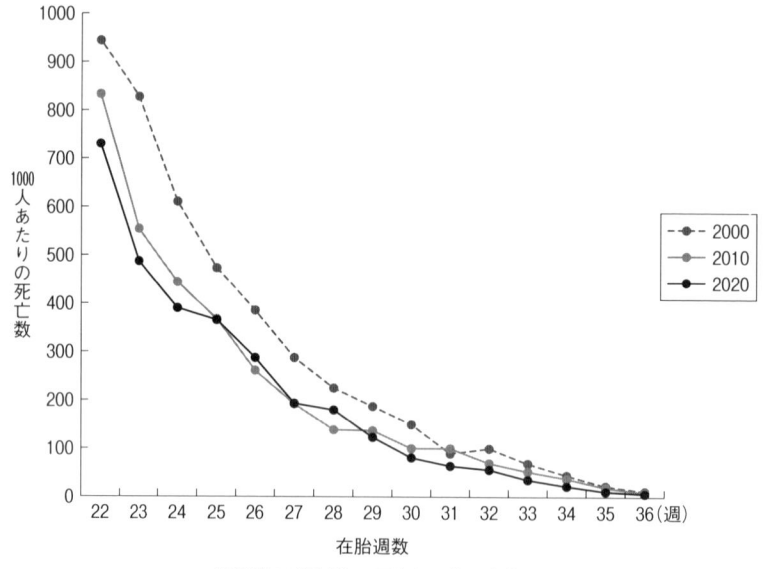

$$周産期死亡率 = \frac{妊娠満 22 週以後の死産と日齢 7 未満の新生児死亡数}{年間出生数＋年間の妊娠満 22 週以後の死産数} \times 1,000$$

図 7 - 1　在胎週数別の周産期死亡率（1000 対）（河野，2023）

2．早産児，低出生体重児とは

　人は在胎約 40 週（母親の最終月経の第 1 日目から数えての週数）で誕生する。早産児とは，在胎 22 週 0 日から 36 週 6 日までに出生した子どもが該当する。早産児のなかで，22 週以上 28 週未満で出生した子どもを超早産児，34 週以上 37 週未満で出生した子どもを後期早産児という（図 7 - 2 ）。

　超早産児の生命，障害のリスクが高いことは理解できる。後期早産児については，正期産児（37 週以上 42 週未満）に近い週数で出生しているにもかかわらず，後期早産児といわれる理由は，日本において早産児に占める後期早産児の割合が 8 割と高く，哺乳困難，呼吸障害，感染，無呼吸，低血糖，高ビリルビン血症，体温調節異常などの問題を正期産児と比較し引き起こしやすいことから，後期早産児として注意されている。

22 週	28 週	32 週	34 週	37 週	42 週

早産児
超早産児　　　　　　　　　　極早産児　　　　　中等度早産児　後期早産児

　　　　　　　　　　　　　　　　　　　　正期産児　　　　　　過期産児

図 7 - 2　　在胎期間による新生児の分類

	1000 g	1500 g	2500 g	4000 g

超低出生体重児

極低出生体重児

低出生体重児

　　　　　　　　　　　　　　正出生体重児　　　　　　高出生体重児

図 7 - 3　　出生体重による新生児の分類

　低出生体重児のなかでも，1000g 未満の子どもを超低出生体重児，1500g 未満
の子どもを極低出生体重児という（図 7 - 3）。また，AGA（appropriate for
gestational age）児，SGA（small for gestational age）児という用語もある。
AGA 児は，在胎期間別出生時体格基準値で出生時の体重が 10% タイル以上
90% タイル未満（100 名の子どもの体重を軽い方から順に数えたとき 10 番目
にあたるのが 10% タイル，90 番目にあたるのが 90% タイルとなる）の子ども
であり，SGA 児は，在胎期間別出生時体格基準値で出生時の体重が 10% タイ
ル未満の子どもである。例えば，30 週の胎児の体重を在胎期間別出生時体格基
準値で調べると平均体重は約 1500g であり 10% タイルは約 1200g，90% タイル
は約 1700g である。30 週で出生した A ちゃんの体重が 1400g だった場合，「極
早産児・極低出生体重児，AGA 児」となる。35 週で A ちゃんと同じ 1400g で
出生した B ちゃんの場合は，35 週の平均体重は約 2000g であり 10% タイルは
約 1800g，90% タイルは約 2300g であるため，「後期早産児・極低出生体重児，
SGA 児」となる。AGA 児と SGA 児を比較した場合，AGA 児は胎内で順調に
発達していたことが推測されるが，SGA 児は何らかの原因で胎内での発達に

支障があった可能性があるため，AGA 児に比較し SGA 児の方が障害のリスク
は高くなる。

3．早産・低出生体重児にみられる主要疾患

　満期産児は，呼吸循環機能，代謝機能，体温調整機能，消化排泄機能など生
命維持に必要な機能が，胎外で適応できるまでに発達した状態で出生する。し
かし，早産・低出生体重児は，これらの機能が未発達なまま誕生することにな
る。ここでは，とくに運動機能，認知機能と関連する障害を引き起こす可能性
が高い中枢神経疾患を取り上げて解説する。

［1］新生児脳室内出血（intraventricular hemorrhage, IVH）

　IVH は，在胎 32 週未満の子どもに多く発症する，脳室周囲または脈絡叢の
血管破綻による出血であり，新生児死亡や後遺症の原因と成り得る疾患である。
　出血が広がる範囲により Grade Ⅰ～Ⅳに分類されるが，出血の広がりが脳室
内の 50％以上で脳室の拡大を伴う（出血後水頭症に進行する場合もある）
Grade Ⅲ以上では神経学的後遺症を残す可能性は 50％以上であるとされてい
る（Volpe, 2008）。また，3 歳時点での脳性麻痺の割合は Grade Ⅰ～Ⅱでは
12.6％，Grade Ⅲ～Ⅳでは 39.7％にみられる。また 3 歳時点での知的能力症
（DQ（発達指数）＜70）は Grade Ⅰ～Ⅱでは 19.5％，Grade Ⅲ～Ⅳでは 43.8％
にみられ，いずれも grade が高いほど障害の発生率は高い（鍋谷他，2010）。

［2］脳室周囲白質軟化症（periventricular leukomalacia, PVL）

　PVL も，在胎 32 週未満の子どもに多く発症する脳の深部白質の虚血性病変
であり，その範囲は，軽症例では頭頂葉から後頭葉，重症例では前頭葉から後
頭葉まで広範におよぶ。近年，周産期管理の進歩により 32 週未満で発症する
PVL は 3 ％未満に減少している。しかし，PVL の虚血性病変は，両側の下肢
の運動神経を含むことが多いため，下肢に運動障害が強い脳性麻痺の痙直型両
麻痺となる。さらに，病巣の大きさによって，四肢麻痺となることもある。
　PVL は運動障害のみでなく，傷害部位が後頭葉の視覚情報経路とも重なる

ことが多いため視覚認知障害や視野欠損など視覚機能と関連する障害が生じやすい。さらに，前頭葉まで傷害部位が拡大している場合，知的能力症や注意障害，行動障害を併発する。

[3] 未熟児網膜症

　早産児の視力障害の主要な原因は未熟児網膜症であるが，未熟児網膜症を発症した子どもには，高頻度で近視や斜視，白内障，緑内障がみられる。

4．早産・低出生体重児と発達の障害

　早産・低出生体重児は正期産・正出生体重児と比較し，さまざまな発達の障害を併発することが多い。カナダ，ドイツ，オランダの 3 か国の早産・低出生体重で出生した子どもの 12 〜 16 歳時点の発達を調査した研究では，国による差はあるものの認知機能（21 〜 59%），感情（情動）（23 〜 35%），表出言語（21 〜 48%），視覚機能（26 〜 42%），聴覚機能（ 1 〜 4 %），歩行（ 3 〜 10%）に機能制限があった（Verrips et al., 2008）。

　早産（在胎 26 週未満）で誕生した英国の子どもを対象に，19 歳時点で複数の神経心理学検査（知能検査，3 種類の実行機能検査，視覚運動統合の検査）を実施した研究では，WAIS 知能検査（Wechsler Adult Intelligence Scale）の結果は，平均 85.9 であり，IQ70 未満が 15.1% であった。これは 11 歳時の8.4% と比較し，6.7% 増加していた。また，実施した神経心理学検査のなかでは，視覚運動協応を評価する Beery Visual Motor Integration（Beery VMI）の視覚運動統合（図形を模写する検査）が 76.9（平均 100 ± 15）と最も低い結果であった（O'Reilly et al., 2020）。

　日本では，全国の周産期センターが参加している新生児臨床研究ネットワークのデータベースをもとにした 3 歳時点での研究がある。出生体重 1000g 以下の超低出生体重児の 9.2% が脳性麻痺であり，新 K 式検査において DQ70 未満の子どもは 23.6% であった。また，視覚障害（片側の失明または弱視）は5.6% であった。出生体重 1000 〜 1500g の子どもでは，脳性麻痺 4.8%，DQ70未満 10.2%，視覚障害 1.2% であった（河野，2020）。

　早産・低出生体重児と注意欠如多動症（ADHD）や自閉スペクトラム症（ASD）などの神経発達症との関連についても，多くの報告がある。しかし，診断名は同じであっても正期産児の神経発達症とは異なる臨床像を示すことも数多く報告されており，同一の障害としてとらえることは注意が必要である。

　ADHD については，8 歳時の評価において超低出生体重児の 10％が不注意優勢型 ADHD，5 ％が混合型 ADHD であったと報告されている（Hack et al., 2009）。また，11 歳時の評価において 26 週未満で出生した子どもの 11.5％が ADHD を合併しており，不注意優勢型 7.1％，混合型 4.4％と報告されており（Johnson et al., 2010），早産・低出生体重児では ADHD のリスク，とくに不注意の傾向がより高いことが知られている。国内では 2011 ～ 14 年の 4 年間に，宮城県で出生した 1250g 未満の子どもを対象とした「さとめんこ」研究において，5 歳時点で 9.7％の子どもが ADHD と診断されている（高橋，2014）。また，同じ「さとめんこ」研究で，1250g 未満の子ども 174 名を対象にした 5 歳時点の日本版 DN-CAS 認知評価システムを用いた研究では，「プランニング」と「注意」といった実行機能に関する評価領域で得点が低かったことが報告されている。

　ASD については，米国の 10 歳時の評価において超早産児の 7.1％（27 週では 3.4％，25 ～ 26 週では 6.5％，23 ～ 24 週では 15％と在胎週数が短いほど割合は多くなっている）が ASD と診断されている（Joseph et al., 2017）。また，極低出生体重児では ASD の発症のリスクは，正期産児に比べて 2 ～ 3 倍高いことが報告されている（Lampi et al., 2012）。

　限局性学習症（SLD）に関しては，英国の早産児（26 週未満）の 11 歳時点を対象とした研究で，正期産児 3 ％に対し 14％の子どもが SLD であった（Johnson et al., 2016）。アールナウドス・モーン他（Aarnoudse-Moens et al., 2009）はメタ分析により，早産・低出生体重児（33 週未満，1500g 未満を対象）は正期産児に比べて，数学テストで 0.60SD（標準偏差），読解テストで 0.48SD，綴り（スペリング）テストで 0.76SD 低いことを報告している。

　早産・低出生体重児のなかには，脳性麻痺などの明らかな運動障害や知的能力障害，視覚障害はないものの，手先の不器用さ，粗大運動のぎこちなさなど協調運動が苦手な子どももいる。協調運動の問題は，身辺処理に時間がかかる，

読みやすい文字を書くことが難しい，学習道具（はさみ，定規）の使用が難しいなど，家庭，学校生活に影響をおよぼす。このような子どもは，神経発達症の一つである発達性協調運動症（DCD）と診断されることも多い。1250g 未満で出生した子どもを対象とした 3，4 歳時点での研究では，42％が DCD と判断されている（Zwicker et al., 2013）。また，レビュー論文では，32 週未満1500 g 未満で誕生した子どもの障害のリスクは，正期産児に対しオッズ比が6.29（95％信頼区間 4.37-9.05）であり，リスクが高いことが示されている（Edwards et al., 2011）。

5．早産・低出生体重児にみられることが多いその他の臨床像

　脳性麻痺や神経発達症などの診断はなくとも，これらの疾患・障害に類似したその他の臨床像を示すことがある。

［1］姿勢・運動について
　早産児の多くは，体幹の筋緊張が低いため重力に抗して持続的に姿勢を保持することが難しい。人の筋線維は赤筋（タイプⅠ）と白筋（タイプⅡ）に区別され，体幹など持続的な筋収縮が必要な部位は赤筋，手足などの速い運動が必要な部位は白筋が多く筋肉に含まれている。しかし，胎児期においては未分化な状態であり赤筋と白筋の区別はなく（タイプⅡに近い筋線維），胎生 20 週目頃より赤筋と白筋に分化し始め，誕生時にはほとんど分化を完了する。しかし，早産で誕生した子どもは，赤筋と白筋が未分化な状態で誕生する。そのため，姿勢を保持する体幹筋に本来多く混じっているはずの赤筋が十分になく，持続的な姿勢保持が困難な子どもも多い。
　また，体幹筋は上肢の運動の土台となる肩甲骨周囲の筋肉ともつながっている。上肢の運動のなかでも手先の器用さは，生活をおこなううえで重要である。肩甲骨周囲の筋肉と手先の器用さは関連がないように思えるかもしれないが，手指を器用に動かすには，その土台となる体幹や肩甲骨が安定していなければならない。

［2］感覚の問題について

　早産児には，感覚刺激に対する過剰な反応や低反応など感覚の問題（感覚調整障害（sensory modulation disorder）（感覚処理障害（sensory processing disorder）））がある子どもが多いことが知られている。37 週未満で誕生した早産児（平均 32.6±4.1 週，出生体重 1060 ～ 2268g）を対象に 5 歳時点の感覚特性について，感覚プロファイル（養育者が記入する質問紙）を用い調査した研究では，満期産児と比較し，感覚に対する過剰反応（感覚過敏，感覚回避），低反応（低登録，感覚探求）ともに有意にスコアが高かった。32 週未満で誕生した 1 ～ 8 歳の早産児の研究でも同様の結果が報告されている（Yildiz & Yildiz, 2020）。早産児の感覚の問題は，刺激に対する過剰反応だけでなく低反応を示す子どももおり，その割合は過剰反応を示す子ども（11%）よりも多く，24%であった。さまざまな感覚様式のなかでも聴覚，触覚，前庭感覚の問題が多い（Wickremasinghe et al., 2013）。

　感覚の問題は，注意，覚醒，情動，行動にも影響をおよぼす。例えば，感覚刺激に対し低反応の子どもは，覚醒水準が低くぼーっとしやすく，注意の持続が難しいことが多い。また逆に，過剰反応がある子どもは，覚醒水準が高く興奮しやすい，衝動性がある，不安が強いなどの特性を示すことがある。

［3］睡眠と覚醒の問題について

　感覚の問題と覚醒との関連は前述したが，睡眠と覚醒はいわば裏表の関係にある。早産児は，睡眠の問題があることが多い。早産児では生後 3 か月の時点において未熟な睡眠脳波パターンを示すこと（Guyer et al., 2019）や，5 ～ 12 歳時点でも睡眠時間の短縮，睡眠効率の低下がみられること（Yiallourou et al., 2018）が報告されている。また，1 歳半になった早産児において睡眠中の体動が有意に多いことも示されている（安積・高田，2011）。睡眠中の体動の多さは ADHD にもみられ，ADHD の 73.3%（軽度 28.5%，中・重度 44.8%）に睡眠障害がある（Sung et al., 2008）ことから，早産児と ADHD 児に共通の睡眠覚醒障害がある可能性も考えられる。

［4］情動と行動の問題について

　29 週未満で出生した 3 歳 6 か月児と正期産児を対象とした研究では，早期
産児は正期産児と比較しフラストレーションと不安が有意に高い結果であった
（Witt & Theurel, 2014）。また，6 〜 10 歳児（26 〜 36 週で出生）を対象とし，
ストレス時に増加するコルチゾールを安静時に測定した研究では，早産児は正
期産児と比較し有意に高い傾向であった。ストレスが加わる課題後の検査では，
正期産児ではコルチゾールは増加しなかったが，早産児では有意に増加し，と
くに女児にその傾向が強かった（Quesada et al., 2014）。

　行動については，抑制の困難さが示されており，9 〜 12 歳を対象とした研
究では，早産児は，止まらなければいけない状況で待つことが難しく，短時間
で反応してしまい，行動の停止が困難であることが示された（Réveillon et al.,
2016）。

［5］実行機能について

　実行機能は，問題解決や目標達成を効率よくおこなうために，思考・行動・
情動を意識的に制御する高次脳機能である。実行機能は，課題に取り組む方略
を形成するプランニング，課題と関連する情報を保持・操作する能力である
ワーキングメモリ，課題と関連しない情報を抑える能力である抑制，課題と関
連する複数の情報を切り替える能力であるシフティングなどの認知処理を含ん
でいる。

　ムルダー他（Mulder et al., 2009）の系統的レビューにおいて，早産・低出生
体重児は，正期産児・正出生体重児と比較しプランニング，ワーキングメモリ，
抑制，シフティングのすべてにおいて弱さがあることを報告している。また，
極早産児の実行機能の弱さは，運動障害や全般的な知的能力障害を統制しても
観察されることが報告されている（Nosarti et al., 2007）。

［6］親の育児不安について

　早産児や低出生体重児の育児において，親の育児不安は正期産児・正出生体
重児の親に比べて強く，長期にわたることが明らかになっている。その不安の
内容の多くは，子どもの将来の成長や発達・健康についてであった（石野他，

2006；上野他，2000；山口・遠藤，2009）。

6．早産・低出生体重児と新版 K 式発達検査

　早産・低出生体重児に新 K 式検査を用いた発達の評価が報告されている。倉敷中央病院において 1500g 未満で出生した 259 名を対象とした 3 歳時点の調査では，DQ85 未満は 106 名（40.9％）であった（岩﨑他，2016）。また，大鶸（2004）による 1500g 未満で出生した 57 名を対象とした 3 歳時点の研究では，平均 DQ は 88.8±11.5 であり DQ85 未満の児は 33％であった。領域別では〈姿勢・運動〉領域 92.1±16.3，〈認知・適応〉領域 88.6±10.5，〈言語・社会〉領域 87.2±15.4 であり，〈言語・社会〉領域が〈姿勢・運動〉領域より有意に低い結果であった。また，出生体重を 3 群に分け全領域 DQ を検討した結果，750g 未満 81.7±11.6，750g ～ 1000g 未満 87.1±11.6，1000g ～ 1500g 未満 92.7±10.1 であり，750g 未満の群が 1000g ～ 1500g 未満の群より有意に低い結果となった。また，領域別では，3 群とも〈言語・社会〉領域が低い結果であった。

　前述の新生児臨床研究ネットワークのデータベースをもとにした研究では，2003 ～ 2012 年に出生しデータベースに登録された 4754 名の 3 歳時点での新 K 式検査の結果が在胎週数別に報告されている。全領域 DQ70 以下の割合は，在胎 22 ～ 23 週で出生した子どもでは約 40％であったのに対し，在胎 26 ～ 27 週では約 20％と在胎週数が短いほど高率であった。〈言語・社会〉領域では DQ70 以下の割合が他の領域に比較し高率ではあるが，DQ70 以上 85 未満の境界領域を含むと，〈認知・適応〉領域と〈言語・社会〉領域はほぼ同じ割合であった（河野，2017：図 7 - 4 ）。

7．新版 K 式発達検査実施上の留意点

　早産・低出生体重で出生した子どもに，新 K 式検査を実施する際の留意点は以下のとおりである。

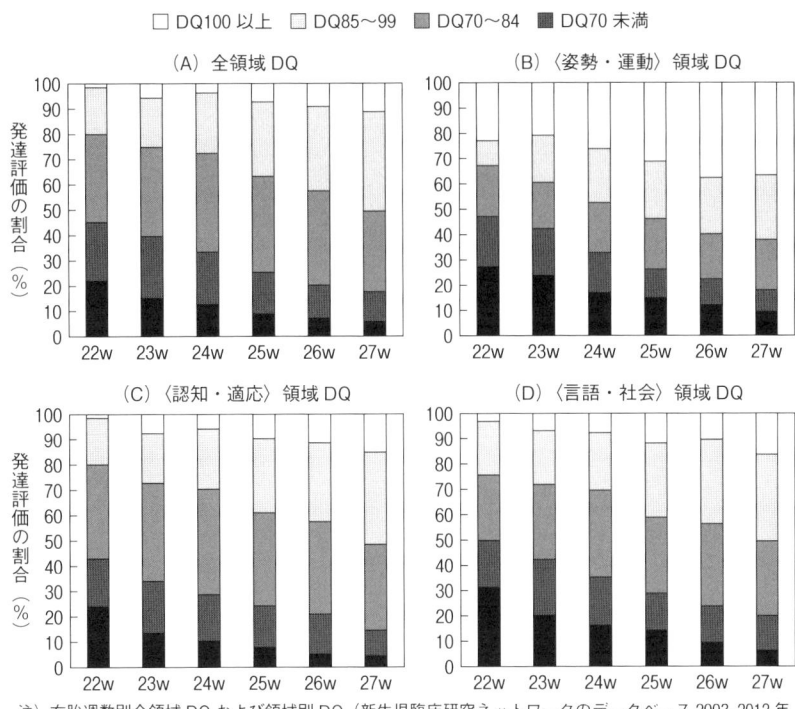

注）在胎週数別全領域 DQ および領域別 DQ（新生児臨床研究ネットワークのデータベース 2003-2012 年出生在胎 28 週未満児 4754 名）。

図 7 - 4　早産児（28 週未満）在胎週数別の 3 歳時 新 K 式検査結果（河野, 2017）

［1］事前準備

（1）検査の実施日・時間

①適切な覚醒の時間を選択する

　子どもの睡眠覚醒リズムに合わせ，適切な覚醒状態の時間に検査を実施する。幼児や学齢児の場合，週末は疲れている，休日に睡眠リズムが乱れるなど，曜日によって覚醒の状態が異なる場合がある。

　また，子どもの状態に合わせ検査日時を決めても，覚醒の状態が適切でない場合もあるため，当日の状態や前日の睡眠状況を把握しておくことが必要である。

　覚醒水準が低い場合は，検査前に身体を動かした活動をおこなう，逆に覚醒

水準が高く少し興奮している状況であれば，静かな遊びをおこなうなど，覚醒の状態を整えてから検査を実施する。

②待ち時間

　検査までの待ち時間が長いと，遊び（おもちゃやスマホ）を止められなくなったり，覚醒水準が低くなりぼーっとしてしまうなど検査実施が難しくなる。そのため来所してすぐに，部屋に入り検査を始める方がよいことが多い。ただ，馴染みのない場所で不安や緊張が強い場合は，場に慣れてから始める方がよいこともある。そのため，事前情報から，子どもに合わせて考えなければならない。

（2）環境の設定と準備

①刺激は可能な限り少なく

　目に入った物や聞こえてくる音に対し，注意がそれやすかったり，立ちあがって確認にいく子どももいる。静かで余分なものが目に入らない部屋がよい。また，検査用具も必要な物以外は子どもの視界に入らないようにする。

②机と椅子

　上肢の操作が必要な課題において，姿勢の安定は重要である。机と椅子は，子どもの体格や姿勢保持能力に合わせ選択しなければならない。椅子は足底がしっかりと着く高さのものにする。体幹の筋緊張が低い場合，臀部が前方にすべり円背となったり，椅子の上に足を上げ，膝を立てて姿勢を安定させたりすることもある。座面に滑り止めマットを敷いたり，クッションなどで座面を安定させることが必要となる。

③保護者の入室

　子ども一人が望ましいが，年少児や不安が強いため，保護者との分離が難しい場合がある。保護者の同室により検査が円滑に進み，信頼性の高い結果を得ることができるなら，同室してもらう。その場合，指示や声かけはしないことを伝えなければならない。とくに，衝動性や多動性がある子どもは，保護者か

らの指示が出てしまうことがある。検査の結果に影響するため，指示や声かけはしないように事前に伝えておく。また，声はかけなくとも，保護者の表情やしぐさがヒントになることもあるため，子どもの視野に入らない位置に座ってもらう。

　前述したように保護者も不安が強いことが多く，子どもができない場合，大きなストレスとなる。事前に，年齢よりも難しい課題も含んでいることを伝えておくとよい。

④子どもの月齢

　早産児の成長発達は，出生した日ではなく出産予定日を基準とした修正月齢で評価される。いつまで修正月齢で評価するかについての明確な基準はないが，成長・発達が著しい3歳（乳児期から幼児期前半）までは，修正月齢（修正年齢）でみていくのが一般的である。しかし，キャッチアップする時期や成長発達過程は，在胎期間や出生時の体格，新生児集中治療室（neonatal intensive care unit，NICU）での経過などの影響により個人差が大きい。

［2］検査の実施

　新 K 式検査は，実施順が決められていないため，子どもの臨床像や検査場面での様子をみながら，検査を進める。原則は，言語指示が複雑でなく，対象児が興味をもちやすい課題（対象物がある課題の方がよい）で，偶然でもできる，当てずっぽうでも答えることができるような課題から始めるとよい。

（1）〈認知・適応〉領域

　〈認知・適応〉領域は，視覚認知と目と手の協応（協調運動）が必要となる課題を多く含んでいる。また，何をすればよいかが見てわかる課題と，教示の理解が必要となる課題がある。

　早産・低出生体重児のなかでも脳室周囲白質軟化症（PVL）がある子どもは視覚認知障害を伴いやすい。視覚認知は，脳内で空間認知と形態・色の認知の2つの経路に分かれて処理されるため，空間認知と形態・色の認知の発達に差がある子どももいる。早産・低出生体重児は，空間認知の障害があることが多

いため，項目としては，斜めの要素を含む「折り紙Ⅲ」「四角構成」「階段の再生」「三角形模写」などが苦手な子どもが多い。そのため，形態の要素を含む「形の弁別」などから始めるとよい。

　「2個のコップ」，「3個のコップ」は，共同注意の有無や自分の興味の優先，待つこと（抑制）の難しさ，物の永続性の理解など，さまざまな発達的側面を評価できるため，対象児の特性をとらえるうえで最初の方に実施するとよい検査の一つである。

　協調運動が含まれる課題は，子どもの手先の器用さについて多くの評価ができる。「積木の塔」や「玉つなぎ」の玉の把持やリリースの仕方，「玉つなぎ」や「折り紙」の際の両手の協調性，筆記具の把持と操作の仕方など，検査結果とは直接関係はないが，観察を丁寧にすることは子どもの状態像の理解に重要である。

（2）〈言語・社会〉領域

　ワーキングメモリの問題がある子どもも多いため，ワーキングメモリが要求される長く複雑な指示，長文で回答しなければいけない課題は苦手であることが多くみられる。また，「数逆唱」も苦手な場合が多い。そのため，「絵の名称」「硬貨の名称」「色の名称」など，対象物があり指示が短く単純で，単語で答えられるものから始めるとよい。

　計算を苦手とする子どもも多いが，新 K 式検査の算数問題は聴覚による文章理解を含む課題が多いため，不通過であった場合，言語理解，ワーキングメモリ，計算など，どの能力が影響を与えているかを，他の下位項目の様子や反応などを含めて考える必要がある。

（3）〈姿勢・運動〉領域

　生活年齢が4歳を超える場合，「ケンケン左右」ができれば，発達年齢は算出しなくてよい，とされているが，運動の不器用さがある場合は，「交互に足を出す」「飛び降り」「両足跳び」を評価しておく。左右両側を協調することが難しい子どもが多いため，「飛び降り」「両足跳び」は左右同時にできるかどうかや，跳ぶ前に膝を曲げてかまえの姿勢をとることができるのかを観察する。

また，階段は交互に上がることはできても，交互に降りることが難しい場合が多い。

［3］検査の解釈

　早産・低出生体重児の場合，DQ は平均であっても，課題に取り組むまでに時間がかかる子どもや持続的に取り組むことが難しい子どもなど，検査の実施に苦慮する子どもも多い。DQ や通過，不通過のみでなく，課題への取り組みや各課題における子どもの反応を踏まえて，生活場面での状態像を理解することが必要である。また，前述したように同じ領域内であっても，項目により発達に差があることも多い。苦手な課題に目を向けるだけでなく，子どものなかで得意な課題を分析することも支援において重要である。

［4］保護者への検査のフィードバック

　保護者へフィードバックする目的は，「保護者が子どもの状態像を理解し，子どもの個性に合った子育てを楽しくすることが可能となる」ことである。早産・低出生体重児の保護者は，子どもの成長発達について不安が高い。そのため，DQ の数値のみを伝えない，長所を伝えることの二点がとくに重要である。

　新 K 式検査は結果が数値ででるため，保護者は平均範囲内であれば安心し，平均以下であると不安になる。数値よりも，何ができていたのか，何が難しかったのか，どのように取り組んでいたのかを伝え，それに対しどのような支援が選択できるのかを説明することが重要である。

　発達検査は子どもの，得意な部分（長所）も明らかにしてくれる。保護者は子どもの苦手な部分に目を向けがちであるが，発達を支援するには子どもの長所に目を向けることが大切である。発達検査は客観的なデータとして示すことができるため，保護者が子どもの長所に目を向けるきっかけとなることも多い。

8．事例を通して考える

　ここでは，超早産・超低出生体重児に対する発達支援の経過をとらえるうえで，新 K 式検査の情報の有用性と限界について，事例を通して紹介する。

【事例の概要】

事例：5 歳女児

周産期歴：胎児発育不全（fetal growth restriction，FGR）で在胎 26 週 1 日に出生体重 378g で誕生（small for gestational age，SGA），新生児黄疸がみられ光線療法適応となる。NICU へ搬送され，人工換気療法として気管チューブ管理，鼻腔栄養と中心静脈栄養が実施された。

既往歴：未熟児網膜症が認められた。入院期間中には，胃食道逆流症，誤嚥性肺炎を繰り返し発症していたが，日齢 122 で抜管，日齢 134 で経口ミルクによる摂食訓練が開始となり，小児一般病棟へ転棟となった。

【発達支援の経過】

入院期間：日齢 43 で理学療法士による呼吸理学療法が開始され，日齢 134 に言語聴覚士による摂食訓練が開始となる。その後，日齢 149 で自宅退院となっている。入院中より，主な養育者ではある母親は，育児に対して積極的であった。

在宅生活開始から現在：日齢 224 に訪問リハビリテーションが開始となり，在宅生活移行後も運動発達の支援と摂食嚥下訓練は継続された。日齢 315 では，左右差がみられるものの寝返りは自力で可能となる。この時期になると見守りで座位が数分程度保持できるようになったが，上肢の保護伸展反応（バランスをくずしたときに，身体を手で支える反応）は観察されていない。食事に関しては，普通ミルクへの移行が開始となる。

　1 歳 10 か月（修正月齢 18 か月）に，月 1 回（40 ～ 60 分）の外来作業療法が開始となった。作業療法の介入目的は，日常生活動作の自立度向上と認知機能，手指操作の発達支援であった。この時期の上肢機能に関しては，空間で対象物を保持して操作することが難しく，積木は 2 個までしか積むことができなかった。シーツブランコの横揺れを過度に怖がり，姿勢変換や移動動作において側方への重心操作の未熟さが観察された。食事動作への支援は，プリンやヨーグルトなど嚥下や食具の操作がしやすく，本人が好む食材を用いておこなうことから開始した。しかし，経口摂取への意欲は低く，家庭での日々の食事も持続し難く，食事中に離席することも多かった。対人コミュニケーションの特徴に関しては，最初は警戒するものの遊び出せば積極的にかかわることができ，身近な大人に対しては自ら要求なども示すことができた。

　以下，作業療法による発達支援の時期を 3 期に分け，その時期の発達状況について新 K 式検査の結果を示す（経過全体の概要については，図 7 - 5 を参照）。なお，同時期に粗大運動などの発達支援のため，外来理学療法も，作業療法と同じ頻度で提供されていた。

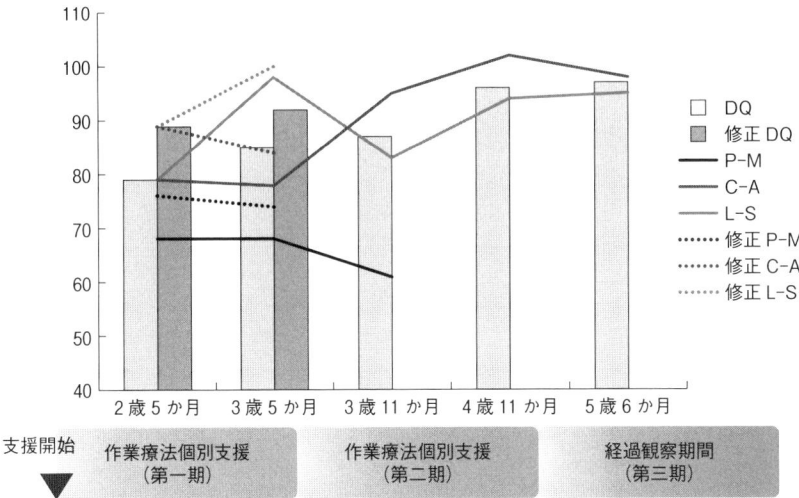

注）DQ：発達指数（全領域），P-M：〈姿勢・運動〉，C-A：〈認知・適応〉，L-S：〈言語・社会〉

図 7 - 5　作業療法の経過と新 K 式検査

　第一期では，①上肢操作に必要な姿勢制御機能に対する支援，②色・形態などの視覚認知，自己身体を基準とした空間認知（身体図式を含む）に対する支援，③食具（スプーン）の操作性向上のための支援を実施した。

　新 K 式検査は，2 歳 5 か月（修正月齢 26 か月）と 3 歳 5 か月（修正月齢 38 か月）に実施された（図 7 - 5）。2 歳 5 か月時の新 K 式検査の結果は［※（　）内は修正月齢で算出した結果］，全領域 DQ は 79（89），〈姿勢・運動〉領域は DQ68（76），〈認知・適応〉領域は DQ79（89），〈言語・社会〉領域は DQ79（89）であった。2 歳後半から発話量が増加し，日常的に見立て遊びなどもするようになっていた。また，大小や色，形態も徐々に正確に認知できるようになり，色や形で分類するような手指操作の活動に意欲的に取り組むことができた。達成感を感じることで活動に持続的に取り組むことができるといった一面がみられ，上肢の操作性と認知機能の両面から丁寧に段階づけをおこなうことが重要であった。運動面については手すりを使用した段階昇降は可能になったが，「両足跳び」や「飛び降り」が難しく，身体の正中線上（中心軸）で重心を安定させることには苦手さがみられた。

　3 歳 5 か月（修正月齢 38 か月）時の新 K 式検査の結果，DQ は 85（92），〈姿勢・運動〉領域は 68（74），〈認知・適応〉領域は 78（84），〈言語・社会〉領域は 98（100）となり，自分の思いを身近な大人には言語で伝えられる場面が増えていった。この時期，同年齢の友だちとかかわる機会の必要性を考慮して，集団療育への参加が開始された。

　第二期では，①持続的な空間での両手動作に対する支援，②数の概念や構成課題（対象物の位置関係，方向性などを含む）に対する支援，③更衣動作の自立のための支援を実施した。重力に抗して持続的に姿勢制御することの苦手さや，運動の方向性や空間関係のとらえ難さは第一期から継続して確認されていたため，体重を負荷して身体を支える活動や三次元空間を移動する活動なども積極的に取り入れた。更衣動作では，靴下の着脱やボタン操作などに取り組んだ。

　新 K 式検査は，3 歳 11 か月と 4 歳 11 か月に実施されている（図 7 - 5）。4 歳 11 か月の新 K 式検査の結果，DQ は 97，〈認知・適応〉領域は 98，〈言語・社会〉領域は 95 となり，粗大運動面ではケンケンなどが可能となった。数の概念理解を含む言語理解に伸びがみられ，領域間での大きな差はみられなくなった。検査場面では検査者と落ち着いたやりとりが成立し，安定した発達であると総合的評価を受けた。この時期，就学を見据えて地域の幼稚園への入園が決定した。身辺動作の自立度や集団療育への適応が向上していたため，外来での定期的な個別支援は一旦終了となった。その後，就学を迎えるにあたり，相談支援の希望が保護者からあり，約半年後に経過観察を実施した。

　第三期の経過観察の際，保護者は，自身のやりたいことを優先して指示された課題に取り組みにくい傾向があること，課題によって集中が難しいことを心配されていた。また，少人数や大人との関係性のなかでは表面化しにくかったが，地域の幼稚園では同年齢の子どもとのかかわりが少なく，集団参加への不安を示していた。遊びのルールをことばだけで説明されても，具体的にイメージできないことも多く，そのことも集団に参加しにくい要因の一つになっていると思われた。読み書き能力として，文字にも興味を示すようにはなっているが，色の手がかりがないと斜めの構成は難しく，視知覚に関連した課題が就学後の教科学習にも影響することが懸念された。この時期の新 K 式検査の結果は，4 歳 11 か月時点から大きな変化は示されていないものの，聴覚記銘の苦手さ（「4 数復唱」が不通過），斜めの構成の苦手さ，集中時間の短さなどが検査者から指摘されている。

　同時期，就学に向け WISC-Ⅳ知能検査が実施され，全検査 IQ は 78 と境界域から平均の下の範囲であった。各合成得点をみてみると，言語理解（86），知覚推理（86），処理速度（88）となったが，ワーキングメモリの得点が他よりも低い結果（68）を示し，認知特性に一定の偏りがあることが明らかとなっている。そのため，今後は，本児の認知特性を考慮した学習支援や学校生活について，本人・家族，そして学校関係者とともに検討していく必要があると考える。

【考　　察】

　早産・低出生体重児を対象に地域生活を長期的に支援できる体制は，国内においてまだ十分に整っているとはいえない（2024 年 2 月現在）。今回，長期間

にわたって支援に携わることができた超早産・超低出生体重児の経過を通して，新 K 式検査の活用について以下のように考察する。

　近年の早産児研究では，在胎週数が短いほど脳の成熟過程が非定型となること（Kvanta et al., 2021）や超早産児に特有の臨床像（preterm behavioral phenotype）なども報告されてきている（Fitzallen et al., 2020）。脳の成熟過程という観点からは，0 歳児からの発達を包括的かつ継続的にとらえられる新 K 式検査は，臨床的有用性が高い検査の一つである。乳幼児期の感覚運動経験は言語や認知の発達ともダイナミックな関係性があり（Smith & Thelen, 1994），身体活動を通して発達を支援する作業療法では，支援経過を確認するとともに，発達段階を考慮して支援内容や支援目標を検討するうえで新 K 式検査の検査結果を活用することができる。とくに，検査中の子どもの反応は最終的な DQ などのスコア以上に，個々の支援に役立つ情報となる場合も多い。ただし，このような観察に基づく情報は，検査者がもつ観察の視点に依存してしまう側面もあるように思われる。

　本章では，早産・低出生体重児に対する発達支援への新 K 式検査の活用を考えてきたが，就学・就労といった時期を迎えるにあたって，認知特性に関する詳細なプロフィールが得られにくい点，微細運動を含む協調運動の特性をとらえきれないといった検査としての限界もあると感じる。また，早産児にみられやすい，①こだわりは少ないが社会性に乏しい，②不注意の傾向を示す，③不安に陥りやすいといった preterm behavioral phenotype[1]の行動特性や，同世代とのコミュニケーションで支障をきたしやすいといった傾向については，新 K 式検査の検査内容だけでは不十分であり，他のアセスメントと合わせて包括的にアセスメントをおこなう必要がある。

　早産・低出生体重児の発達検査や発達支援は今後より必要性を増す可能性があるが，適用する年齢・時期や目的に応じて，新 K 式検査をより効果的に活用していくことが重要であると考える。

1）　学齢期頃からみられる超早産児特有の臨床像（①〜③）を欧文では "preterm behavioral phenotype" としてとらえ，長期的な予後も調査されてきている。

引用文献

Aarnoudse-Moens, C. S. H., Weisglas-Kuperus, N., vanGoudoever, J. B., & Oosterlaan, J. (2009). Meta-analysis of neurobehavioral outcomes in very preterm and/or very low birth weight children. *Pediatrics, 124*, 717-728.

安積陽子・高田　哲（2011）．早産・極低出生体重児の夜間睡眠行動の発達　脳と発達, *43*, 448-452.

母子衛生研究会（2023）．母子保健の主なる統計　令和5年刊行　母子衛生研究会

Edwards, J., Berube, M., Erlandson, K., Haug, S., Johnstone, H., Meagher, M., Sarkodee-Adoo, S., & Zwicker, J. G. (2011). Developmental coordination disorder in school-aged children born very preterm and/or at very low birth weight: A systematic review. *Journal of Developmental and Behavioral Pediatrics, 32*, 678-687.

Fitzallen, G. C., Taylor, H. G., & Bora, S. (2020). What do we know about the preterm behavioral phenotype? A narrative review. *Frontiers in Psychiatry, 11*, Article 154.

Guyer, C., Werner, H., Wehrle, F., Bölsterli, B. K., Hagmann, C., Jenni, O. G., & Huber, R. (2019). Brain maturation in the first 3 months of life, measured by electroencephalogram: A Comparison between preterm and term born infants. *Clinical Neurophysiology, 130*, 1859-1868.

Hack, M., Taylor, H. G., Schluchter, M., Andreias, L., Drotar, D., & Klein, N. (2009). Behavioral outcomes of extremely low birth weight children at age 8 years. *Journal of Developmental and Behavioral Pediatrics, 30*, 122-130.

石野晶子・松田博雄・加藤英世（2006）．極低出生体重児の保護者の育児不安と育児支援体制　小児保健研究, *65*, 675-683.

岩崎恵里子・後藤良子・林　雅子・平田理智・上田和利・小寺孝幸・土本啓嗣・徳増智子・林　知宏・澤田真理子・久保田真通・高橋章仁・渡部晋一（2016）．出生体重1500g未満の児282例の発達予後の検討　倉敷中病年報, *79*, 31-36.

Johnson, S., Hollis, C., Kochhar, P., Hennessy, E., Wolke, D., & Marlow, N. (2010). Psychiatric disorders in extremely preterm children: Longitudinal finding at age 11 years in the EPICure study. *Journal of the American Academy of Child and Adolescent Psychiatry, 49*, 453-463.

Johnson, S., Strauss, V., Gilmore, C., Jaekel, J., Marlow, N., & Wolke, D. (2016). Learning disabilities among extremely preterm children without neurosensory impairment: Comorbidity, neuropsychological profiles and scholastic outcomes. *Early Human Development, 103*, 69-75.

Joseph, R. M., O'Shea, T. M., Allred, E. N., Heeren, T., Hirtz, D., Paneth, N., Leviton, A., & Kuban, K. C. K. (2017). Prevalence and associated features of autism spectrum disorder in extremely low gestational age newborns at age 10 years. *Autism Research, 10*, 224-232.

河野由美（2017）．早産・低出生体重児の発達障害　医学のあゆみ, *260*, 231-236.

河野由美（2020）．Neonatal Research Network of Japan データベースからみた極低出

生体重児の予後　日本周産期・新生児医学会雑誌, *56*, 203-212.

河野由美 (2023). 早産児の長期予後　医学と薬学, *80*, 663-668.

厚生労働省 (2023). 令和 4 年 (2022) 人口動態統計月報年計 (概数) の概況　Retrieved August 6, 2024, from https://www.mhlw.go.jp/toukei/saikin/hw/jinkou/geppo/nengai22/dl/gaikyouR4.pdf

Kvanta, H., Bolk, J., Strindberg, M., Jiménez-Espinoza, C., Broström, L., Padilla, N., & Ådén, U. (2021). Exploring the distribution of grey and white matter brain volumes in extremely preterm children, using magnetic resonance imaging at term age and at 10 years of age. *PLoS One, 16,* e0259717

Lampi, K. M., Lehtollen, L., Tran, P. L., Suominen, A., Lehti, V., Banerjee, P. N., Gissler, M., Brown, A. S., & Souranderet, A. (2012). Risk of autism spectrum disorders in low birth weight and small for gestational age infants. *Journal of Pediatrics, 161,* 830-836.

Mulder, H., Pitchford, N. J., Hagger, M. S., & Marlow, N. (2009). Development of executive function and attention in preterm children: A systematic review. *Developmental Neuropsychology, 34,* 393-421.

鍋谷まこと・米本直裕・河野由美 (2010). 周産期母子医療ネットワーク 2003 年・2004 年出生極低出生体重児の 3 歳時予後 脳室内出血の重症度と予後　平成 21 年度厚生労働省「周産期母子医療センターネットワーク」による医療の質の評価とフォローアップ・介入による改善・向上に関する研究　平成 21 年度 総括・分担研究報告書, 71-76.

Nosarti, C., Giouroukou, E., Micali, N., Rifkin, L., Morris, R. G., & Murray, R. M. (2007). Impaired executive functioning in young adults born very preterm. *Journal of the International Neuropsychological Society, 13,* 571-581.

O'Reilly, H., Johnson, S., Ni, Y., Wolke, D., & Marlow, N. (2020). Neuropsychological outcomes at 19 years of age following extremely preterm birth. *Pediatrics, 145,* e20192087.

大鶹 香 (2004). 極低出生体重児 3 歳における発達特徴　新版 K 式発達検査の結果から　筑紫女学園短期大学紀要, *39,* 47-61.

Quesada, A. A., Tristão, R. M., Pratesi, R., & Wolf, O. T. (2014). Hyper-responsiveness to acute stress, emotional problems and poorer memory in former preterm children. *Stress, 17,* 389-399.

Réveillon, M., Tolsa, C. B., Monnier, M., Hüppi, P. S., Barisnikov, K. (2016). Response inhibition difficulties in preterm children aged 9-12 years: Relations with emotion and behavior. *Child Neuropsychology, 22,* 420-442.

Smith, L. B., & Thelen, E. (1994). *A Dynamic Systems Approach to the Development of Cognition and Action.* MIT Press.

Sung, V., Hiscock, H., Sciberras, E., & Efron, D. (2008). Sleep problems in children with attention-deficit/hyperactivity disorder: Prevalence and the effect on the child and family. *Archives of Pediatrics and Adolescent Medicine, 162,* 336-342.

高橋立子（2014）．宮城県内で出生した出生体重 1,250g 未満児の長期予後の検討　宮城
　　県極低出生体重児発達支援事業（さとめんこ）成果報告書

上野敦子・窪田いくよ・大塚冨美子・村木加寿子・梶山美代子・中島正夫（2000）．
　　NICU を退院した児の母親の育児に関する心配ごととニーズ等について　周産期医
　　学，*30*，1367-1371.

Verrips, E., Vogels, T., Saigal, S., Wolke, D., Meyer, R., Hoult, L., & Pauline Verloove-
　　Vanhorick, S. (2008). Health-related quality of life for extremely low birth weight
　　adolescents in Canada, Germany, and the Netherlands. *Pediatrics*, *122*, 556-561.

Volpe, J. J. (2008). *Neurology of the Newborn* (5th ed.). Elsevier.

Wickremasinghe, A. C., Rogers, E. E., Johnson, B. C., Shen, A., Barkovich, A. J., &
　　Marco, E. J. (2013). Children born prematurely have atypical Sensory Profiles.
　　Journal of Perinatology, *33*, 631-635.

Witt, A., & Theurel, A. (2014). Emotional and effortful control abilities in 42-month-old
　　very preterm and full-term children. *Early Human Development*, *90*, 565-569.

山口咲奈枝・遠藤由美子（2009）．低出生体重児をもつ母親と成熟児をもつ母親の育児不
　　安の比較児の退院時および退院後 1 か月時の調査　母性衛生，*50*，318-324.

Yiallourou, S. R., Arena, B. C., Wallace, E. M., Odoi, A., Hollis, S., Weichard, A., &
　　Horne, R. S. C. (2018). Being born too small and too early may alter sleep in
　　childhood. *Sleep*, *41*, zsx193.

Yildiz, R., & Yildiz, A. (2020). Sensory processing in preterm children at 5 years of
　　age and its association with school readiness. *Turkish Journal of Physiotherapy
　　and Rehabilitation*, *31*, 233-239.

Zwicker, J. G., Yoon, S. W., Mackay, M., Petrie-Thomas, J., Rogers, M., & Synnes, A. R.
　　(2013). Perinatal and neonatal predictors of developmental coordination disorder
　　in very low birth weight children. *Archives of Disease in Childhood*, *98*, 118-122.

第8章

子どもの言語獲得と新版K式発達検査

小山　正

1. はじめに

　日本語を母語とする子どもの場合，概ね4〜5歳頃までに話しことばによるコミュニケーションの発達がみられる。その後，文字言語の習得が組織的に始まる（村井，1987）。

　新K式発達検査（以下，新K式検査とする）では，とくに第2葉の後半（8か月〜11か月）から言語獲得に関連する項目が配置されている。第3葉の1歳3か月から1歳6か月の月齢区分における〈言語・社会〉領域に「語彙3語」の項目がある。「語彙3語」は，子どもがことばの世界に入ってきたことを示すものと考えられる。「語彙3語」と同じ月齢区分の〈姿勢・運動〉領域には「片手支持 登る」，〈認知・適応〉領域には「積木の塔3」「はめ板 全 例無」「円板 回転」「予期的追視」「2個のコップ」が配置されている（表8-1）。これらは，ことばの獲得と時間的に対応してみられる発達を示す項目である。

　今日の言語獲得研究の成果が示しているように，言語の発達には社会的認知（social cognition）や認識の発達が関連しており，新K式検査においても，〈言語・社会〉領域の項目だけで子どもの言語発達がとらえられるわけではない。

表8-1　前言語期から語彙3語獲得期の新K式検査における検査項目

(新版K式発達検査研究会，2020より)

検査用紙	第2葉			第3葉	
月齢区分	0:9超〜0:10	0:10超〜0:11	0:11超〜1:0	1:0超〜1:3	1:3超〜1:6
〈姿勢・運動〉	つたい歩き	支え歩き　両手	一人立ち 支え歩き　片手	歩く　2・3歩 片手持持 登る	片手支持 降りる
		這い登る			
〈認知・適応〉	積木と積木				
		積木を置く	積もうとする	積木の塔2	積木の塔3
	順に遊ぶ				
	コップの上に示す	コップに入れる　例後	コップに入れる　例前	丸棒　例後	角板　例後
	釘抜状把握　不完全		釘抜状把握		
	入れようとする	瓶に入れる　例後	瓶に入れる　例前	瓶から出す	はめ板　全 例無
	柄先から持つ	鐘舌に触る			
			紐で下げる		
			円板をはめる		円板　回転
			なぐり描き　例後	なぐり描き　例前	
					予期的追視
				包み込む	2個のコップ
〈言語・社会〉	指さしに反応		ボールを押しつける		語彙3語
	バイバイ			指さし行動	
	メンメ	「チョウダイ」渡す			
			検者とボール遊び		

2．子どもの言語獲得過程

[1] 前言語期の発達

　初めての有意味語（初語）の出現までの時期は「前言語期」（prelinguistic period）と呼ばれる。前言語期はピアジェ（Piaget, 1950）の認識の発達の過程における「感覚運動期」（sensori-motor period）にあたる。前言語期には，言語獲得につながる認知発達や社会的認知の発達がみられ，言語獲得の「基盤」（foundation）が形成される。

　前言語期においては，後の言語の発達につながる空間的表象である「イメー

ジスキーマ」（image schema）や，能動的に外界にかかわっていく子どもの行
為が思考の発達に影響を与える「身体性認知」（embodied cognition）が発達す
る（小山，2018）。マンドラー（Mandler, 2004）によると，イメージスキーマ
は，基本的な意味を表現する空間的表象である。例えば，物の出し入れの行為
が，「容器」（包含）と「入るもの」との表象化につながり，「物が出る」「物が
入る」というイメージスキーマが形成される。深田・仲本（2008）によると，
イメージスキーマは日常的な言語の意味構造を動機づけるものとなっている。
言語獲得との関連では，山梨（2000）は，イメージスキーマは，言語の形式や
構造，意味表現にかかわっていると述べている。言語発達支援においても，後
の言語発達とかかわるという意味で，子どものイメージスキーマの発達をみて
いくことは重要であろう（小山，2015a）。例えば，「そのことで頭の中がいっぱ
い」という言語表現やその意味理解は，前言語期からの物と物との関係づけの
過程でイメージスキーマが拡張されたものと考えられる（山梨，2000）。

　また，前言語期には，「身振り」（gesture）の発達がみられる。定型発達では，
生後 14 〜 18 か月に，身振りが使用される状態から変化し，表出言語（expressive
language）が優勢となる（McCune, 2008）。また，身振りは，語彙獲得や，獲
得した語と語とを結びつけてそこに意味をもたせる「統語」（syntax）の「ブー
トストラップ」（bootstrapping）の役割も担っていると考えられる。ブートス
トラップは，統語の発達で注目されてきた（Brooks & Kempe, 2012）。新奇な
語の特徴を推測する際に統語的な情報を用いることを「統語的ブートストラッ
プ」（syntactic bootstrapping）という（Brooks & Kempe, 2014）。ブルックス
他（Brooks & Kempe, 2012）によると，統語の発達には，個々の語が用いられ
る文脈と語彙項目に特殊な知識の蓄積が必要となる。身振りはこの点において
も貢献していると考えられる。しかし，そこには個人差がみられる（小山，
2021）。

　「日本語マッカーサー乳幼児言語発達質問紙」（Japanese MacArthur
Communicative Development Inventory，以下 CDI とする）を用いた研究では，
身振りと表出語彙（productive vocabulary）の発達との間には生後 11 〜 14 か
月で低い有意な相関がみられ，その関係は月齢によって異なることが報告され
ている（小椋，2000）。前言語期の身振りは，身体性認知の発達とかかわってい

る。個人差はあるが，身振りの発達は，表出言語の学習の近道となり，表出言語の立ち上げにつながっている。新 K 式検査では，項目「バイバイ」が，この時期の身振りの発達と関連していると考えられる。

［2］指さし行動の出現

　ピアジェ（1950）によると，生後間もなくから始まる外界の対象への能動的な働きかけによって，子どもの認識は発達し，感覚運動期の末期には「象徴機能」(symbolic function) が出現する。言語は象徴機能の発達の一つの現れである（Piaget & Inhelder, 1969）。

　新 K 式検査の検査用具は，ゲゼル（Gesell, 1940）が用いた用具やビネー（Binet, 1911）の知能検査の用具を援用している。とくにゲゼル（1940）から援用されている検査用具は，感覚運動期にある子どもにとって行為を誘発する「対象が表現するもの」とも考えられる。このことはギブソン（Gibson, 1977）のアフォーダンス理論によっても説明でき，発達心理学において古くはウェルナーらが指摘してきた（Werner & Kaplan, 1963）。マッキューンは，対象からの表現は象徴的意味を構成するものであると述べ，対象の表現性への感受性（sensitivity of expressiveness）に着目し（McCune, 2008　小山・坪倉訳　2013），筆者もまた前言語期の支援において重要であることを指摘してきた（小山，2015b）。さらに，マッキューンは，対象からの表現をとらえることと言語獲得の認識的基盤として，「静観的態度」がかかわっていることを指摘している（McCune, 2008）。静観的態度の形成と関連があるのが指さし行動である。ウェルナーらは，他者と一緒に対象を眺める静観的態度の形成が指さし行動出現の基盤になっていると述べている（Werner & Kaplan, 1963）。

　新 K 式検査では，「語彙 3 語」の一つ前の月齢区分に「指さし行動」が配置されている。障がいをもった言語未獲得の子どもに指さしの出現がみられないことがあるため，我が国では，ことばの獲得との関連で指さしが注目されるようになった（小山，1988）。近年では，指さしは，他者と注意を共同する「共同注意」(joint attention) の発達との関連が注目され，社会的認知の発達からも検討されている（Harris & Westermann, 2015）。子どもは自発的な指さしをおこない始める前に，他者が指さす対象を発見できるようになる。指さし研究で

は，「指さし理解」の発達として注目されてきた（小山，1988）。

　指さし理解は，共同注意の発達の現れである。ハリスは，共同注意の発達は生後 6 か月頃から 18 か月にかけて洗練されていくことを指摘している（Harris, 1992）。養育者が視線を向ける対象が乳児の目の前にあり，乳児が視線を向けたときに最初に出会う対象である場合は，ハリスによると定型発達では，生後 6 か月頃から養育者の視線を追うことができる。生後 12 か月までは，乳児は背後にある対象を見つけることはできないが，視線を向けたときに出会った最初の物でないときにさえターゲットを見つけることができる。生後 18 か月には，乳児の視野にすでに何かがあり，気が散りやすいときであっても子どもは背後にある対象をうまく発見できる（Harris, 1992）。

　このような共同注意や指さし理解の発達について，新 K 式検査では，「指さしに反応」という項目がある。この項目は生後 9 ～ 10 か月の月齢区分に配当されているが，検査上の手続きにおいて，対象の位置や子どもからの距離について詳しくは触れられていない。一方，ハリスが述べている生後 18 か月以降にみられる子どもの背後にある対象への指さし理解には，指さされている方向に注意を向けるべき何かがあるという表象（representation）の発達がかかわっていると考えられる。

　新 K 式検査の「指さし行動」は，表象の発達が関連しており，自発的な指さしを評価している項目であると筆者は考える。マッキューン（2008）は，前言語期にみられる，子どもが興味のあるものを指さしながら「アッ，アッ，アッ」と言う母音的発声（グラント）に注目し，このような「伝達的なグラント」（communicative grunt）と身振りによる伝達との関連性を指摘している。伝達的なグラントは，子どもが他者と対象や出来事を共有しようとするものであり，他者の指さし理解や自発的指さしとの関連があるといえよう。

　指さしは，共同注意や伝達行為の発達という観点からもとらえられるが，指さしの出現には，子どもの物への志向性もかかわっている。指さしを，人間特有の意味との関係からみて，周りの世界を分節化していくことと（McCune, 2008），それへの志向性の現れだと考えると，指さしと言語獲得は密接に関係しているといえるのである（小山，2018）。

［3］初語期から１語発話期

　自発的な指さし行動と，最初の有意味語である「初語」（first word）の出現との関連については，「あるものを別のもので表す」という象徴機能の発達の連続性としてとらえられる。

　初語が出現した後，表出語彙数の増加は定型発達の子どもにおいては緩やかになる。新 K 式検査では，「語彙３語」に続いて，「身体各部」や「絵指示」が〈言語・社会〉領域に配置されている。「語彙３語」は初語期の発達を反映していると考えられる。「身体各部」や「絵指示」は他者からの問いかけに答える応答の指さしであり，指さしの伝達的な機能の広がりを示している。また，「身体各部」に答えられることは，子どものボディイメージの発達がこの時期にみられることを示している。

　「絵指示」は，この時期の子どもが日常的に馴染みのある対象を表す絵を６つの絵のなかから選択するものである。例えば，「自動車はどれですか」と問われて，「自動車」の絵を子どもが指さすことが可能になる背景には，「自動車」というものについての表象化と語とのマッチングが日常的経験をもとに進んでいると考えられる。保健所の健診などの場で，この課題を実施し，「自動車はどこですか」と問われて，駐車場の方を指さす子どもがいるが，その反応には表象化と文脈依存的な語の理解をみることができる。

　周囲で語られることばを理解することにおいても，子どもが実際に注意を払う部分から子どもの能力のレベルに応じて理解が進むという点をハリスは指摘し（Harris, 1992），子どもの言語経験によるところが大きいと述べている。そこには，発話者の意図を理解することがかかわっていると考えられる。

　初語期から１語発話期には，言語表出において「文脈依存的語」（context limited words）と「対象指示語」（referential words）の発達がみられる。文脈依存的語とは，日常的な出来事に位置づけられて，使用される語である。例えば，日常のお散歩の行程という文脈で目にする鳥に対しては，その鳥を見て「トリ」と言うが，絵本のなかの鳥や他の鳥に対しては「トリ」と言わないなどである。マッキューン（2008）は文脈依存的語を，出来事に伴う，または出来事に統合された発語として位置づけている（McCune, 2008）。

　一方，対象指示語は，対象に対して言及する語であり，出来事のある側面を

強調する。対象指示語の使用は，出来事の表象化が進んでいることを示しているといえる（McCune, 2008）。新K式検査では，「絵の名称Ⅰ」の項目が，このような文脈依存的語から対象指示語への移行の時期の発達をみているとも考えられる。

［4］ 表出語彙の増加

　定型発達の子どもは，表出語彙数（累積）30 ～ 50語あたりで次のフェーズに入ると考えられている（Harris, 1992; Saxton, 2017）。1歳後半に急激に表出語彙が増大する現象がみられ，「ボキャブラリー・スパート」（vocabulary spurt）と呼ばれてきた（小山，2018）。ボキャブラリー・スパートは古くは物の名称の増大によるといわれていた。シンボルとしてのことばの使用が関係し，表象化や象徴機能のさらなる発達の現れであると考えられる。

　新K式検査においては，ボキャブラリー・スパートが起こる時期は「絵の名称Ⅰ」が配置されている月齢範囲に相当する。表出語彙の獲得と文法発達との関連が指摘され（小山，2018），ボキャブラリー・スパートの後に文法的発達がみられることも指摘されている（Nelson, 1999）。したがって，後の言語発達との関連をみるために，この時期の言語発達アセスメントでは，表出語彙数やその内容についての資料が必要になる。

　新K式検査の「絵の名称Ⅰ・Ⅱ」では，物の命名機能の発達をみるとともに構音や音韻獲得の様相をうかがうことができる。「絵の名称Ⅱ 3/6」が，形態の把握を通して注意の集中の発達をみるとされている「形の弁別Ⅱ 8/10」と同じ月齢区分に配当されていることは，事物の概括化との関連で興味深い。

［5］ 2語発話，多語発話の出現と統語の発達

　前項で述べたように，ボキャブラリー・スパートがみられた後に，文法的発達がみられてくる（Nelson, 1999）。これは一定の表出語彙が獲得されて，ことばとことばとの関係がわかり始めるようになり，ことばとことばとが結びつき始めるようになるためと考えられる。また，日常生活のなかでの認識の発達により，1語で表現されていた意味内容が1語では表現しきれなくなり，分化することとも関連している（村井, 1987）。定型発達では，個人差はあるが，1歳

後半から2歳頃に2語発話がみられ始め，文に複雑さがみられるようになる。助詞などの獲得も始まり，統語発達が進み，いくつかの語が結びついた多語発話（multiword utterance）となる。その基盤には，前言語期の行為の主体となる動作主性（agency）や被動作主性（patient）といったイメージスキーマ同士の結合もある（深田・仲本，2008）。そのため，2歳頃は言語発達において注目すべき時期であることが指摘されている（Harris & Westermann, 2015）。

　この時期の言語発達評価としては，表出語彙数に加えて，MLU（mean length of utterance：平均発話長）が指標として用いられている。MLUは意味をなす最小の単位（形態素）の数を1発話について算出するものである（Brown, 1973）。日本語の発話を形態素に分割する方法については綿巻・小椋（2004）に詳しい。ハリスは，2歳時の言語発達評価としてMLUを用い，最長10発話の平均を尺度として用いている（MLU10）。その結果，言語獲得がゆっくりなグループでは，MLU10は1.1（1.1-1.2の範囲）であり，標準的な発達にあるグループでは，3.8（1.9-7.9）であったと報告している（Harris, 1992）。

　語連鎖がみられ始める時期には，時間の流れを言語的に表現できるようになる。動作を表示する動作語を獲得するのに伴い，時間や位置・場所を表示する語も増大してくる（小山，2023）。筆者が，生後23～36か月の保育園児17例を対象として，動作語の獲得と時間や位置・場所を表示する語の獲得について，CDI（綿巻・小椋，2004）を用いて検討した結果では，動作語は次第に様態（manner）と動きについての継時性（このような継時性は，「時間」の表示につながる），その方向性・指向性と関連する「位置と場所」の情報の表示と結びついてくると考えられた（小山，2023）。

　筆者がすでに指摘したように（小山，1999，2018），2語発話の出現の背景には，他者認識の発達がある。ブラウン（Brown, 1973）の2語発話にみられる意味関係構造の観点からみると，子どもの初期の2語発話には，「パパ　イッタ」など，「行為主＋行為」という意味関係構造の広がりがみられる。ニニオ（Ninio, 2011）は，1～3歳半の子どもの発話資料とその母親の発話資料を調べ，2～2歳半の年齢範囲において，主語＋動詞，動詞＋直接目的語，動詞＋間接目的語といった英語の核となる生産的な文法関係の一致を見出した。養育者の発話と子どもの発話の構造的類似から，この時期の子どもが養育者を中心

とした他者認識を発達させていると考えられる。

［6］語り，ナラティブの発達

　新 K 式検査では，第 4 葉の 3:0 超〜 3:6 の月齢区分に，〈言語・社会〉領域として「了解Ⅰ」が配置されている。この項目は，子どもがこれまでの日常的経験を他者に対してことばでまとめて表現することをみている。また，日常的出来事の表象化や社会的な認知の発達もみており，「了解Ⅰ」に続く「了解Ⅱ」ではその点がさらに強調される。そのことは，「火事」に関する質問に対して，子どもが「しょうぼうよぶ」と返答することなどにみてとれよう。

　「語る」ということには，日常的経験が子どものなかでことばによって体制化され（まとめられ），抽象化され，それを他者と共有することができる発達がある。そこには，表象化とそれを他者と共有することへの志向性，そして他者のことばの自己化がみられる（小山，2015b, 2018）。

　李（2018）は，言語の発達により，3 〜 4 歳頃から，子ども自身が経験したことや出来事を身近な他者に語り，伝え，意味づけることをナラティブ（Narrative）として定義している（李，2018）。そして，自閉スペクトラム症をもつ子どものナラティブの特徴からコミュニケーション支援につながる点を指摘している（李，2018）。

　「語る」ということには，以前のことを保持して語りを進めるという点において，ワーキングメモリの発達が関連していると考えられる。新 K 式検査においても「了解Ⅰ」の前後の第 3 葉後半から第 4 葉にかけて，「折り紙」「3 数復唱」「4 数復唱」「短文復唱Ⅰ」「積木叩き」といった，ワーキングメモリの発達を評価できる項目が配置されている。「数選び」なども，前に入れた積木の数を保持しておくといった点でワーキングメモリが関係していると考えられる。新 K 式検査では，「語り」（ナラティブ）とワーキングメモリとの関連性をみることができ，それは，語りの発達の基盤となる認知発達を考えるうえで興味深い。

▌3．認知発達と言語獲得との関連

　ヒトの言語の獲得と認知発達は密接に関係している（小山，2024）。ピンカー（Pinker, 2007）は，ヒトが言語を獲得する過程で時間と空間をとらえることに着目している。また，認知発達と言語獲得との関連性を探るなかで，マッキューン（McCune, 2008）は心的表象の発達に注目し，物の永続性の発達とふり遊びの発達に心的表象の発達をみている。

　新Ｋ式検査において，「全体隠し」→「包み込む」→「2個のコップ」→「3個のコップ」のシークエンスは，物の永続性の発達をみていると考えられる。「全体隠し」は子どもが手にしているミニカーを受け取って白いタオルの下に隠し，子どもの反応をみる課題である。この課題はピアジェ（1952）の観察からの援用であり，ターゲットが隠される場所は1箇所である。ピアジェ（1952）の観察では，日常的な環境で隠す場所を変えていくが，「2個のコップ」「3個のコップ」においては，ターゲットである小さな犬の人形が隠される場所が変化する。これらの課題では対象の移動が関係するので，対象の軌道の系列的な理解を必要とする（McCune, 2008）。そこには子どもの「今はここにある」「その前はここにあった」いうような，時間・空間的にとらえる認知発達がかかわる。新Ｋ式検査においても「語彙3語」の配当月齢区分に「2個のコップ」が配列されていることは興味深い。「2個のコップ」の課題は，伏せて置かれた2個のコップのどちらかのなかにあるターゲットとなる犬のミニチュアを探す課題である。先に隠された場所→次に隠される場所といった時間・空間的理解とそこにかかわる心的表象の発達が，言語獲得のどのような側面と関連しているかをみていくことができる。マッキューンは，事物や出来事を言及する言語の開始には，意味の表象能力と時間・空間において出来事をとらえていく能力がかかわることに注目している（McCune, 2008）。

▌4．他者認識の発達と言語獲得

　仕事の関係で保育所を訪問し，子どもたちの様子を観察することがある。1

歳児クラスや 2 歳児クラスでは，興味深い光景を目にすることが多い。一つは，並行遊びとして，「ごっこ遊び」を楽しんでいることであり，もう一つは他者への関心である。

　この時期は，育ってきた象徴機能を発揮し，子どもも大人も含めた他者を理解することへの志向性が高まっていると考えられる。象徴機能の発達の現れである，ある物を別の物にみたてる「みたて遊び」は，保育所で見ると，並行遊びのなかで他の子どもがおこなっていることを取り入れている。数人の子どもたちが，その時期，その時期の子どもたちのブームといえるような同じ行為をして楽しんでいる。この年齢では，まだ他児のしていることへのコメントはみられない。それよりもむしろ「自分」が強調され，筆者のような見知らぬ大人に対する表現としても現れてくる。

　そのように，2 歳前後という年齢は，保育所などで見ていても他者認識が進む一つの時期として注目される。発達心理学では，「心の理論」の発達に関心がもたれ，多くの研究が蓄積されてきた。近年では，他者理解という観点から，乳児期に他者の意図や他者の心の動きをとらえていることが研究的に示されている（小山，2018）。筆者はこのような発達を，哲学の用語を借りて「他者認識の発達」として考えてきた（小山，1990，2024）。

　新 K 式検査においては，2:0 超〜 2:3 の月齢区分に「表情理解 I」，2:6 超〜3:0 の月齢区分に「表情理解 II」の項目が配置されている。2 歳前後になると，定型発達では，他者の心的状態（内的状態）をとらえ，表象でき，ことばでも理解できてくる。とくに「表情理解 II」の課題は人の異なる表情を描いた図版を用いることから，対人的表象の発達，とくに「泣く」や「嬉しい」などの日常的な心的状態の理解をとらえることができると考えられる。

5．子どもの言語獲得過程をとらえるうえでの新版 K 式発達検査における特徴

［1］項目の発達的意味の理解とその検討

　新 K 式検査は，質問紙ではなく実際に子どもに実施できるため，課題の遂行結果だけではなく，課題に取り組む様子から発達を総合的にとらえることがで

きる検査である。そこには，ゲゼル（1940）の観察項目やビネーの知能検査の項目が多く援用されている。ビネーは，子どもたちの精神能力を正確に判断するように尺度項目を考えたと述べている（Binet, 1911）。

　新 K 式検査においては，ビネーの検査項目を下敷きにして今日的に改変されている項目も多く含まれている。新 K 式検査を実施した結果の臨床的な項目の解釈において，その項目はどのような発達を測定しているかという質問を筆者もよく受ける。ビネーは知能を「総体」としてとらえ，その測定をめざしたと考えられる（Binet, 1911）。ビネーの検査項目を下敷きにしている項目を臨床的に解釈する際には，その点を押さえておいたうえで，近年の発達研究の成果を踏まえ，多面的に検討することが必要であろう。

　新 K 式検査では，臨床的に，障がいをもった子どもたちの発達支援を進めていくために，言語獲得やそれにかかわる認知発達などの評価に関する検査項目が検討され，追加されていった。「指さし行動」や「人形遊び」はその例として挙げられる。これらの項目は，発達的意義があると注目されてきた項目であり，通過・不通過の評価だけでは十分ではない。支援に向けて，項目の発達的意味を理解し，それについて検討することが重要になってくる。

　例えば，2020 版から新たに追加された「人形遊び」は，手引き書（新版 K 式発達研究会，2020）によると，ふりの発達をとらえるものとなっているが，検査者が言語的指示を与え，演示する手続きとなっている。したがって，動作模倣の要因が強くなっている。ふりは，象徴機能が発達した子どもの自発的な遊びのなかでの表象の現れであるので，その点を十分に踏まえておかねばならないだろう。また，人形へのふりは，他者へのふりの投射である。養育者や身近な人へのふりを経て，生命をもたない人形へのふりをおこなうようになる。そこには，他者の意図理解や他者の心的状態への志向性がみられる（小山，2012）。

［2］項目間の連関性

　新 K 式検査の各項目への子どもの反応の発達的解釈は非常に複雑である。発達的解釈においては，項目間の推移を説明することも必要となってくる。新 K 式検査結果を言語発達支援につなげていく際にも，項目の推移をみていく

ことや，発達のダイナミクスをとらえる連関性を検討することが課題となる。
図 8-1 は項目間の連関を検討するために，本章で取り上げた言語習得の視点
から着目したポイントを筆者がまとめたものである。

　「積木の塔」「丸棒　例後」「瓶から出す」「予期的追視」「はめ板」に関連した
項目などは「イメージスキーマ」の発達と関連していると考えられる。「瓶か
ら出す」はピアジェ（1952）の観察にもあるように，「心内実験」の現れとして
もみることができる。「入れ子」の課題は動作的に大きさの「系列化」の把握が
できて可能になるので，語連鎖ともかかわる「階層性」との関係が示唆される。

　また，「2 数復唱」はワーキングメモリの発達の現れである。耳にした数を
文節としてとらえて再生できることは，語結合の出現との関連が考えられる。
ワーキングメモリは，処理活動の間に二つ以上の情報を保持することにかか
わっている（Reid, 2017）。表象と表象との結びつきも関連していると考えられ
る。ワーキングメモリの問題は，多くの神経発達症に伴い，語りや後の読みの
発達ともかかわってくる。2 歳前後からの〈認知・適応〉領域の発達において
も，言語獲得との関連をみながら注目すべき点といえよう。新 K 式検査におけ
る項目では，「折り紙Ⅰ・Ⅱ・Ⅲ」も，ワーキングメモリとの関連を考えるこ
とができる課題ではないかと思われる（図 8-1）。

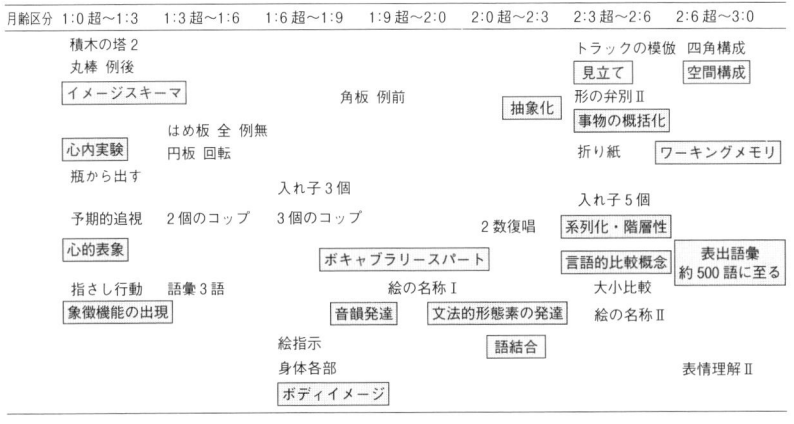

図 8-1　初期言語発達に関係する項目間の連関性にかかわる要因（小山，2022 より改変）

6. ことばの遅れのケースへの支援をめぐって

［1］発達性言語障害（DLD）

　ことばの遅れの鑑別に関しては，キャントウェル他（Cantwell & Baker，1987）の方法が参考になると筆者は考えてきた（図8-2）。しかし，キャントウェルらの方法は当時のアメリカ精神医学会の診断分類であるDSM-Ⅳに沿ったものである。以前の「特異的言語発達障害」（Specific Language Impairment,

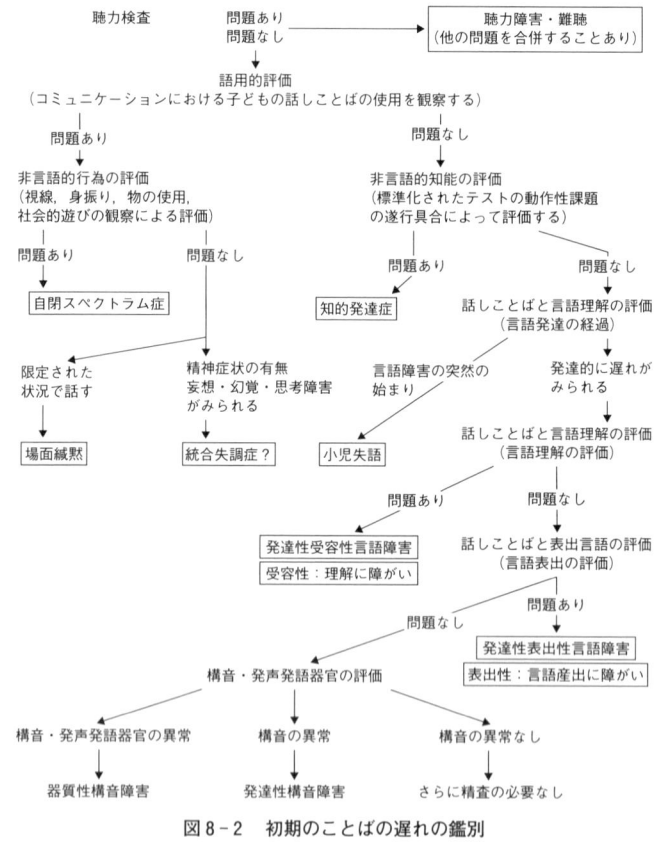

図8-2　初期のことばの遅れの鑑別

（キャントウェル他，1987；小山，2022をもとに筆者作成）

SLI）は英国を中心に現在では「発達性言語障害」（Developmental Language Disorder, DLD）と呼ばれている。図 8-2 では，発達性受容性言語障害，発達性表出性言語障害のなかに含まれていたと考えられる。

　今日の DLD は，言語の学習，理解，使用などにみられる言語発達症であり，難聴や自閉スペクトラム症など他の状態，言語環境によって説明できるものではないとされている。また，語彙や文法面の発達における困難さから，限局性の学習症のリスクはもっているが，限局性学習症とは異なることが指摘されている（NIDCD, 2022）。DLD をもつ事例への支援においては語彙や統語の発達に関連する早期支援が重要となってくる。

　ことばの遅れについては，認識の発達が着実に進んでいるかをみて，知的発達症と鑑別することが重要である。そのため，非言語的能力に関してのアセスメントを進めていく必要がある。低年齢では，反復実施によって，とくに新 K 式検査においては，〈認知・適応〉領域の発達の推移をみていくことが目安になる。

［2］レイトトーカーと DLD

　レイトトーカー（late talkers）とは，ことばを遅らせるような他の障害や環境的要因がみられないにもかかわらず，発語の開始が遅れる子どもたちであり，英語圏では，CDI によって，少なくとも平均よりも 1 標準偏差以下という基準があるが，DLD との鑑別はなかなか難しい面がある。4，5 歳頃に口頭言語については定型発達と考えられる範囲に達する子どもがおり，これらの子どもは英語圏ではレイトブルーマー（late bloomers）と呼ばれている。

　ビショップらは，レイトトーカーと DLD の事例におけるセンテンス出現時期に注目し，その非連続性を示唆している（Bishop et al., 2003；小山，2015b）。図 8-3 に示すように，レイトトーカーにおいては，生後 30 か月にセンテンスによる発話がみられるのに対して，DLD（SLI）の事例では，生後 37 か月となっている。

　3 歳児健診などの臨床現場では，知的発達症や自閉スペクトラム症などのことばの遅れの原因となるような点はなく，ことばの遅れの相談で養育者から「最近，ことばがつながってきました」と，言われるケースがある。そのような

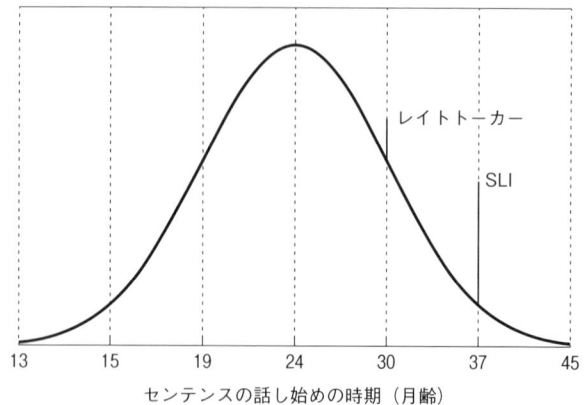

図 8-3　レイトトーカーと SLI の非連続性
（Bishop et al., 2003 をもとに筆者作成）

事例は，初語自体の出現は遅れていないが（1 歳 6 か月児健診では「語彙 3
語」は通過しており，とくに経過をみることになっていないケースもある），
初語出現後，2 歳台において，他の子どもと比べると，ことばの獲得が遅かっ
たと養育者が話されることが多い。そして，3 歳から 4 歳台では構音において
省略化がみられ，音韻の獲得が遅れていると考えられる事例がある。図 8-2
では，「発達性構音障害」に入る子どももいる。

　レイトトーカーにはその後，定型発達の範囲内に入る子どももおり，DLD
との非連続性（両者の質的な違い）は，後の言語発達障害との関連で，学齢期
の限局性学習症などの臨床面でも重要な課題となる。英語圏では，そのスク
リーニングとして，2 歳時の表出語彙数や非単語を含むセンテンスの模倣など
が用いられている（Fletcher & O'Toole, 2016）。筆者はすでに指摘しているが，
低年齢での DLD をもつ子どもの行動的な特徴についての検討が必要とされ
（小山，2015b），ディスレクシアなどの併存症の問題（Harris & Westermann,
2015）も考えながら，発達アセスメントと支援を進めていかねばならない。

7．おわりに

　筆者は，発達検査は，ある一つの側面から子どもの全体的な発達を推測する
ものとして，ある意味で批判的に使用してきた。ゲゼル（1940）やビネー
（Benet, 1911）のそもそもの目的や考えとは異なると思うが，発達臨床の場で
発達検査を使用する場合，それぞれの項目の発達的意味を考えていくことが発
達支援に必要とされている。また，例えば，なぜ指さしによる伝達がみられる
までに時間を要し，表出言語の出現が遅れているのか，そのような点について
は，それぞれの項目の発達的意味に加えて，項目間の連関性の検討が必要なの
である。

　言語獲得期に関していえば，近年の言語発達研究は多面的にその検討を可能
にする資料が集積されている。それらの資料から，発達的意味や項目間の連関
性を考えることによって，発達検査を通しての私たちの発達理解が少しずつ進
んでいくといえよう。

引用文献

Binet, A.（1911）. *Les ide'es modern sur enfants*. Flammarion.（ビネー, A.　波多野完治
　　（訳）（1961）. 新しい児童観　明治図書）
Bishop, D. V. M., Dale, P. S., & Plomin, R.（2003）. Outcomes of early language delay: II.
　　etiology of transient and persistent language difficulties. *Journal of Speech, Lan-
　　guage, and Hearing Research, 46*, 561-575.
Brooks, P. J., & Kempe, V.（2012）. *Language Development*. BPS Blackwell.
Brown, R.（1973）. *A First Language: The Early Stages*. Cambridge University Press.
Cantwell, D. P., & Baker, L.（1987）. *Developmental Speech and Language Disorders*.
　　Guilford Press.
Fletcher, P., & O'Toole, C.（2016）. *Language Development & Language Impairment: A
　　Problem-Based Introduction*. John Wiley Sons.
深田　智・仲本康一郎（2008）. 概念化と意味の世界―認知意味論のアプローチ―　山
　　梨正明（編）　講座　認知言語学のフロンティア③　研究社
Gesell, A.（1940）. *The First Years of Life: A Guide to the Study of the Pre-School
　　Child*. Harper & Brothers.（ゲゼル, A.　山下俊郎（訳）（1966）. 乳幼児の心理学―
　　出生より5歳まで―　家政教育社）

Gibson, E. J.(1977). How perception really develops: A view from outside the network. In D. LaBerge & S. J. Samuels(Eds.), *Basic Processes in Reading: Perception and Comprehension*(pp. 155-173). Erlbaum.

Harris, M.(1992). *Language Experience and Early Language Development: From Input to Uptake*. Psychology Press.

Harris, M., & Westermann, G.(2015). *A Student's Guide to Developmental Psychology*. Psychology Press.（ハリス，M.，& ウェスターマン，G. 小山 正・松下 淑（訳）(2019). 発達心理学ガイドブック—子どもの発達理解のために— 明石書店）

小山 正(1988). 乳児の象徴機能の発達に関する研究（Ⅱ）—乳児の指さし理解に関わる象徴機能について— 発達・療育研究（京都国際社会福祉センター紀要），*4*, 77-86.

小山 正(1990). 発達心理学的立場からみた精神発達遅滞児の早期療養，早期教育の内容と課題（Ⅰ）—精神発達遅滞児の言語獲得期における療育を考える上での基本的視点— 発達・療育研究（京都国際社会福祉センター紀要），*6*, 43-50.

小山 正(1999). 子どもの言語獲得とそれを支える認知発達 聴覚言語障害，*28*, 87-95.

小山 正(2012). 初期象徴遊びの発達的意義 特殊教育学研究，*50*, 363-372.

小山 正(2015a). 遊びを通したことばの発達支援—象徴遊びの過程で言語発達につながるもの 発達，*141*, 65-69.

小山 正(2015b). ことばの発達の遅れと支援 小椋たみ子・小山 正・水野久美（共著） 乳幼児期のことばの発達とその遅れ—保育・発達を学ぶ人のための基礎知識—(pp. 183-223) ミネルヴァ書房

小山 正(2018). 言語発達 ナカニシヤ出版

小山 正(2021). 子どもの言語と象徴機能の発達 最新精神医学，*26*, 201-207.

小山 正(2022). 乳幼児の言語発達アセスメント—言語獲得期における認知と言語の発達的関連性を探る— 新版 K 式発達検査第 32 回中級講座・第 1 回研究大会資料 京都国際社会福祉センター

小山 正(2023). 定型発達の子どもの初期の時間，位置，場所を表示する語の広がりと動作語の獲得—家庭での認知・遊びの発達との関連— 音声言語医学，*64*, 237-243.

小山 正(2024). 発達の理論—発達の多様性の理解と支援に向けて— ナカニシヤ出版

李 熙馥(2018). 自閉スペクトラム症児のナラティブの特徴 藤野 博（編著） コミュニケーション発達の理論と支援(pp. 94-101) 金子書房

Mandler, J. M.(2004). *The Foundations of Mind: Origins of Conceptual Thought*. Oxford University Press.

McCune, L.(2008). *How Children Learn to Learn Language*. Oxford University Press.（マッキューン，L. 小山 正・坪倉美佳（訳）(2013). 子どもの言語学習能力—言語獲得の基盤 風間書房）

村井潤一(1987). 言語と言語障害を考える ミネルヴァ書房

Nelson, K.(1999). Language and thought. In M. Bennett(Ed.), *Developmental Psychology: Acheivements and Prospects*(pp. 185-204). Psychology Press.

NIDCD（2022）. Fact sheet voice, speech, language: Developmental language disorder. *NIH Publication*, No.22-DC, 8194.

Ninio, A.（2011）. *Syntactic Development, Its Input and Output*. Oxford University Press.

小椋たみ子（2000）. マッカーサー乳幼児言語発達質問紙の標準化　平成 10 年度〜11 年度科学研究費補助金（基盤研究（C）(2)）報告書

小椋たみ子・綿巻　徹（2004）. 日本語マッカーサー乳幼児言語発達質問紙　「語と身振り」手引　京都国際社会福祉センター

Piaget, J.（1950）. *The Psychology of Intelligence*. Routledge & Kegan Paul.

Piaget, J.（1952）. *The Origin of Intelligence in Children*. International University Press.（ピアジェ, J.　浜田寿美男・谷村　寛（訳）(1978). 知能の誕生　ミネルヴァ書房）

Piaget, J., & Inhelder, B.（1969）. *The Psychology of the Child*. Basic Books.

Pinker, S.（2007）. *The Stuff of Thought: Language as a Window into Human Nature*. Viking Press.（ピンカー, S.　幾島幸子・桜内篤子（訳）(2007). 思考する言語　NHK 出版）

Reid, G.（2017）. *Dyslexia in the Early Years: Handbook for Practice*. JKP.

Saxton, M.（2017）. *Child Language: Acquisition and Development*（2nd ed.）. Sage.

新版 K 式発達検査研究会（編）(2020). 新版 K 式発達検査 2020 実施手引き書　京都国際社会福祉センター

綿巻　徹・小椋たみ子（2004）. 日本語マッカーサー乳幼児言語発達質問紙　「語と文法」手引　京都国際社会福祉センター

Werner, H., & Kaplan, B.（1963）. *Symbol Formation: An Organismic-Developmental Approach to the Psychology of Language*. Lawrence Erlbaum Associates.

山梨正明（2000）. 認知言語学原理　くろしお出版

第9章

就学相談（就修学相談）と新版K式発達検査

青山芳文

1. 学校教育の誕生と発展

［1］小・中学校教育の誕生と発展

　日本には江戸時代から藩士が儒学と武芸を学ぶ藩校や専門的な学問を学ぶ私塾（松下村塾，適塾など）だけではなく，庶民が読み・書き・計算を学ぶ寺子屋があった。

　明治維新を経て，1872（明治5）年に「学制」が公布された。学制は，兵制や税制と並んで明治政府が近代国家建設のために公布した学校教育制度である。集団構成や指導形態は，基本的には現在と同じ学年制・集団指導（同一教材での一斉指導）である。近代国家建設をめざす国の方針として富国強兵・忠君愛国を柱とした注入主義教育であったが，教室のなかでは一人ひとりの子どもに寄り添った個に応じた指導も大切にされていたと思われる。

　終戦を機に，戦前の富国強兵・忠君愛国を柱とした教育が，子どもを主体者と位置づけ，一人ひとりの内面を理解し尊重しようとする方向に転換していった。集団構成や指導形態は引き続き学年制・集団指導（同一教材での一斉指導）であるが，臨床心理学や発達心理学の知見が学校教育に生かされていった（小谷他，2020）。

［2］特殊教育（障害児教育）の誕生と発展

　1878（明治11）年，日本で最初の障害児校である「京都盲唖院」（京都府立

盲学校，同聾学校の前身）が開校するなど，視覚障害（盲）や聴覚障害（聾）
の子どもの教育は明治時代から公教育として実施されていた。

　戦後，1947（昭和 22）年の学校教育法で養護学校が位置づけられたが，多く
の都道府県では養護学校は設置されず，重度の障害のある子どもは，就学猶
予・免除の適用によって，事実上就学の機会が奪われていた。一方，養護学校
や特殊学級が少なく，軽度知的障害を含む発達の遅れがある子どもの多くは通
常の学級で学んでおり，通常の学級は今よりもインクルーシブであった。

　1960 年代，「すべての子どもに学校教育を！」というスローガンの下，障害
の軽重を問わずすべての障害児の就学保障を求める運動が全国的に広がった。
1970 年前後から多くの都道府県で養護学校が設置され，重い障害のある子ど
もたちの就学保障が進んだ。そのなかで，障害の種類と程度に対応した指導内
容と指導方法が開発され，教育内容の整備と充実が進んでいった。

　このように，20 世紀後半は，すべての子どもの就学機会の保障が実現し，障
害のある子どもの教育（特殊教育）の場の整備と内容の充実が進められた。
2000 年前後から認知されてきた「発達障害」を除き，ほぼすべての障害につい
て，その種類と程度に応じた指導内容と方法が開発された時期であった（小谷
他，2020）。

［3］特殊教育から特別支援教育への転換

　2001（平成 13）年 4 月，文部省（現文部科学省）の調査研究協力者会議から，
20 世紀の特殊教育を総括し，21 世紀の方向性を示した「21 世紀の特殊教育の
在り方について（最終報告）」が，2003（平成 15）年 3 月には「今後の特別支
援教育の在り方について（最終報告）」が出された。2003 年の最終報告に記さ
れた基本的な考え方は「障害の程度等に応じ特別の場で指導を行う『特殊教
育』から障害のある児童生徒一人一人の教育的ニーズに応じて適切な教育的支
援を行う『特別支援教育』への転換を図る」である。「障害の種類と程度による
就学指導を徹底し，特別の場に教員を多数配置して，特別の教員が特別の指導
をする」特殊教育から，「一人ひとりの子どものニーズを総合的に把握して，
子どもに関わる人々が連携しながら適切に支援し，指導や支援がその子どもに
合っているかを吟味しながら進める」特別支援教育への転換である。2007（平

成 19）年 4 月には学校教育法が一部改正され，制度としての特別支援教育が始まり，現在に至っている（小谷他，2020）。

2．就学相談

[1] 就学指導から就学相談へ

　各都道府県・市町村の教育委員会には「教育支援委員会」（他の名称の市町村もある）という組織が設けられている。就学にあたって，保護者や就学前機関などと相談しながら教育的ニーズを把握して，教育内容や方法，指導の場などを検討する機関である。障害の種類と程度に対応する最適な就学の場を保障しようとする「特殊教育」の時代は，多くが「適正就学指導委員会」（その後「就学指導委員会」に改称）という名称であったが，「保護者等は指導する対象ではなく，子どもの教育についてともに考えるパートナーである」「就学の場だけではなく，指導・支援内容や方法を含め就修学全般について支援する」という考え方によって「教育支援委員会」という名称になったものである。

[2] 就学相談とは

　「就学相談」ということばを聞くと，「最適な就学の場」を検討して推奨するための相談というイメージをもつ人がいるかもしれない。確かに，就学の場の検討は重要であり，就学の場の決定にあたって保護者の意見を尊重するようにはなってはいるが，それでは「適正就学指導」と変わらない。

　大切なことは，次の考え方で相談を進めることである。

①就学相談は，学校や専門家が考えた「最適な就学の場」への就学を保護者に推奨するためのものではない。その子どもの発達課題を確かめ合い，教育の在り方を考え合うための発達相談・教育相談である。場の選択は，その過程のなかで形成されていく結果である。「場の選択の検討ありき」ではない。

②「人数が多い通常の学級での一斉指導では難しいから，少人数指導や個別指導ができる特別支援学級に」「通常の学級でもやっていけそうだから通常の学級に」というような，その子どもの発達課題・教育課題を抜いた就

学の場の判断ではどちらに就学したとしても適切な教育内容や支援方法が明らかにならない。

③就学という大きな節目にあたり，幼児期の成長（幼児期の発達）とそれを支えた環境や支援内容・方法を確かめ合うことによって，就学後の教育内容とそれを支える環境について保護者を含めた関係者がともに検討することが大切である。保護者にとっては我が子の現実を直視しながら期待をもって見通しを獲得していく，学校にとっては学校教育そのものを見つめ直していく，厳しいけれども有意義なチャンスである。

④就学の場の選択は保護者の主体的な意向を尊重する。そのうえで，発達相談・教育相談としての修学相談を継続することが大切である。

3．発達相談・教育相談・就修学相談[1]と心理検査

［1］発達相談と発達検査・知能検査

筆者は，1980 年代を中心に 15 年間，京都府宇治市で「ことばの教室」（現通級指導教室）を担当していた。「ことばの教室」には開設当初から外来教育相談機関としての役割（現在の特別支援学校の地域支援センターの役割）があり，毎年 100 ～ 150 件の発達相談（就学相談を含む）を実施していた。

外来発達相談では主に新版 K 式発達検査（当時は新版 K 式発達検査増補版，以下，新 K 式検査とする）を実施した。しかし，検査をしなければ発達段階や発達課題がわからないということではない。厳しい表現をするが，検査をしなければ子どもを理解できない人は，検査結果を子どものために活用することはできない。

では，なぜ発達検査を実施したのか。

筆者たちにとっての発達検査は，「生活や学習場面の観察では丸一日ほどかかる内容が，発達の質や特徴に限定すれば，1 時間程度で整理できるツール」，

---

1)　「就学相談」は本来，就学の場の選択を含め適切な指導・支援内容を考え合うための相談である。しかし，「通常の学級・特別支援学級・特別支援学校のどこに就学するか（就学の場の選択）」の相談だと限定的に理解され，指導・支援内容の検討が欠落していることが多い。そのため，第 9 章では「指導・支援内容を総合的に検討する教育相談（結果として場の選択の検討を含む）」という意味で，「就学相談」ではなく「就修学相談」と表記する。

「その子の課題への取り組み方やそこに現れる発達の質を，他の関係者と共通の観点をもって，より客観的にみることができるツール」だったからである。

もちろん，構造化されていない生活や学習場面を観察した方がその子をトータルに理解することができる。しかし，構造化されていない場面での行動観察では観察者の主観に左右されやすい。より客観的に子どもの発達を理解する手がかりを得るためには，標準化された発達検査の活用が有効である。心理検査は，その検査の有効性と限界（何がわかり，何はわからないのか）を十分理解したうえで活用すれば役立つツールである。

［2］ 就修学相談と発達検査・知能検査など

今，学校現場には，心理検査に対する過度な期待がみられる。「専門家に検査してもらえば，障害の有無や障害名，必要な手立てを具体的に教えてもらえるはずだ」と錯覚している教員が増えているように感じる。

とんでもないことである。心理検査は「構造化された行動観察のツール」である。発達検査は発達の視点を踏まえて作成された心理検査，知能検査は知的発達の視点を踏まえて作成された心理検査である。それ以上のものではない。

また，就学相談の目的は就学の場の検討を含む発達相談・教育相談なのであるが，就学相談で実施した発達検査・知能検査の結果が「就学の場の選択」以外に十分活用されていないことが多いのではないだろうか。

［3］ 新版 K 式発達検査と WISC 知能検査

発達検査（知的発達の視点を踏まえて作成された心理検査である知能検査を含む：以下同じ）には，それぞれ独自の目的とその目的に対応する特徴がある。

新 K 式検査と WISC 知能検査（Wechsler Intelligence Scale for Children）を対比しながら，それぞれの特徴を整理する。「教育現場で使用する発達検査を使用目的によって選択して使用してきた筆者の経験」で整理したものなので，開発者の意図とは異なるかもしれないが，参考にしていただきたい。

（1） 新版 K 式発達検査

新 K 式検査は，ビネー（Binet, A.）の知的水準を測定する尺度にビューラー

（Buhler, C.）の乳幼児用の尺度，ゲゼル（Gesell, A. L.）の発達診断指標などを組み合わせて作成されたものである（新版 K 式発達検査研究会，2008, 2020a；鈴木，1956）。定型発達モデルで構成されており，発達水準が明確に推定できる。乳幼児期から学齢期の総合的な発達評価には極めて有効である。

　各検査項目（設問と答え方）について発達的な意味が検討されており，「発達の視点で構造化された行動観察のツール」の典型といえる発達検査である。

（2）WISC 知能検査

　ウェクスラー（Wechsler, D.）によって開発された学齢期用の知能検査である。ウェクスラーは，知能を「目的的に行動し，合理的に思考し，能率的に環境を処理する個人の総合的，全体的能力」と規定している。

　新 K 式検査とは異なり，一つひとつの設問への答え方の質を検討して判断するのではなく，下位検査群ごとに統計処理をして，その数値から判断することを原則としており，認知特性や能力間の凸凹を理解するのに有効である。下位検査群は，WISC-Ⅳでは4つの指標（言語理解・知覚推理・ワーキングメモリー・処理速度）と5つの補助指標，WISC-Ⅴでは5つの主要指標（言語理解・視空間・流動性推理・ワーキングメモリー・処理速度）と5つの補助指標がある（日本版 WISC-Ⅴ刊行委員会，2021）。WISC 知能検査は，それぞれの指標の数値で得意・不得意がわかりやすい検査である（日本版 WISC-Ⅴ刊行委員会，2021）。

　新 K 式検査と WISC 知能検査の対比にあたり，表9-1のようにまとめた。表9-1のように比較すると，その子どもに応じた教育内容（教材や活動）を発達の視点で具体的に検討するためには新 K 式検査が有効である。一方，「発達凸凹」のある子どもに対し，どの領域間にどの程度の凸凹があるのかを把握し，その凸凹に対応する手立て（教育内容ではなく支援方法）を検討するためには WISC 知能検査の方がわかりやすい。しかし，使用目的によってではなく，「幼児期の子どもには新 K 式検査が使用され，学齢期の子どもには WISC 知能検査が使用される」傾向があるように感じる。目的ではなく対象年齢での「住み分け」になっているなら残念である。

表 9-1　新版 K 式発達検査と WISC 知能検査の対比

	新版 K 式発達検査	WISC 知能検査
特徴	「発達段階（知的水準）」が明確に推定でき，認識の質がわかる。一方，プロフィール図や得点からだけでは個人内差はわかりにくい。	「同年齢集団のなかでの位置」が明確にわかる。また，プロフィール図や得点から個人内差がわかりやすい。
プロフィール図	各検査項目が配置された検査用紙の通過項目（＋）と不通過項目（－）の境目に線を引き（＋）と（－）の凸凹を視覚的に把握しやすくしたもの。	各指標や各下位検査群の数値を折れ線グラフにしたもの。
数値の意味	各検査項目が定型発達モデルの年齢に対応しており，DQ は比 DQ である。DQ＝発達年齢÷実年齢×100，つまり実年齢 10 歳で DQ70 なら発達年齢は 7 歳相当という意味である。	各指標や下位検査の数値は偏差値で，IQ は偏差 IQ である。各指標は「M＝100，SD＝15」の偏差値であり，下位検査の評価点は「M＝10，SD＝3」の偏差値である。つまり実年齢 10 歳で IQ70 は，発達年齢が 7 歳相当という意味ではなく，10 歳の子どもたちの平均より「SD×2」だけ低い位置（M－$2SD$ の位置＝下位 2 〜 3 ％の位置）にいるという意味である。

注）DQ（Developmental Quotient, 発達指数）。IQ（Intelligence Quotient, 知能指数）。M（平均値）。SD（標準偏差）。

4．日々の保育・教育における新版 K 式発達検査の活用

［1］生澤雅夫による新版 K 式発達検査の本質

　前節で「その子どもに応じた教育内容（教材や活動）を発達の視点で具体的に検討するためには新 K 式検査が有効である」と整理してきたが，ここで新 K 式検査を開発・作成された，生澤雅夫の文を紹介する（生澤，1996，2005）。

　　K 式の特徴の一つは，各検査項目が，単に子どもが出来るか出来ないかをしらべて＋－をつけるだけの項目ではないということです。そうではなくて，どの子どもにも同じ検査用具を用い，同じ場面を設定して，そこで子どもがどのように行動し反応するのかを観察しようとしているのです。K 式の検査項目は，専門用語で言う「構造化された観察場面」なのです。各項目の検査

手続きには，それぞれの「構造化された観察場面」の設定のしかたが規定してありますし，判定基準には，観察のポイントがまとめてあります。このようにして設定された観察場面での子どもの反応には，発達に応じた特徴が認められますので，反応の種々相を，発達の順序という見地から配列・整理したのが，K 式検査です。説明の都合上，ある検査課題の基準を通過したとか不通過であるなどの表現を用いますが，本質は，その検査場面で発達特徴が観察されたかどうかに注目しているのです。なお，このような考え方は K 式の発明というわけではなく，ビネー，ビューラー，ゲゼルなどの考え方を発展させ，整理したものです。

　検査場面の反応を観察していますと，はっきり＋（正答）とか－（誤答）と判定できる場合もあります。きわどい反応で，－ではあるが，正答一歩手前の－もあります。ある日の検査では＋だったのが，次の機会に検査してみると－ということもあります。両方とも正確な情報なのです。ある行動が安定して観察される前に，たまたま萌芽的に反応が現れることもあるからです。このように，－反応にもいろいろあるわけで，その内容が大切なのです。

［2］　新版 K 式発達検査における各項目（設問）の発達的意味

　新 K 式検査も標準化作業によって数値化されている（検査表には各検査項目が 50％通過年齢の位置に配置されている。そして，得点を合算して統計処理された 50％通過年齢が発達年齢として，さらに DQ として数値化されている）が，生澤が述べているように，新 K 式検査は各検査項目の発達的意味が検討され，整理されているという特徴がある。

　「実施手引書」（生澤他，2002；新版 K 式発達検査研究会，2020b）に記載されているのは各検査項目の実施手続きと判定基準だけであるが，松下・岩知道（2005），西尾（2005），岩知道・大谷（2012），松下・郷間（2012）では各検査項目の発達的意味が検討されている。これらを参考にし，保育内容・教育内容そのもの（教材や活動）の設定や検討に活用することを勧めたい。

　ただし，検査技法に習熟するだけでは有効活用は困難である。有効活用のためには，各発達段階のさまざまな子どもたちの姿を具体的に知っていることが重要である。発達の専門家よりも長年保育所で幼児の保育に携わってきた保育士の方が第 3・4 葉の各検査項目の発達的な意味を理解しやすいかもしれない。

■ 5．日常の行動観察を大切にし，支援につなげる総合的なアセスメント

［1］日常の行動観察を大切に

　特定の検査だけでは十分なアセスメントができないため，複数の検査を組み合わせて（テストバッテリーを組んで）実施することがある。しかし筆者は，検査だけをいくら組み合わせて使用したとしても，「構造化されていない行動観察」を大切にしないかぎり，子どもを理解することはできないと考えている。

　医療機関や外来相談では日常生活場面での行動観察が難しいかもしれないが，保育・教育・療育の現場では十分可能である。「できる／できない」や「適応／不適応」という目にみえる現象ではなく，発達の視点をもって日常生活場面での行動をみる目を高めておきたい。繰り返しになるが，定型発達の各発達段階の特徴（その質と表現の仕方）を，多くの子どもたちの実際の姿から具体的に知っておくことが大切である（青山，2014）。

［2］事実を具体的に正確に把握する

　アセスメントにあたってまず大切なことは事実を正確に把握することであり，このときに大切なのは具体的な事実である。適切な支援につながるアセスメントのために必要な事実は具体的なものでなければならない。

　また，「できない」という事実だけを集めても支援につながるアセスメントには役立たない。支援方法を具体化するときに役立つのは，むしろ「できる」事実（今できていること，このようにすればできるということ）である。

　具体的な事実を整理していくと，ある事実が別の事実と矛盾しているように思えることが必ず出てくる。思い込みによる誤った見立てに陥らないように，どちらも事実として把握しておくことが大切である。矛盾があるようにみえることを整理して「なぜだろう」と考えていくと，一般論としての障害や特性ではなく，その子ども固有のつまずきの背景がみえてくる（青山，2014）。

［3］事実を冷静に整理して，そのわけを考える

　具体的な事実を把握したら，それを冷静に整理し，その「わけ」を考えてみ

る。これがアセスメント（見立て）である。アセスメントは，アセスメント票に整理した事実を記入して障害名や特性の名称を絞り込むことではない。

　事実（現象）を把握するだけではなく，さまざまな事実がなぜ起こっているのか，そのわけを考え，現象の背景やつながりを説明できる仮説を考えることによってはじめて，支援につながる具体的な手立てがみえてくる。

　このときに有効性と限界とを十分理解したうえで活用すれば役立つのが，心理検査である。しかし，保育・教育・療育現場で子ども支援をしている人は，検査結果の得点やプロフィール図から分析や解釈を始めてはいけない。

　まず，日頃の観察（かかわり）のなかで把握している子ども像や検査場面での観察などから得られた子ども像に照らし合わせ，検査結果の通過（＋），不通過（－）や得点が「なるほど」と思えるか否かを吟味することから始めることが大切である。

　次に，検査結果の得点や下位検査の「でき方」や「答え方」と日頃のエピソードなどとの間に説明できない矛盾はないか，「なるほど」と思えるか否かを吟味する。ただし，矛盾がないのがいいのではない。説明しきれない点を一部残しながら，全体として「なるほど！」と思えるまで考えることによって，はじめて子どもがみえてくる。このときには同時に，適切な支援の内容や方法がいくつもみえてきているはずである。「なぜ？」と考えるところから，その子どもへの支援の基本と具体的な支援のアイディアが生まれてくる。その子ども特有のつまずきへの理解が深まり，支援のヒントがみえてくる（青山，2014）。

［4］子どもの評価と指導・支援の評価を一体的におこない，アセスメントを更新しながら指導・支援をおこなう

　このように整理したアセスメント（見立て）を踏まえて指導や支援の計画を立て，指導や支援を始めるわけであるが，アセスメントは「その時点での見立て」にすぎない。あくまでも仮説である。

　実際に指導や支援をするなかで新たな事実が見つかり，アセスメントは修正されていく。また，指導や支援をしたことによって事実の変化が生まれてくる。

　一定期間ごとに「子どもの評価（子どもの変化の評価）」と「指導や支援の内

容・方法の評価」を関連づけておこないながら，はじめに整理したアセスメントを検討し直し，整理していくことが大切である。このサイクルを繰り返すことで子ども理解が深まり，より適切な支援へと発展していく（文書作りが目的ではないので，頻繁に書面を更新することを推奨しているわけではない）（青山，2014）。

▌6．就修学相談の事例より

新Ｋ式検査を活用した就修学相談（就修学相談を主たる目的とする発達相談・教育相談）の事例「Ａ児（小２）のケース」を紹介する。

これは，筆者が実際に相談したほぼ同年齢・同発達段階の数名のケースを矛盾がないように組み合わせて再構成した架空ケースである。保育所（幼稚園，こども園などを含む：以下同じ）や学校などでのエピソードだけではなく，家庭など保育所や学校以外のエピソードを踏まえることが大切であるが，ここには家庭に関する情報は記さない。

筆者は，関係機関と保護者には以下の構成と内容で作成した報告書と記録表（各項目の（＋）（－）と取り組み方や「つぶやき」を書き入れた記録表）を提供し，それらを説明しながら就修学相談を実施していた。

【基本情報】

> 氏名，性別，生年月日，生活年齢，所属，実施日時と所要時間，実施場所，検査者名，主訴，実施目的，同席者などであるが，この事例は数名を組み合わせて再構成したものなので省略する。

【成育歴概要：乳幼児期の発達歴，健診・相談・療育歴，保育歴など】

> ・10 か月産，体重 2700g，初歩 1 歳半過ぎ，人見知り（＋；強），後追い（±；弱）
> ・応答の指差し（＋；2 歳頃），初語（有意語）は 2 歳半頃，二語文は 3 歳半頃
> ・1 歳 6 か月児健診では要観察，3 歳児健診→療育教室通園
> ・3 歳児から就学前まで保育園へ 3 年間（加配あり）
> ・就学にあたって特別支援学級を勧められたが，通常の学級に就学

【学校（保育園を含む）でのエピソード：担任などからの情報】

言語，コミュニケーション
・一斉指導での理解が難しく，周りをみながら行動している。
・興味のないことは聞いていない。自分の解釈で勘違いしていることがある。
・明確な答のある質問（what, who など）には答えるが，明確な答えを求めない質問（how など）には答えることが難しい。

運動，感覚など
・縄跳びやマット運動など（身体全体の協調運動）が苦手。
・鉛筆や消しゴムの使い方は乱暴（力の入れ過ぎ）である。
・感覚過敏はみられない。好き嫌いは強いが，とくに食べられないものはない。

行動，社会性など
・保育園の時は保育室のなかでうろうろしたり，外に出て行ったりしていた。
・１年生になると，席に座ることができるようになった。
・２年生では，再び教室のなかでうろうろし，外に出ていくことが増えてきた。
・ほめてもらうと頑張る。とくに「できた」ことをほめてもらうと非常に喜ぶ。
・保育園の年長組頃から，できないと思ったことは頑としてしないようになる。（できる・できないに関してはこだわりが強く，頑固である。）
・年長組でも，２歳児クラスや３歳児クラスの子どもと遊んでいた。
・年長組になると，何とかルール遊びにも参加できるようになった。
・同年齢の友達と遊ぶのは難しい。お姉さん的な女子との静かな遊びを好む。
・しばしばパニックが起こる。（固まって動けなくなるか，大泣きする。）

学力（教科学習にかかわる学力）
●国語（読み書き関係）
・平仮名の「読み」はほぼ定着したが，拗音や促音などは困難。文は逐次読み。
・平仮名の「書き」では，濁音・半濁音・拗音などは困難。鏡文字も多い。
●算数関係（数量関係）
・一桁の足し算のプリントは，覚えていて書くことができる。（ほぼ正答）
・10 の補数は量として理解していないが，「７→３」というように覚えている。
・引き算は絵や図をみても理解が難しい。（足し算は絵や図をみるとできる。）
・九九は大体覚えた。（「１あたり量」×「分量」という理解はできない。）
●その他の教科
・生活科は好き。活動を楽しんで参加している感じである。
・音楽も好き。リコーダーは難しいが，歌うのは好き。
・図工も好き。テーマを指示されても，好きな絵を描くことが多い。
・体育は，協調運動はとくに困難だが，身体を動かすことは嫌いではない。

【検査結果（発達年齢と発達指数）：実年齢＝ 7 歳 9 か月 （ 2 年 2 学期末)】

〈認知・適応〉＝68 月（ 5 歳 8 か月）：DQ＝69
〈言語・社会〉＝65 月（ 5 歳 5 か月）：DQ＝66
全領域 ＝67 月（ 5 歳 7 か月）：DQ＝68

【検査結果データの信頼性の検討】

　約 60 分間，積極的に取り組んだ。無反応（「わからない」「知らない」など）がなく，（ー）項目を含めすべての項目の設問に対して自主的・意欲的に答えていた。検査が終わって教室に戻ったとき，担任に「楽しかった。またやりたい」と言ったとのことである。以上から，検査結果には信頼性があると考えている。

【下位検査項目の反応と発達的な意味】

　以下，『〇歳の力』などという表現を使っているが，『〇歳の力』は「定型発達の平均的な〇歳児が蓄えてきた質の発達の力」という意味である。
空間操作課題
●家の模倣（＋），門の模倣（＋），階段の再生（＋）［ 5 歳の力］
 ・ 1 年前は，門の模倣まで（＋），階段の再生（ー）［ 5 歳の力はみられない］
●模様構成 I 1/5（＋）；下位項目（2）のみ（＋）［ 4 歳の力での取り組み方］
 ・ 1 年前は全（ー）
●円模写（＋），十字模写（＋），正方形模写（＋），三角形模写（＋）［ 5 歳の力］
 ・斜めの認識・操作が確実になった
 ・ 1 年前は，正方形模写（ー），三角形模写（ー）［ 5 歳の力はみられない］
●玉つなぎ（1/2 ＋）
 ・ 1 対 1 対応，系列化とも OK［ 5 歳の力］
 ・ 1 年前は，玉つなぎ（ー）［ 5 歳の力はみられない］
●人物完成 7/9（首筋と眉毛以外）→6/9（＋），8/9（ー）
 ・ 1 年前は，6/9（頭髪・首筋・眉毛以外）→6/9（＋），8/9（ー）
　「模様構成」にみられるように二次元的な空間認知や空間操作は得意ではないと思われるが，発達段階（ 5 歳過ぎ）で説明できないような空間認知の困難や手指操作の不器用はみられない。
視覚的短期記憶・聴覚的短期記憶
●積木叩き 7/12（＋）：下位項目（1）〜（6）は確実，（8）も（＋）
 ・ 1 年前は，6/12（＋）
 ・ 5 歳の力を確実に発揮している。
● 4 数復唱（ー）

・1 年前は，（1/2 ＋）
　・必ずしも 1 年前よりも後退したわけではないと思う。
　・意味の伴わない機械的な聴覚的記憶は苦手だと思われる。
●短文復唱Ⅰ　全（＋）
　・1 年前も全（＋）
　・はっきりと意味がわかる短い文であれば，正確に覚えることができる。
●短文復唱Ⅱ（－）
　・1 年前は未実施
　・意味は理解しており，文法的にも正しい文になっているが，正確ではない。
　継次処理による空間認識と継次的な視覚的短期記憶の力は高い。
　言語理解は発達段階（5 歳過ぎ）相応であるが，聴覚的短期記憶は苦手である。
「正確に聞き取る力」を育てることが大切である。（聞き取りの訓練ではなく，「読み
聞かせ＋暗唱」を楽しむなどの活動が効果的）

比較課題・系列化課題
●大小比較（＋），長短比較（＋），重さの比較（＋）［4 歳以上の力］
●5 個のおもり（－）：軽い方の 3 個と重い方の 2 個に分離［4 歳以上の力］
●円系列［新 K 式検査にはない追加課題］では，最後の方だけ一応系列化［5 歳の力］
　発達段階（5 歳過ぎ）相応である。

数量認識
●数選び　3（＋），4（＋），6（＋），8（＋）［4 歳以上の力］
　・「3 を 6 に」「6 を 4 に」「4 を 8 に」することもできた。［5 歳の力］
　　「さん」「よん」「ろく」「はち」は OK
　　「みっつ」「よっつ」は OK だが，「むっつ」は 7 個，「やっつ」は 10 個
　　10 までの数詞は一応定着しているが，生活語としての確実性は 5 まで
●13 の丸（＋）［4 歳の力である「数えてわかる」は完璧］
●13 の丸　理解（Ⅰ）（＋），Ⅱ（＋）［5 歳の力］
●指の数　左右（＋），指の数　左右全（＋），5 以下の加算 3/3（＋）［5 歳の力］
●打数かぞえ（－），釣り銭（－）：10- 4 → 30，15-12 → 20，20- 4 → 3
　［6 ～ 7 歳の力の芽生えはみられない］
　発達段階（5 歳過ぎ）相応であるとともに，学校（教科学習）での丁寧な指導の跡
がうかがえる。
　数詞には「生活語（ひとつ，ふたつ，みっつ）」と「算数語（いち，に，さん）」が
あり，「算数語」でも 4 は「よん，し」，7 は「なな，しち」など複数の呼称がある。
本児は「生活語」としての数詞の習得が十分ではない。教科学習のなかで習得した
知識・技能を生活のなかで生かすためにも早いうちに定着させておくことが大切で
ある。

了解Ⅰ・Ⅱ・Ⅲ，絵の叙述，語の定義
●了解Ⅰ：3 歳課題である了解Ⅰは（＋）：確実 3/3＋
●了解Ⅱ：4 歳課題である了解Ⅱは（＋）：下位項目（1）・（2）が正解（2/3＋）

●了解Ⅲ：5歳課題である了解Ⅲは（−）：下位項目（1）のみ正解（1/3＋）
（「相手との関係を想像して葛藤しながら答える」という5歳（5〜6歳）の質ではなく，ことばの意味を理解して答える4歳（4〜5歳）の力での答え方）
●絵の叙述（−）：人物を主語にして動作を叙述するという文体にはならない。
●語の定義（4/5＋）：目の前にある机は，再質問をしても「これ」と答えた。（−）
　　　　　　　　　他の4語は用途を答えることができた。（＋）
　基本的に発達段階（5歳過ぎ）相応である。「正確に聞く力」「正確に伝える力」を育てていくと，さらに確かになると思われる。（聞き取りや話し方の訓練ではなく，楽しみながら活動するなかで育てること）

左右弁別
●左右弁別 全逆（＋）：一貫して全逆［4歳以上の力］
●相手の左右［新 K 式検査にはない追加課題］（−）
　・相手の左右が逆になることは認識していない。［相手の視野や視点が自分とは違うことを認識するようになる5〜6歳の質ではない］
　発達段階（5歳過ぎ）相応である。「意味がわかる短いことばを正確に聞き取る」「基準を決めたらぶれない」という4歳の力をしっかりと発揮している。
　了解Ⅲとも関係するが，「相手（他者）の視点は自分の視点とは違う」という理解はまだ難しい。相手の視点が自分とは違うことを感じる経験が大切である。ただし，「相手の気持ちを考えなさい」という指導では支援にならない。「相手の視点が自分とは違う」ことを感じることができる体験を大切にし，肯定的に実感できるような丁寧な支援が必要である。

【基本的な発達段階（本児の発達の世界）】

　「4歳の力」を確実に発揮し，「5歳の力」で外界を認識して外界に働きかけている発達段階で，「5歳の力」を充実させているところである。

【育ってきた力を生かした教育的支援（指導）や子育てのために】

・発達上の大きなアンバランスはみられない。『発達障害』と考えた方がよいような，「発達段階（5歳過ぎ）で説明できない強い特性」は認められない。
・全体的な発達に遅れがあるが，実年齢とのギャップに目を奪われることなく，「『4歳の力』を確実に活用し，『5歳の力』を充実させているところ」であることを理解して教育的支援を考えたい。医学的な分類では「軽度知的障害」または知的境界域（いわゆる境界知能）になると思うが診断名を特定しても指導や支援の内容が明らかにならない。「ゆっくりと着実に発達している子どもである」と理解することが大切である。
・立ち歩き，パニックや一定のこだわり，強すぎる筆圧や鏡文字など，『発達障害』

を想定したくなるようなエピソードがみられるが，これらは『発達障害』を典型とする障害特性によって生じているものではなく，環境的・心因的反応やこの発達段階にみられる通常の反応だという理解が大切である。

・発達検査は（とくに新 K 式検査は WISC 知能検査や K-ABC（Kaufman Assessment Battery for Children）などと比べても），日常の生活や学習の直接的な影響が反映しないように作成されているが，机上課題に取り組む本児の構えや答え方から，学校での生活や学習が本児の安定した発達の伸びを支えていることがうかがえる。

・本児は「『4 歳の力』を確実に活用し，『5 歳の力』を充実させているところである」と理解し，教育内容（指導や支援の内容）を考えること。

・大切なことは，「定型発達の子どもを典型とする幼児期後半の発達」の道筋を踏まえ，『5 歳の力』に応じた指導目標を設定し，その発達段階に応じた活動を充実させることである。『5 歳の力』を充実させているところなので，例えば，算数科「数と計算」の領域では，数を記号としてではなく量（集合数）として意識できるように指導することが望ましい。ただし，まだ「10 の補数」の概念は難しいので，繰り上がりは「10 の補数」で指導するのではなく，「5 のかたまり」を意識させながら分解・合成の指導をすること。また，算数科の学習でも実生活に関連した題材や活動を大切にし，「数量に親しむ」豊かな経験を広げる支援が必須である。

・できないことをできるようにするための支援を否定しないが，「今その課題に取り組むことが必要なのか」「それができることが生活や次の学習にどのように生きるのか」「その課題を取り組むことによってどのような力が蓄えられるのか」ということを常に検討しながら指導することが大切である。

【適切な指導目標と指導内容の基本】

・発達に遅れがある子どもの教育では「発達段階に応じた学びが保障されること（A）」と「実年齢に応じて尊重され，社会生活で求められることは実年齢に応じた学びが保障されること（B）」がどちらも必要で，加えて「現在の生活や将来の仕事などに生きて使える力が培われること（C）」が大切である。大きな発達の遅れがない場合は A≒B なので，通常の学級の教員が「（A）と（B）の両立の必要性」を意識することはあまりないかもしれないが，A≠B である本児の場合は常に意識しておくことが必要である。

　文部科学省「特別支援学校学習指導要領解説（H30.3）」の第 4 章第 2 節「2 知的障害のある児童生徒の教育的対応の基本」の第 1 項には「児童生徒の知的障害の状態，生活年齢，学習状態や経験等を考慮して……指導目標を設定し指導内容の具体化を図る」と書かれている（文部科学省，2018）。要するに，経験などを考慮しながら（A）と（B）の両面から指導目標と指導内容を組み立てるということである。

・本児の教育指導の基本は，「定型発達モデルでいえば基本的に『5 歳過ぎ』の発達段階に応じた指導目標を設定し指導内容を工夫する（A）」ことと「8 歳という実

年齢を尊重し，社会生活で求められる『学齢期の少年』に必要な経験と学びを保障する（B）」こと，加えて「こうした学習を通して，生活のなかで生きて使える力を培う（C）」ことである。

【就修学の場の検討】

・同じ発達段階の子どもを含む多様な子どもたちで編制されている特別支援学級（知的障害）中心の生活・学習であれば，（A）（C）を充実させることができる。さらに，通常の学級との交流および共同学習を活用して（B）の指導を大切にする。

・通常の学級で（A）（C）を「徹底する」のは現実的ではないが，「通常の学級でも工夫できること」は少なくない。

　通常の学級では，発達が遅れている子どもや逆に知的発達が高い子どもを含め発達的に大きな幅のある子どもたちがともに学んでおり，教員はその大きな幅のある子どもたちを学級集団のなかで指導している。学年教材を使い，学級全体に対する指導目標は学年対応であっても，発達が遅れている子どもや学習が積み上げられていない子どもに対してはその子に応じた指導をしてきたのが，明治この方，学校教育の歴史である。

　学習指導要領に書かれている学年目標をすべての子どもに機械的に当てはめ，一律の方法での指導しかできなければ，発達が遅れている子どもに応じた指導（A）をするのは無理である。しかし，学年教材を使っていても，子どもの発達段階に応じた目標と活動を工夫する（A）ことは可能である。

　相談担当者は保護者および担任などからさまざまなエピソードを克明に聞かせていただき，新 K 式検査を実施した。検査結果だけではなくさまざまなエピソードを踏まえた，本児の学びの場についての相談担当者の意見は以下のとおりである。

・本人・保護者・学校が一致できれば，特別支援学級（知的障害）での生活・学習を中心とする教育課程を編成して指導することを基本とし，通常の学級との交流および共同学習を活用するのが最適だと考える。

・一致できなければ，本児の発達に応じた指導目標を考え，通常の学級でも工夫できる範囲で個に応じた指導を工夫しながら，相談を継続することが大切である。

7．おわりに

　「就学相談（就修学相談）と新版 K 式発達検査」（新 K 式検査の就修学相談への活用）の基本は，次の 2 点に尽きる。

①就学相談（就修学相談）は，就学の場の選択のためだけではなく，就学の
　場の選択を含む発達相談・教育相談として実施することが大切である。
②新Ｋ式検査は，発達年齢や発達指数などの数値だけではなく，各検査項目
　（設問と答え方）の発達的意味が明らかにされている。そのため，新Ｋ式
　検査は，就学の場の検討だけではなく，適切な指導目標と教育内容を考え
　るための貴重な資料となる。

　最後に，筆者が心理検査にかかわる際に「座右の銘」としている生澤雅夫の
文（生澤，1996，2005）を紹介し，新版Ｋ式発達検査活用のまとめとさせてい
ただきたい。

　　Ｋ式をお使い下さる方の中にはおられないと思いますが，万が一つにも，Ｋ
　式でこういう結果になったのだから，この子はこうだと，わかったつもりに
　ならないでほしいと思います。Ｋ式でわかるのは，あくまで子どもの一側面
　です。やはり，子どもをもっともっとよく知り，そのことによって，子ども
　にすこしでもプラスになるように考えることが大切だと思います。そもそも，
　Ｋ式そのものが，大勢の子どもたちから学んだことの集大成なのですから。

引用文献

青山芳文（2014）．子ども理解と支援につながるアセスメント　佛教大学教職支援セン
　　ター紀要，*6*，1-21.
生澤雅夫（1996）．発達をとらえる視点をめぐって　発達・療育研究（京都国際社会福
　　祉センター紀要），1996.6　別冊，10.（発達・療育研究（京都国際社会福祉セン
　　ター紀要），2005.10　別冊，3. に再掲）
生澤雅夫・松下　裕・中瀬　惇（編）（2002）．新版Ｋ式発達検査2001実施手引書　京
　　都国際社会福祉センター
岩知道志郎・大谷多加志（2012）．反応事例から検査項目の意味を考える　発達・療育
　　研究（京都国際社会福祉センター紀要），2012.7　別冊，11-29.
小谷裕実・藤本文朗・青山芳文・小畑耕作・近藤真理子（編著）（2020）．小・中学校の
　　教師のための特別支援教育入門　ミネルヴァ書房
松下　裕（2012）．発達アセスメントと支援　発達・療育研究（京都国際社会福祉セン
　　ター紀要），2012.7　別冊，3-10.
松下　裕・郷間英世（編）（2012）．新版Ｋ式発達検査法2001年版　発達のアセスメント
　　と支援　ナカニシヤ出版

松下　裕・岩知道志郎（2005）．認知の発達と新版 K 式発達検査—認知発達的観点から
　　みた検査項目—　発達・療育研究（京都国際社会福祉センター紀要），2005. 10 別冊，
　　11-34.
文部科学省（2018）．特別支援学校 幼稚部教育要領　小学部・中学部学習指導要領解説
日本版 WISC-Ⅴ刊行委員会（2021）．WISC-Ⅴ知能検査　日本文化科学社
西尾　博（2005）．反応事例を中心に　発達・療育研究（京都国際社会福祉センター紀
　　要），2005. 10 別冊，35-44.
新版 K 式発達検査研究会（編）(2008)．新版 K 式発達検査法 2001 年版 標準化資料と実
　　施法　ナカニシヤ出版
新版 K 式発達検査研究会（編）(2020a)．新版 K 式発達検査法 2020 解説書（理論と解
　　釈）　京都国際社会福祉センター
新版 K 式発達検査研究会（編）(2020b)．新版 K 式発達検査 2020 実施手引書　京都国
　　際社会福祉センター
鈴木治太郎（1956）．実際的・個別的知能測定法［鈴木ビネー］　東洋図書

参考文献

青山芳文（2010）．柔軟な個別理解とオーダーメイドの支援を　そだちと臨床，9，17-
　　20.
青山芳文（2012）．特別支援学校での教育実習やボランティア活動の課題—「学ばせた
　　いこと」「誤った学びをさせたくないこと」：改善しなければならない特別支援学校
　　の課題を踏まえて—　佛教大学教職支援センター紀要，4，47-64.
青山芳文（2013）．発達障害等のある子どもへの「指導」や「支援」　佛教大学教職支援
　　センター紀要，5，1-20.
清水里美（2012）．検査結果を報告書にまとめる　発達・療育研究（京都国際社会福祉
　　センター紀要），2012. 7 別冊，31-41.
白石正久（1994）．発達の扉（上）—子どもの発達の道すじ　かもがわ出版
田中昌人（1980）．人間発達の科学　青木書店
田中昌人・田中杉恵（1981）．子どもの発達と診断 1 乳児期前半　大月書店
田中昌人・田中杉恵（1982）．子どもの発達と診断 2 乳児期後半　大月書店
田中昌人・田中杉恵（1984）．子どもの発達と診断 3 幼児期Ⅰ　大月書店
田中昌人・田中杉恵（1986）．子どもの発達と診断 4 幼児期Ⅱ　大月書店
田中昌人・田中杉恵（1988）．子どもの発達と診断 5 幼児期Ⅲ　大月書店

第10章
新版K式発達検査による
知的障害を伴う自閉スペクトラム症児の発達評価
第3・4葉の通過・不通過項目の検討

礒部美也子

1. 新版K式発達検査の経年的結果の活用

　新版K式発達検査（以下，新K式検査とする）は，0歳児から対象とすることができる。乳幼児健康診査ではいくつかの項目が利用されていたり，健診の後の精密検査で本検査が実施されたりしている。その後，発達の状況によって，親子教室や療育機関などに紹介されることになるが，そこでも成長の様子を把握するために，定期的に本検査が実施されることとなる。

　新K式検査を実施する場合，発達診断のために1回の検査で発達の評価をおこない，それにより支援目標を設定して支援計画を立てることもある。しかし，継続的な発達相談の場では，半年から1年あるいは数年にかけて発達検査をその都度おこないながら，発達状況の変化を追い，それに応じて支援を考えていく。すなわち，新K式検査において数年にわたる複数回の結果をみることになる。時間経過とともにその子独自の発達の状況を理解していくことができるため，新K式検査は非常に有効である。

　新K式検査は，発達年齢（以下，DAとする）や発達指数（以下，DQとする）を算出するとともに，プロフィールを描くことが重要視される。定型発達の子どもであれば，プロフィールに凹凸がないことが前提になっているが，実際には凸凹がみられる。また，知的障害がある場合，ゆっくりと各下位検査項目を通過していくことが考えられるが，個人によって，なかなか通過しない項目や，比較的早く通過する項目が出てくる。それにより障害像や特性を理解し，

「強いところ」や「弱いところ」を把握できる。

　とくに，自閉スペクトラム症（Autism Spectrum Disorder，以下 ASD とする）児の場合，視覚優位といった表現がされるように，言語を使って考え，理解し，表現するのは苦手だけれど，図や絵といった視覚的な情報を使って理解し，表現するのは得意である。ウェクスラー式知能検査や，KABC-Ⅱ（Kaufman Assessment Battery for Children Second Edition）においては，言語性より非言語性知能が高いことや，「積木模様」の得点が高く，「理解」「なぞなぞ」などは低いことが指摘されている（藤田他，2014；高原，2006）。そこで，このような特性は新K式検査の結果にも表れると考えられる。

　本章では，ASD 児を対象に，新K式検査において「得意項目」と「不得意項目」がどのように表れるのかを経年的に述べるとともに，注意を要する検査項目，およびそれらの検査項目を実施・評価する際のポイントについて検討したい。なお，本章で用いる検査結果は，とくに断りがない限り，2001 年版を用いたものである。そのため，2001 年版の項目配置の年齢区分に従って記載しているが，項目によっては 2020 年版で配置年齢区分が変わったものがあることに留意していただきたい。

［1］ASD 児における下位検査項目の経年的通過・不通過の特徴

　幼児期初期に「発達の遅れ」や「ことばが遅い」などを主訴とする相談のなかに，「視線が合いにくい，指示に応じない，かんしゃくを起こしやすい」などの様子がみられ，ASD が疑われることがある。あるいは，ことばは話すが一方的でやりとりが成立しにくいといった場合もある。

　例えば，1 歳 6 か月児・3 歳児乳幼児健康診査のあと，精密検査のために新K式検査を実施し，その後も経過観察ということで，数回にわたり新K式検査を実施することがある。そのような場合，行動観察や，いくつか特定の下位検査項目において，特徴的な反応がみられるときに，ASD を疑うことになる。

　礒部（2017）は，ASD の子ども 34 人につき，何回かにわたり実施した新K式検査の結果を並べて，経年的に通過状況の変化を追った。その 1 人の結果（A さん）を表にしたものが「K式結果分析表」（表 10-1，表 10-2）である。

　表作成の手順・見方は以下のとおりである（礒部，2017）。

　〈認知・適応〉と〈言語・社会〉の 2 領域ごとに DA を算出し，それが該当する検査用紙上の年齢区分のところに DA を記入する。この DA があてはまっている年齢区分を中心に，左側（DA よりも通過年齢が低い検査項目が配置されている範囲）に不通過だった検査項目を記入した。そして，右側（DA よりも通過年齢が高い検査項目が配置されている範囲）には通過した検査項目を記入した。DA が該当している年齢区分内の下位検査項目は，通常，通過したり通過しなかったりする項目であるため，煩雑になるのを避けて記入していない。

（1）事例 A さん

【基本情報】

　A さん（男子）は，4 か月健診では発育順調といわれたが，1 歳半健診で指さしがみられず，経過観察となった。生活年齢（以下，CA とする）3 歳 0 か月（以下，3:0 と記す）から母子で集団療育に通う。その後，4:6 で ASD と診断を受けている。表 10-1，表 10-2 は，A さんが CA 2:3 から 14:9 までの新 K 式検査 2001 の 14 回分の結果で，〈認知・適応〉領域と〈言語・社会〉領域別に示したものである。検査は 5 回目から筆者が実施している。

【12 年にわたる新版 K 式発達検査 2001 における特徴】

　表 10-1，表 10-2 から，A さんの 12 年にわたる新 K 式検査における特徴（得意と不得意）を読み取ることができる。
　〈認知・適応〉領域をみると，DA が 3:1 になっても，「2 個のコップ」（1:3 超〜 1:6），「3 個のコップ」（1:6 超〜 1:9）が通過せずにいる（CA4:11 以前は記載がなく，未施行通過の扱いとなっていた）。また，「記憶板」（2:0 超〜 2:3）も通過していない。さらに，「形の弁別 II 8/10」（2:3 超〜 2:6）も通過しにくい。この頃，通過が早い下位検査項目には「門の模倣 例前」（3:6 超〜 4:0）があり，CA6:5 時（DA3:1）には，「人物完成 6/9」（4:6 超〜 5:0）や「階段の再生」（5:0 超〜 5:6）を通過している。
　CA7:4 時（DA4:3）からは，「重さの比較 例後」（3:0 超〜 3:6）「重さの比較 例前」（3:6 超〜 4:0）「積木叩き 2/12」（3:6 超〜 4:0）が通過しにくい項目として残っている。「重さの比較」においては，比べるという行為にならず，両方渡したり，中を開けようとしたり，誤答を示すというよりも，「どちらが重いか」という質問の意味を理解できていないような反応となる。一方「模様構成 I 2/5」（4:6 超〜 5:0）「模様構成 I 3/5」（5:6 超〜 6:0）は早くから通過している。そして，CA7:4 〜 9:5 では「積木叩き 2/12」（3:6 超〜 4:0）については，まねることを求められていることが理解できず，積木をくっつけて遊びだしたり，検査者のモデルに注目しないような反

表 10-1　K 式結果分析表：A さんの新版 K 式発達検査 2001

生活年齢＼通過年齢	1:3超～1:6	1:6超～1:9	1:9超～2:0	2:0超～2:3	2:3超～2:6	2:6超～3:0	3:0超～3:6	3:6超～4:0	4:0超～4:6	4:6超～5:0
2:3		1:8 (74)	なし							
2:9		円錯画 模倣		2:0 (73)	入れ子5個					
3:11				記憶板	トラックの模倣 形の弁別II 8/10 折り紙I	2:6 (63)	なし			
4:4				記憶板	形の弁別II 8/10	2:8 (62)	なし			
4:11				記憶板	形の弁別II 8/10	折り紙II	3:0 (61)	門の模倣 例前		
5:5	2個のコップ	3個のコップ		記憶板	形の弁別II 8/10 縦線模倣	2:7 (48)	門の模倣 例後	門の模倣 例前		
5:11	2個のコップ	3個のコップ		記憶板	形の弁別II 8/10	2:10 (48)	門の模倣 例後	門の模倣 例前 人物完成 3/9		
6:5	2個のコップ	3個のコップ		横線模倣 記憶板	折り紙II 十字模写 例後	3:1 (48)	門の模倣 例前 四角構成 例前 人物完成 3/9			人物完成 6/9
7:4						折り紙III 重さの比較 例後	四角構成 例前 重さの比較 例前 積木叩き 2/12		4:3 (58)	模様構成I 2/5 人物完成 6/9
8:6						重さの比較 例後	重さの比較 例前 積木叩き 2/12	正方形模写 積木叩き 3/12	積木叩き 4/12	
9:5							積木叩き 2/12	積木叩き 3/12	積木叩き 4/12	
10:6										
12:0										
14:9										

注1）例　[4:3 (58)] → 発達年齢（DA）4歳3か月　発達指数（DQ）58 ｝であることを示す（以下表10-2，表10-3同）。このセル内

注2）□部分の検査項目は不通過，■部分の検査項目は通過したものを示す（以下表10-2～表10-7同）。

〈認知・適応〉領域の結果（発達年齢に対する通過項目と不通過項目）

5:0超〜 5:6	5:6超〜 6:0	6:0超〜 6:6	6:6超〜 7:0	7:0超〜 8:0	8:0超〜 9:0	9:0超〜 10:0	10:0超〜 11:0	11:0超〜 12:0	12:0超〜 14:0	14:0超〜
階段の再生										
階段の再生	模様構成Ⅰ 3/5									
5:0 (59)	模様構成Ⅰ 3/5 人物完成 8/9	模様構成Ⅰ 4/5								
5:4 (57)	模様構成Ⅰ 3/5 人物完成 8/9	模様構成Ⅰ 4/5	模様構成Ⅱ 1/3							
			釣合ばかりⅠ 菱形模写	7:7 (72)		積木叩き 8/12		積木叩き 9/12		積木叩き 10/12
		なし	6:11 (58)	模様構成Ⅱ 2/3 積木叩き 7/12		模様構成Ⅱ 3/3				
						財布探し (Ⅰ)	10:1 (69)	積木叩き 9/12	記憶玉つなぎ 2/2	積木叩き 10/12

の検査項目は，通過したもの・不通過のものが混在するため，項目名は省略する。

表10-2　K式結果分析表：Aさんの新版K式発達検査2001　〈言語・社会〉領域の結果（発達年齢に対する通過項目と不通過項目）

生活年齢 ＼ 通過年齢	0:11超~1:0	1:0超~1:3	1:3超~1:6	1:6超~1:9	1:9超~2:0	2:0超~2:3	2:3超~2:6	2:6超~3:0	3:0超~3:6	3:6超~4:0	4:0超~4:6	4:6超~5:0	5:0超~5:6	5:6超~6:0	6:0超~6:6	6:6超~7:0	7:0超~8:0	8:0超~9:0
2:3	0:11 (41) なし																	
2:9	なし		1:3 (45)															
3:11	0:11 (23) なし	1:1 (25) 語彙 3語																
4:4	指さし行動			1:8 (34) なし														
4:11	指さし行動			1:8 (31) なし														
5:5				なし														
5:11	絵指示			1:9 (30) なし														
6:5						絵の名称I 5/6 表情理解I	2:3 (35)		色の名称 3/4									
7:4					表情理解II			2:8 (36) 大小比較 用途指示	4つの積木	色の名称 4/4								
8:6							用途指示	長短比較 姓名 年齢 表情理解II	3:0 (35) 13の丸 10まで 色の名称 4/4		13の丸 全							
9:5						大小比較 用途指示		長短比較 姓名 表情理解II	3:0 (32) 13の丸 10まで 色の名称 4/4		13の丸 全							
10:6								年齢 表情理解II	短文復唱I 了解I		4:1 (39)	数選び6	数選び8			日時 3/4		
12:0									短文復唱I 了解I		指の数左右 了解II	4:8 (39)				日時 3/4 20からの逆唱		
14:9									了解I				語の定義 了解II 了解III	5:11 (40)	5 数復唱 打返かぞえ	日時 3/4	文整理II 1/2	4 数逆唱

応となり，通過しにくい検査項目であったが，CA10:6 時（DA7:7）以降いったん何を求められているのかがわかり，モデルへの注目と記憶しようとする態度がとれるようになると得意項目に転じている。

〈言語・社会〉領域では，DA が 1:8 のときに「指さし行動」（1:0 超〜 1:3）が通過せず，DA2:3 時には，「絵の名称Ⅰ 5/6」（2:0 超〜 2:3）よりも「色の名称 3/4」（2:6 超〜 3:0）の方が通過している。CA7:4 時（DA2:8）には，「13 の丸 全」（4:0 超〜4:6）が通過したように，数概念（1 対 1 対応で数えること）が形成されてきているが，「表情理解Ⅰ」（2:0 超〜 2:3）や「大小比較」（2:3 超〜 2:6）「用途絵指示」（2:3 超〜 2:6）が通過していない。CA10:6 で DA が 4:1 となっていても，2，3 歳台の項目で「年齢Ⅰ」（2:6 超〜 3:0）「表情理解Ⅱ」（2:6 超〜 3:0）「短文復唱Ⅰ」（3:0 超〜 3:6）「了解Ⅰ」（3:0 超〜 3:6）が不通過のままであった。

一方，「色の名称」と「13 の丸 全」などは早くから通過し，数えるだけでなく，CA10:6 時（DA4:1）のときには「数選び 6」（4:6 超〜 5:0）も通過している。この事例の場合，〈言語・社会〉領域の DA は，4:1 という数値になるが，数に関する下位検査項目で点数を得ていることに着目し，DA に見合った語彙力やコミュニケーションの能力があるとはいいがたいことに留意する必要がある。

また，CA14:9 時，DA が 5:11 であるのに対して，それよりも通過年齢が高い項目で，「日時 3/4」（6:6 超〜 7:0）「5 数復唱」（6:0 超〜 6:6）「打数かぞえ」（6:0 超〜6:6）「文章整理 1/2」（7:0 超〜 8:0）「4 数逆唱」（8:0 超〜 9:0）が通過している。これらは得意項目と考えられる。ことばでのやりとりもある程度可能で，漢字を覚え，作文能力もみられたが，どうしても「○○なとき」という仮定をたずねられる「了解Ⅰ」の問題には，連想した単語を言うのみで応答的には答えられなかった。

（2）事例 B さん

【基本情報】

CA6:8 時に「ことばが遅い，発語が少ない」ということで，相談のあったケースである。CA6:0 時の療育を受けている機関での新 K 式検査 2001 の結果では，〈認知・適応〉領域の DA は 3:3，〈言語・社会〉領域では 1:5 であった。有意味語はないが，絵をいくつか見せて「○○どれ？」と尋ねるといくつか応じられていたようで，物とことばが結びつきつつあるとのことであった。理解の程度に比べ，音声言語による表出が難しいため，マカトンサイン（身振り言語）の指導を試みた。

【2020 年版で実施した新 K 式発達検査の結果】

表 10- 3 は，新 K 式検査 2020 を CA8:10 と 10:8 で実施した結果である。〈認知・適応〉領域の DA4:6 時，通過項目の内容をみると「模様構成Ⅱ 1/3」（6:0 超〜 6:6）まで通過している一方，「重さの比較 例後」（3:0 超〜 3:6）を通過せず，上限と下限

表 10-3　B さんの 2 回の新版 K 式発達検査 2020 の領域別結果

通過年齢 生活年齢	領域	1:9超 ～2:0	2:0超 ～2:3	2:3超 ～2:6	2:6超 ～2:9	2:9超 ～3:0	3:0超 ～3:6	3:6超 ～4:0	4:0超 ～4:6	4:6超 ～5:0	5:0超 ～5:6	5:6超 ～6:0	6:0超 ～6:6	6:6超 ～7:0	7:0超 ～8:0	8:0超 ～9:0	9:0超 ～10:0
8:10	〈認知・適応〉						重さの比較 例後	重さの比較 例前	四角構成 例前	DA 4：6 (51)	模様構成 Ⅰ 3/5	模様構成 Ⅰ 4/5	模様構成 Ⅱ 1/3		模様構成 Ⅱ 2/3		
10:8							重さの比較 例後	重さの比較 例前		階段の再生 正方形模写	三角形模写	DA 5：9 (54)	模様構成 Ⅱ 1/3	積木叩き 7/12	模様構成 Ⅱ 2/3		模様構成 Ⅱ 3/3
8:10	〈言語・社会〉	1：10 (21) 絵の名称 Ⅰ 3/6															
10:8			絵の名称 Ⅰ 5/6 表情理解 Ⅰ	2：4 (22)	長短比較 色の名称 3/4	色の名称 4/4	4つの積 木										

注) 2：6超～3：0 の年齢区分については、新 K 式 2001 では 2：6超～3：0 という年齢区分だが、新 K 式 2020 では 2：6超～2：9、2：9超～3：0 という 2 つの年齢区分に変更された。

の差が極端に大きい。この様相は 10:8 時にさらに顕著となる。また，「積木叩き」に
関しては，[6:6 超〜 7:0] レベルの項目が通過するようになり，事例 A さんと同様，
短期記憶については良好と考えられる。

　CA8:10 時，〈言語・社会〉領域では DA1:10 でとくに凹凸はなく，「指示への応答」
(1:9 超〜 2:0)や「身体各部」(1:9 超〜 2:0)は通過しているが，全問正解ではない。

　CA10:8 時には DA2:4 となったが，「絵の名称Ⅰ 3/6」(1:9 超〜 2:0)「絵の名称Ⅰ
5/6」(2:0 超〜 2:3)「表情理解Ⅰ」(2:0 超〜 2:3)「大小比較」(2:3 超〜 2:6)が不
通過であった。一方，「長短比較」(2:6 超〜 2:9)と構音未熟ながら「色の名称 4/4」
(2:9 超〜 3:0)「4 つの積木」(3:0 超〜 3:6)が通過している。発語がないというわ
けではないが，有意味語として認められるのは，数唱と色名で，より低年齢で通過
する事物の名称を言うことができない。また，「大小比較」は適当に指さす様子で不
通過であったが，〈大きい〉という身振り（マカトンサイン）をつけて尋ねると，明
らかに問われていることがわかった様子で正しく指示できた。その後「長短比較」
については答え方がわかった様子で通過した。

　B さんにおいても，以上のようにプロフィールに大きな凹凸がみられた。

2．ASD 児にみられる通過しやすい検査項目と通過しにくい検査項目について

　A さん，B さんにみられたような特徴が，他の ASD 児にもみられるかを検
討した（礒部，2013，2017）。対象は，専門機関で ASD もしくは広汎性発達障
害[1]と判断され，程度はさまざまであるが，知的障害のある 34 名，延べ検査件
数 146 回分である。検査実施時の生活年齢幅は，2:10 から 17:10 である。その
うち，新 K 式検査増補版（1983）で実施した者が 17 名，2001 年版で実施した
者が 13 名，両者混合で実施した者が 4 名である。

　まず，これらの児童について，〈認知・適応〉と〈言語・社会〉の各領域にお
いて，DA が同レベルの者を選び，その下位検査項目の通過状況を調べた。そ
の際，DA よりも低いレベルの通過年齢区分に配置されている検査項目につい
て，該当者の半数以上が不通過であったものを通過しにくい（不得意）項目と
した。逆に，DA よりも高い通過年齢区分に配置されている検査項目で，該当
者の半数以上が通過していたものを通過しやすい（得意）項目とした。

---

1)　広汎性発達障害は当時の診断名である。

表10-4　〈認知・適応〉領域の発達年齢が [2:3超〜2:6] の範囲となった12名の不通過項目と通過項目

事例	新K式検査の版	通過年齢／生活年齢	1:3超〜1:6	1:6超〜1:9	1:9超〜2:0	2:0超〜2:3	2:3超〜2:6	2:6超〜3:0	3:0超〜3:6
1	1983	8:1				なし	2:5	家の模倣	
2	1983	8:5				なし	2:5	四角構成 例後 折り紙Ⅱ	
3	1983	5:1				なし	2:3	円模写	
4	1983	6:9	2個のコップ	3個のコップ			2:5	円模写 十字模写 例後	
5	1983	7:0	2個のコップ	3個のコップ			2:3	円模写 十字模写 例後	
6	1983	7:0				なし	2:4	なし	
7	1983	8:5	2個のコップ	3個のコップ			2:4	四角構成 例後 円模写 例後 十字模写 例後	十字模写 例前
8	1983	7:1	2個のコップ	3個のコップ			2:5	折り紙Ⅱ 円模写 十字模写 例後	十字模写 例前
9	1983	5:11	2個のコップ	3個のコップ			2:4	十字模写 例後	十字模写 例前
10	2001	9:9	2個のコップ			記憶板	2:5	家の模倣	
11	2001	11:11	2個のコップ			記憶板	2:5	折り紙Ⅱ	
12	2001	13:9	2個のコップ			記憶板	2:3	なし	

注1）「記憶板」は，1983年版では [2:3超〜2:6] に配置されているが，2001年版より [2:0超〜2:3] の項目となった。
注2）▨部分（2:3超〜2:6）の列は発達年齢を示す。

　例えば，〈認知・適応〉領域において，DA が［2:3 超〜 2:6］の範囲となった ASD 児 12 名について，［2:3 超〜 2:6］の前後に配置される下位検査項目を通過しているか，通過していないかを調べた（表 10- 4 ）。

　まず，これによると，「 2 個のコップ」（1:3 超〜 1:6）は，DA が［2:3 超〜 2:6］の範囲内であった 12 名中 6 名が通過せず，「 3 個のコップ」（1:6 超〜 1:9）も 12 名中 6 名が不通過であった。すなわち，「 2 個のコップ」「 3 個のコップ」は，これらと同じ通過年齢区分に配置されている検査項目（例：「 2 個のコップ」であれば「積木の塔 3 」など）が通過していても，不通過のまま残りやすく，苦手項目と考えられた。

　このような方法で DA が同じになった検査結果を集めて，半数以上が通過しなかった検査項目を調べた。通過しにくい項目として以下の項目が挙げられた（礒部，2017）。

［ 1 ］〈認知・適応〉領域における ASD が通過しにくい下位検査項目

（ 1 ）　「 2 個のコップ」（1:3 超〜 1:6）「 3 個のコップ」（1:6 超〜 1:9）（表 10- 4 ）

　この検査項目は，物の永続性と視覚的な位置の記憶力をみる課題と考えられるが，検査者との相互関係のなかで成立すると考えられる。この項目を通過しないときの反応は，正解ではないコップを開けてしまうという誤答もあるが，ASD 児の場合，犬をコップに入れるという検査者の行為をじっと静観したり，衝立で隠された 5 秒を待つということができずに関心を失うなど，隠された犬を見つけるという課題状況の理解ができないために不通過となることが多い。犬を見つけるという目的（検査者の意図）を共有することが難しく，衝立を目前に何もしないで，検査者が次に何かするであろうという予測と期待をもって，「相手の出方を待つ」ことが難しい。

　この項目は， 2 歳台の下位検査項目を通過すると無試行通過になり，実施しないままになる傾向があるが，相手の意図を理解して応じる力を確認できることから，ぜひ通過を確認しておくとよい項目である。

（ 2 ）　「記憶板」（2:0 超〜 2:3）

　この検査項目は，視覚的な位置の記憶をみる課題で，まず，検査者は花など

の 3 つの絵がどこにあるか一通りその場所を教えるが，このときに検査者の教示を聞かずに勝手に開けようとしてしまい，「○○はどこですか？」という試行にも応じず，学習が成立しないことがある。一方，位置を覚えられたとしても，10 分後に「○○はどこですか？」という問いに応じる形で答えないといけないが，その質問に応じるより前に，好きなように開けるといった行動を示すことになりやすい。位置の記憶ができないというよりも，ASD 児には検査者の質問に応じて答えるという課題の性質を理解することが難しいと考えられる。表 10-4 では 2001 年版で実施した 3 名全員が不通過であった。通過年齢の配置が［2:3 超〜 2:6］であった 1983 年版で実施した検査結果については，DA が［2:6 超〜 3:0］のときに不通過だったものは 9 名中 6 名であり，通過しにくい項目といえる。

（3）「形の弁別Ⅱ 8/10」（2:3 超〜 2:6）

　「形の弁別Ⅰ」は，刺激図形を弁別図版の同じ図形の上に乗せてマッチングさせる項目であるのに対し，「形の弁別Ⅱ」は提示された線画の刺激図形と同じものを弁別図版のなかから選んで指さして答える項目である。ASD 児で不通過の場合，図形の判別ができないというよりも，検査者の問いかけに，間接的に指さして応答することに難しさがあるといえる。例後も指さしができず，刺激図形を直接弁別図版の図形の上に置いてしまう反応となりがちである。

（4）「重さの比較 例前」（3:6 超〜 4:0）「重さの比較 例後」（3:0 超〜 3:6）

　DA が［4:0 超〜 4:6］の範囲となった 6 名の不通過項目（表 10-5）をみると，例前は全員が通過せずとくに通過が難しい項目といえる。抽象概念のなかでも「重さ」は視覚的にとらえることが難しい。さらに，検査者の質問に応じて答えなければならない。例後であっても 2 つを比較する様子がみられず，手に取った方や両方を検査者に渡してくる。「重い」ということばの理解とともに，「どちらが」といった疑問の代名詞の理解も難しいと思われる。

（5）「人物完成 3/9」（3:6 超〜 4:0）「人物完成 8/9」（5:6 超〜 6:0）

　線画で描かれた全身を示す抽象的な人の絵に，まだ描かれていない身体部位

表 10-5　〈認知・適応〉領域の発達年齢が[4：0 超〜4：6]の範囲となった 6 名の不通過項目と通過項目

事例	新K式検査の版	生活年齢	2：3超〜2：6	2：6超〜3：0	3：0超〜3：6	3：6超〜4：0	4：0超〜4：6	4：6超〜5：0	5：0超〜5：6	5：6超〜6：0
1	1983	4：11				正方形模写 重さの比較 例前	4：0	なし		
2	1983	8：0			重さの比較 例後	重さの比較 例前 積木叩き 2/12	4：4	三角形模写	模様構成 I 2/5 階段の再生	
3	1983	12：1			人物完成 3/9 重さの比較 例後	正方形模写 重さの比較 例前 積木叩き 2/12	4：0	玉つなぎ	模様構成 I 2/5	模様構成 I 3/5
4	1983	7：5	形の弁別 II 8/10 記憶板		形の弁別 II 10/10 重さの比較 例後	重さの比較 例前 積木叩き 2/12	4：2	三角形模写	模様構成 I 2/5 人物完成 8/9	模様構成 I 3/5
5	2001	8：0			形の弁別 II 10/10 重さの比較 例後	重さの比較 例前	4：3	人物完成 6/9		
6	2001	10：11			重さの比較 例後	人物完成 3/9 重さの比較 例前 積木叩き 2/12	4：3	模様構成 I 2/5	階段の再生	模様構成 I 3/5

注）■■■ 部分（4：0 超〜4：6）の列は発達年齢を示す。

を加筆する項目である。まず，提示された図を人に見立てることが必要である。これが難しい場合，線をなぞるように上書きするか，横に同じような図を描くことがある。ASD 児の場合，耳の例示後も人物に見立てることが難しいことがある。また，まだ描かれていない部位を加筆することがわかっても，部位の記入漏れがあり，身体像についての認識の弱さが見受けられる。

（6）「積木叩き 2/12 〜 6/12」（3:6 超〜 6:0）

　この検査項目は，積木を叩く検査者の見本動作を観察・記憶して同じように再生するという課題であるため，検査者の動作への注目，真似て再生する課題性の理解，視覚的・継次的短期記憶，順序に対する概念理解，手の運動コントロールなどさまざまな要素を必要とする。とくに失敗の仕方をみると，記憶力の弱さというよりも，何を求められているかの理解が難しく，積木をくっつけて遊びだしたり，見本動作を見ていないことが多い。モデルを見て覚えようとする目的意識の弱さがうかがえる。

［2］〈言語・社会〉領域における ASD 児が通過しにくい下位検査項目

（1）「2 数復唱」（2:0 超〜 2:3)「3 数復唱」（2:6 超〜 3:0）

　継次的・聴覚的短期記憶に関する項目であるが，この段階では記憶に失敗するというよりも，聴こうとする態度の弱さや，「そのとおりに言ってください」という課題の意味のわからなさによる不通過も考えられる。

（2）「表情理解Ⅰ」（2:0 超〜 2:3）「表情理解Ⅱ」（2:6 超〜 3:0）

　これらは，2001 年版で追加された項目である。表 10-6 では，実施した 7 名中 4 名が不通過であった。ASD 児は，一般に人の顔認知や表情の理解が難しいことが指摘されているが，とくに「表情理解Ⅰ」は通過が難しい。この検査項目では，顔の表情を区別でき，それがことばと結びついて理解されていることが前提となる。そして，絵を比較し，検査者に指さしで応答することが求められる。どの要素も，ASD 児が苦手とするところである。また，「表情理解Ⅱ」については，2001 年版で発達年齢が［3:0 超〜 3:6］となった 2 名中 2 名，［3:6 超〜 4:0］となった 1 名がすべて不通過であった。事例 A さんにおいてもな

かなか通過できなかった検査項目であり，ASD 児において表情にともなう感情の理解はとても困難であるといえよう。

（3）「大小比較」（2:3 超〜 2:6）「長短比較」（2:6 超〜 3:0）

　抽象的対概念の形成をみる項目である。「どちらの丸（線）が大きい（長い）でしょう」と問われて，一方を指示して応じることを求められているが，目前にあるものを順に指さして「まる，まる」「あか，あか」と言ったり，反応がなかったりということになりがちである。視覚的にとらえやすい色や形を捨象し，「大きさ」や「長さ」を抽象することが難しい。この項目は，抽象的対概念の理解を要するとともに，二者の比較によって成り立つ相対的概念が成立していないといけないこと，回答は目の前に提示された道具から刺激を受けて反応するのではなく，検査者の問いかけに応じる形で指をさして示すという点が特徴で，ASD 児には難しいことと考えられる。表 10-6 の 19 名中 13 名が通過していない。

（4）「用途絵指示」（2:3 超〜 2:6）

　物の用途にあった動作を表象することば（動詞）の理解をみている項目である。2001 年版で追加された。表 10-6 において 7 名中 4 名が通過していない。提示された動作語だけで物に応じた動作のイメージを浮かべなければならない。1 対 1 で結びついた物の名称とは違い，動作に関する表象をもっていること，それらを事物の絵から読み取ること，そしてそれが音声と結びついていること，指さして答えることが必要となるため，とくに ASD 児はこういった課題が難しい。

（5）「数選び 3」（2001 年版より 3:6 超〜 4:0）

　この項目は，1983 年版では，［3:0 超〜 3:6］に配置されていた。この版で実施した検査で，DA が［3:6 超〜 4:0］の範囲にあった 4 名中 3 名が不通過であった。数概念の基礎としての"カウンティングの原理"（天岩，2004）のうち，1 対 1 対応の原理は理解しやすくても，基数の原理の理解が難しいと考えられる。

表 10-6　〈言語・社会〉領域の発達年齢が［2：6超～3：0］の範囲となった 19 名の検査の不通過項目と通過項目

事例	新 K 式検査の版	生活年齢	通過年齢 1：9超～2：0	2：0超～2：3	2：3超～2：6	2：6超～3：0	3：0超～3：6	3：6超～4：0	4：0超～4：6	4：6超～5：0
1	1983	4：5		2数復唱 絵の名称I 5/6		2：9	4つの積木 数選び3 色の名称3/4		色の名称4/4	
2	1983	11：2			大小比較	2：9	4つの積木 色の名称3/4		色の名称4/4	
3	1983	8：0		2数復唱	大小比較	2：9	4つの積木 数選び3	13の丸10まで	13の丸 全	
4	1983	5：4			大小比較	2：7	色の名称3/4		色の名称4/4	
5	1983	10：5			大小比較	2：9	短文復唱 色の名称3/4		色の名称4/4	
6	1983	7：6			大小比較	2：11				
7	1983	8：11				2：11				
8	1983	9：5	絵の名称I 3/6	絵の名称I 5/6	大小比較 絵の名称II 3/6	2：6	4つの積木	13の丸10まで		
9	1983	5：7			大小比較	2：11	色の名称3/4	4数復唱 13の丸10まで	13の丸 全 色の名称4/4	
10	1983	6：0			大小比較	2：9	色の名称3/4		色の名称4/4	
11	1983	4：7			大小比較	2：6				
12	1983	7：11	絵の名称I 3/6	絵の名称I 5/6	絵の名称II 3/6	2：11	4つの積木 数選び3 色の名称3/4	数選び4	数選び6 色の名称4/4	数選び8 硬貨の名称
13	2001	17：0	絵の名称I 3/6	2数復唱 絵の名称I 5/6	絵の名称II 3/6	2：11				
14	2001	17：10		表情理解I	大小比較	2：9	4つの積木	13の丸10まで 色の名称4/4	13の丸 全	
15	2001	17：6			大小比較 用途絵指示	2：6	4つの積木			
16	2001	8：0		絵の名称I 5/6 表情理解I	大小比較 用途絵指示	2：9	4つの積木	13の丸10まで 数選び3 色の名称4/4	13の丸 全	
17	2001	4：3				2：11				
18	2001	7：4		表情理解I	大小比較 用途絵指示	2：8	4つの積木	13の丸10まで 色の名称4/4	13の丸 全	
19	2001	4：1			用途絵指示	2：7				

注1）「表情理解I」「用途絵指示」は新 K 式検査 2001 から新たに追加された検査項目であるため，1983 年版にはない。

注2）■■■部分（2：6超～3：0）の列は発達年齢を示す。

（6）　「了解Ⅰ」（3:0 超〜 3:6）「了解Ⅱ」（4:0 超〜 4:6）「了解Ⅲ」（5:0 超〜
　　　 5:6）

　表 10- 7 にみられるように，「了解」は最も通過しにくい項目の一つに挙げられる。質問に答えるという態度が形成されていることが必要なうえ，目の前にない「もしも」という仮の事象をことばだけで理解し，対応をことばで表現しなければならない。基本的には動詞での表現が求められ，内容だけでなく，表現形式の点でも評価されるが，ASD 児は連想した単語を言ったり，無反応やおうむ返しになることも多い。これは，ウェクスラー式知能検査の「理解」に類する項目で，共通して ASD 児に難しいといえる。

　以上の他に，「左右弁別 全逆」（4:0 超〜 4:6）「語の定義」（5:0 超〜 5:6）「5以下の加算 2/3」（4:6 超〜 5:0）「5以下の加算 3/3」（5:0 超〜 5:6）「語の差異」（6:6 超〜 7:0）も通過が難しい項目として挙げられた。

［3］〈認知・適応〉領域における ASD 児が通過しやすい傾向のある下位検査項目

　表 10- 5 の DA が［4:0 超〜 4:6］の範囲にあった 6 名の結果から，DA よりも高い通過年齢に属す下位検査項目で，半数以上が通過している項目に「模様構成Ⅰ 2/5」があった。このように，DA よりも高い通過年齢の項目で半数以上が通過しているものを通過しやすい得意項目とした。以下の項目が挙げられた。

（1）　「形の弁別Ⅰ 1/5」（1:6 超〜 1:9）「形の弁別Ⅰ 3/5」（1:9 超〜 2:0）

　「形の弁別Ⅱ」では刺激が線画図形で，同じものを問われて弁別図版から選んで間接的に指示して答える必要がある。これに対し，「形の弁別Ⅰ」は，図と地がはっきりした弁別図版に刺激図形をマッチングするもので，問う―答えるという関係も不要であるため，通過しやすいと考えられる。

（2）　「入れ子 5 個」（2:3 超〜 2:6）

　入れ子の検査用具を目前に提示しただけで，すぐにその用具（容器）を操作

表10-7　〈言語・社会〉領域の発達年齢が［5：0超～5：6］［5：6超～6：0］の範囲となった計4名の不通過項目と通過項目

事例	新K式検査の版	生活年齢	通過年齢	2：6超～3：0	3：0超～3：6	3：6超～4：0	4：0超～4：6	4：6超～5：0	5：0超～5：6	5：6超～6：0	6：0超～6：6	6：6超～7：0	7：0超～8：0	8：0超～9：0	9：0超～10：0
1	2001	12：6		姓名 年齢	了解Ⅰ		指の数 左右 了解Ⅱ	指の数 左右全	5：5	左右弁別 全正	5数復唱			4数逆唱	6数復唱
2	1983	8：7					了解Ⅱ		了解Ⅲ （5以下の 加算）	5：10	打数かぞえ	日時3/4			
3	2001	11：4					了解Ⅱ		語の定義 了解Ⅲ	5：7	5数復唱 打数かぞえ	日時3/4			
4	2001	16：7			短文復唱 Ⅰ 了解Ⅰ		指の数 左右 了解Ⅱ		5以下の 加算3/3 語の定義 了解Ⅲ	5：6	5数復唱 打数かぞえ	日時3/4		日時4/4	

注）▨部分（事例1は5：0超～5：6、事例2～4は5：6超～6：0）の列は発達年齢を示す。

することが多い。できあがりに対する表象をもっていて，試行錯誤しながらも最終状態に完成させる。これは入れ子相互の空間関係の認知・操作に優れている一つの表れと考えられる。また，問う一答えるの関係が不要である。

（3）　「模様構成 I　2/5 〜 4/5」（4:6 超〜 6:6）「模様構成 II　1/3 〜 3/3」（6:6 超〜 10:0）

　空間認識力や部分と全体関係の統合や合成などの能力をみる検査項目である。モデルの図の全体を見て分解し，ばらばらの積木を合成して全体を作り上げていかなければならない。ASD 児はウェクスラー式知能検査の「積木模様」などで得点が高いといわれているように，新 K 式検査においても同様である。

　以上の他に，「積木の塔　8」（2:0 超〜 2:3）「十字模写　例前」（3:0 超〜 3:6）「四角構成　例前」（3:6 超〜 4:0）「門の模倣　例前」（3:6 超〜 4:0）が通過しやすい検査項目として考えられた。

［4］〈言語・社会〉領域において ASD 児が通過しやすい傾向のある下位検査項目

（1）　「絵の名称 II　3/6」（2:3 超〜 2:6）「絵の名称 II　5/6」（2:6 超〜 3:0）

　「絵の名称 II」はモノと音声の比較的単純な結びつきで可能である。問われて答える課題ではなく，提示された絵に刺激されて命名ができる。

（2）　「4 つの積木」（3:0 超〜 3:6）「13 の丸 10 まで」（3:6 超〜 4:0）「13 の丸 全」（4:0 超〜 4:6）

　「4 つの積木」と「13 の丸」は，数概念の基礎である "カウンティングの原理"（天岩，2004）でいう，対象物と 1 対 1 対応で，かつ安定した順序で数詞を言えるかどうかをみている。これは繰り返し学習によって習得しやすく，ASD 児も通過しやすいと考えられる。

（3）　「色の名称 3/4」「色の名称 4/4」

　これらの項目は，改訂されるたびに通過年齢が早くなっている。例えば，

「色の名称 4/4」は 1983 年版では，［4:0 超〜 4:6］に配置されていたが，2001年版では［3:6 超〜 4:0］に，2020 年版では［2:9 超〜 3:0］となった。

　色という刺激は，視覚的に取り入れられやすく，子どもにとって色名を学習する機会も多い。提示は色にのみ注目しやすい図版で，色以外は捨象しやすくなっている。一般的に色名取得は早くなってきているが，表 10-6 にみられるように，1983 年版で実施した検査で，DA が［2:6 超〜 3:0］の範囲にあった12 名中 7 名が通過し，6 名は上限項目となっていた。2001 年版検査においても，早い通過の ASD 児がみられる。とくに，ASD 児は視覚的に明瞭な色に注目しやすく，色名を覚えやすいと考えられる。

　以上の他に，「数選び 8」（5:0 超〜 5:6）「打数かぞえ」（6:0 超〜 6:6）「5数復唱」（6:0 超〜 6:6）「日時 3/4」（6:6 超〜 7:0）など，年齢が高くなるとサンプルの検査数は少ないものの，数に関係する検査項目が通過しやすい傾向にあった。

3．通過・不通過項目の特徴と支援に向けて

　新 K 式検査ではプロフィールを描いて上限と下限を特定することが特徴であるが，ASD 児の場合は，とくにその上限と下限の差が大きくなる。

　〈認知・適応〉領域の通過しにくい項目には，「2 個のコップ」「3 個のコップ」「記憶板」「形の弁別Ⅱ 8/10」「重さの比較」「積木叩き」があったが，これらは誤答をしたというよりも，検査状況を理解できずに通過しなかったと考えられる項目である。これらの項目では，検査者の例示などの働きかけや質問を受け止め，「相手が自分に問うている」という相手の意図を理解し，応答的に回答することが求められる。これらの項目は「問う - 答える」の形式になっているところが共通している。ASD 児の共同注意の難しさ，相手の意図理解，反応性の弱さを示していると考えられる（礒部，2022）。

　また，通過しやすい検査項目には，「積木の塔 8」「形の弁別Ⅰ」「入れ子」「十字模写 例前」「四角構成 例前」「門の模倣 例前」「模様構成」があった。これらは，検査者が用具を提示してどのようにするか"指示"をする。それを理

解すると遂行となるが，どう反応すればよいかをその用具自体が情報を提供している（アフォーダンスが存在する）性質をもつともいえる。例えば，「入れ子」の大小の器は，大きい器に小さい器を入れるという行為を誘発している。この性質をもつものを ASD 児は通過しやすい傾向があると考えられる。

　例えば，ASD 児にわかりやすい支援手立てとして，入口から靴置き場までラインを示しておくとそこに行きやすい，床に靴型を貼って立ち位置を示しておくとそこに立っていられやすいなどがある。環境（外的状況）の側が情報を提示してくれることで適応が促されるという方法も，アフォーダンスの要素を活用していると考えられる。用具に対する情報を得るという点で，通過しにくい項目は，どう応じるかの情報を検査者から主体的に取らなければならないが，通過しやすい項目は用具そのものがその行為を誘発するような構造や形態になっていて，反応の仕方を教えてくれる。それは，人の介在を要しないということでもある。しかし，そういったわかりやすい環境作りは重要であるが，検査場面に求められるような応答性や対人相互性について，どのように育てていくかの視点は日常生活のなかでとても重要である。

　見本や例を示す検査項目としては，「十字模写」「門の模倣　例前」「模様構成」のように，モデルとなる刺激が視覚的で，かつそこに同じ状態であり続けるという性質をもつもの（静止モデル）には強いが，同じ視覚的なモデルでも「積木叩き」のような継次的動作（運動モデル）には弱いと考えられた（礒部，2013）。前者は受け身でも刺激として入ってくるのに対し，後者は記憶のためにモデルに対して能動的に集中しなければならず，人との関係性が成り立って課題に応じることになる。このことに ASD 児は弱さをもっていると考えられるが，A さんのように，ひとたびこの課題の意味がわかると，記憶力は良いために得意項目に転ずるということも起こると思われる。

　〈言語・適応〉領域の通過しやすい下位検査項目は，「色の名称」や「日時」「数」に関する課題であった。これらは学習性の高い項目で，習得した知識を披露すればよいという性質をもつと考えられる。

　通過しにくい項目としては「2 数復唱」「3 数復唱」が挙げられた。継次的・聴覚的短期記憶にかかわるものであるが，まず，記憶する力というよりも，「そのとおりに言ってください」という指示の意味のわからなさ，および検査

者のモデルを聞いて応じようとする態度や，人とのかかわりのなかで乳児期から獲得される“ターン・テイキング”（順番取得。子どもが他者との交流のなかで，働きかけと待ち受けを交互にこなせるようになること）（今林，2004）の弱さによると考えられる。会話やボールのやりとりの難しさにも通じる。したがって，A さんにおいては，応じる構えができると，「積木叩き」が後半で得意項目となったのと同様に，「5 数復唱」「4 数逆唱」が記憶力を強みにして早くに通過したと考えられる。

　先に述べた「数」に関する項目で得点を得たり，高い記憶力が発揮できる一方で，ASD 児においては，「了解」の弱さにみられるような言語理解やコミュニケーションのための言語発達に遅れがあることが多い。そのため，〈言語・社会〉領域の DA については数値だけではなく，そのプロフィールにとくに注目しなくてはならない。

　発達検査では，マニュアルどおりに実施し採点することはもちろん重要であるが，新 K 式検査の場合は，少し工夫することで，支援につながるヒントが得られることがある。

　例えば，復唱課題において，マニュアルどおりに実施すると無回答となる場合でも，検査者が玩具のマイク（あるいは紙を丸めて筒状にしたもの）を自分に向けて数字を言った後，対象児にマイクを向けると復唱できることがある。この場合，記憶ができないことによる不通過というよりも，求められていることのわからなさ，復唱のタイミング，そのターンのつかめなさによることもあると思われる。B さんにおいても，「2 数復唱」で検査者が数字を言うだけでは 1 人で横を向いて笑っていたが，マイクを向けると，正確ではないがマイクに向かってまねているとわかる発声をしていた。このことから，日常で働きかけと待ち受けが交互に促されるような学習場面を設定することが，支援の手立てになると推測される。また，発達検査のフィードバックにおいて，「このようにするとよりわかりやすい，できやすい」といった関係者への提案にも利用することができる。

　「用途絵指示」においては，ことばのみで「すわるものはどれ？」など問うが，正しい回答が得られなかった場合，すべて終了後，ことばとともに身振り（マカトンサイン）をつけて再度尋ねると，正しく指示できることがある。B さん

も CA8:10 時には不通過であったが，サインをつけると誤答したものに正しく指示できた。これは，とくに通過しにくい項目であった「大小比較」においても適用できる。手続きどおり，ことばだけで「どちらの丸が大きい？」と質問して不通過だった場合，一通り終了後，〈大きい〉を表すサインをつけて尋ねると，すぐにわかって指示できることがある。B さんもそうであった。また，「表情理解」にも適用できる。

　筆者は，ことばの発達に遅れがある人への指導に，身振りによるコミュニケーション手段（マカトンサイン）を指導することがあるが，今回紹介した B さんもサイン指導中の児童である。視覚的情報としての身振り動作をつけることで，ことばが表していることを表象しやすくしている。新 K 式検査においても，これらの項目が不通過であったとき，オプションとして試みることはその理解レベルをみるうえでも有効であり，支援にも利用できる。

　本章では，新 K 式検査の幼児期の下位検査項目について，ASD 児が通過しにくい項目と通過しやすい項目について検討した結果を報告したが，こういった傾向が検査結果にみられたからといって，ASD であると判定できるわけでもない。しかし，各項目の「＋・－」（通過・不通過）だけを採点することなく，どのようなできなさかを観察し，何回かの検査結果を経年的に評価し，通過しにくい項目ができるようになることと，日常生活がどのように関連しているかなどの視点で検査を実施することには意味があると考える。

引用文献

天岩静子（2004）．数を数える　無藤　隆・岡本祐子・大坪治彦（編）　よくわかる発達心理学（p. 64）　ミネルヴァ書房

藤田和弘・石隈利紀・青山真二・服部　環・熊谷恵子・小野純平（監修）（2014）．エッセンシャルズ KABC-Ⅱ による心理アセスメントの要点　丸善出版

今林俊一（2004）．乳児の遊びの意味　無藤　隆・岡本祐子・大坪治彦（編）　よくわかる発達心理学（p. 41）　ミネルヴァ書房

礒部美也子（2013）．人との関係に問題をもつ子どもたち―自閉症スペクトラム児における新版 K 式発達検査の経年的変化と下位検査項目の通過・不通過特徴について　発達, *136*, 86-93.

礒部美也子（2017）．新版 K 式発達検査結果における個人内差検討のための分析・表記

　　方法について―通過・不通過項目の経年的変化と自閉症スペクトラムの特性検討に視点をあてて　奈良大学紀要, *45*, 109-124.

礒部美也子 (2022). 人との関係に問題をもつ子どもたち― A くんを通して考える自閉症スペクトラムの言語発達について　発達, *172*, 102-110.

高原朗子 (2006). 自閉症　扇地勝人・蘭香代子・長野恵子・吉川昌子 (編)　障害特性の理解と発達援助　第 2 版 (p. 147)　ナカニシヤ出版

参考文献

松田祥子 (監修) 礒部美也子 (編著) (2008). マカトン法への招待　旭出学園教育研究所

中瀬　惇・西尾　博 (編著) (2001). 新版 K 式発達検査反応実例集　ナカニシヤ出版

大島　剛・川畑　隆・伏見真里子・笹川宏樹 (2013). 発達相談と新版 K 式発達検査　明石書房

柴田長生

第11章

知的障害の判定と新版K式発達検査
療育手帳判定を中心に

1．知的障害の福祉制度である療育手帳

　本章では，知的障害をめぐる福祉制度申請に必要な診断・判定における発達検査の活用について述べる。福祉制度利用のためにおこなわれる，障害程度の判定の実際を考えるには，まず制度そのものやその問題点などについて知っておく必要がある。

　知的障害児・者の福祉については，児童福祉法ならびに知的障害者福祉法に定められている。法制化されている障害は，知的障害の他に，身体障害，精神障害，発達障害がある。身体障害，精神障害，発達障害は，それぞれ関連する法律（身体障害者福祉法・精神保健及び精神障害者福祉に関する法律・発達障害者支援法）で障害に関する定義がなされている。一方，知的障害者福祉法には知的障害についての定義が記載されていない。

　障害児・者の福祉の推進のために，さまざまな障害者手帳制度がある。身体障害者手帳や精神障害者保健福祉手帳（発達障害もこのなかに含まれる）は，上に述べた各法律によって定められた国の制度であるのに対して，知的障害児・者の福祉手帳である療育手帳だけは国の制度ではなく，1973（昭和48）年発出の「療育手帳制度について」という厚生事務次官通知に基づいて，各自治体（都道府県・指定都市・児童相談所が設置されている中核市）がそれぞれ要綱を定めて実施している。療育手帳について，これまでたびたび国の制度化を求める要望が出されているが，現在まで実現していない。

　療育手帳に関する厚生事務次官通知では，都道府県ならびに指定都市が実施し，児童相談所または知的障害者更生相談所で知的障害であると判定された者に対して，重度（A）とそれ以外（B）に区分された療育手帳を，「知的障害児（者）に対して一貫した指導・相談を行うとともに，これらの者に対する各種の援助措置を受け易くするため」に交付するように定めている。同時に，交付後の障害の程度の確認をおこなうために，原則として 2 年ごとに判定の更新をおこなうこととした。現在では，「重度とそれ以外（A・B)」という障害区分ではなく，最重度・重度・中度・軽度という 4 つの区分に分けて，療育手帳をその他の福祉制度と連動させているが，療育手帳への表記法は各自治体によって異なる。

　さまざまな障害者支援の支給決定は，障害者自立支援法に基づいた各自治体の障害程度区分の認定によっておこなわれている。知的障害については，この認定に際して療育手帳の所持が条件にはなっていない。しかし，支給決定のための認定をおこなう各自治体では，その際の根拠として療育手帳の所持や障害程度区分をよりどころとしている。とくに，児童における「特別児童扶養手当」「障害児福祉手当」の認定や，成人における「障害者基礎年金」「障害者特別手当」の認定などにおいては，ある等級の療育手帳所持がそのまま認定に連動していたり，診断書作成時の根拠となっていたりする場合が多い。このように，療育手帳はいまだ国の制度になっていないにもかかわらず，知的障害児・者の福祉制度を適用する際の実質的根拠になっている。

　ところで，知的障害については，その判断における際の定義についても明らかにされておらず，判定に用いる評価尺度も定められていない。また，知的障害と認定する際の上限（具体的には IQ（Intelligence Quotient：以下，IQ とする）・DQ（Developmental Quotient：以下，DQ とする）の上限値）や，最重度から軽度までの障害程度区分を定める基準なども，必ずしも明確にはなっていない。あるいは，身体障害その他の重複や，重度の行動障害などの手厚い支援を必要とする場合への勘案など，障害程度区分の決定にはさまざまな問題が存在する。これらを含めたすべてを，療育手帳の実施主体である各自治体が決定して障害程度の判定や療育手帳交付をおこなわなければならない実情にあり，それぞれの自治体で判定方法や判定基準などに大きな違いがあることも報告さ

れている（三菱 UFJ リサーチ＆コンサルティング，2023）。

　すべての福祉制度には制度の適応を判別する基準がある。例えば，特別児童扶養手当 1 級の場合では，重度の知的障害児に対して（すなわち重度認定された療育手帳を取得した児童に対して）支給する（所得制限は設定されているが）。そして，IQ35 以下を重度とするという現行制度での判定基準に従えば，中度と認定される IQ36 の場合には特別児童扶養手当は 2 級となってしまう。使用された心理テストの種類によっても，あるいは検査者の違いによっても数値は変動する可能性があり（そのようなために，標準化された検査では，必ず測定誤差を明確にしている），該当・非該当がこのような要因によって分かれてしまう。またそもそも障害程度区分認定の基準が自治体によって異なれば，各自治体によって知的障害認定に対する該当・非該当が分かれることも考えられる。しかし認定を受ける障害当事者にすれば，この差は大きな不利益につながる。アセスメントにおいては，IQ35 と IQ36 の間に大きな質的差異はないのだが，制度認定ではこの数値の差が認定の可否を分ける。福祉制度の運用における判別には，このような矛盾が内包されているのである。

　療育手帳判定における知的能力の判定のために，近畿圏を中心に，児・者を問わず新版 K 式発達検査（以下，新 K 式検査とする）が用いられてきた。発達検査や心理検査を用いて療育手帳判定に携わる場合には，まず上に述べたような制度全体の内容や問題点についてよく承知しておく必要がある。

2．知的障害の定義と知的障害判定の歩み

［1］知的障害に関する国際定義

　知的障害に関する国際的な定義として，アメリカ知的・発達障害協会（American Association on Intellectual and Developmental Disabilities, AAIDD）による定義，世界保健機構（World Health Organization, WHO）による疾病及び関連保健問題の国際統計分類（International Statistical Classification of Diseases and Related Health Problems, ICD）の第 11 回改訂版（ICD-11），およびアメリカ精神医学会の精神疾患の診断分類（Diagnostic and Statistical Manual of Mental Disorders, DSM）の第 5 版（DSM-5）が有名である。

　2010 年に公表された AAIDD 第 11 版における定義は次のとおりである。
「知的障害は，知的機能と適応行動（概念的，社会的および実用的な三つの適
応スキルによって表される）の双方の明らかな制約によって特徴づけられる能
力障害である。この能力障害は，18 歳までに生じる（AAIDD は，2021 年に第
12 版を発表し，22 歳未満と改訂しているが，日本語による出版はまだなされ
ていない）」。そして，適応行動を適応スキルの集合体ととらえ，人々が日常生
活で身につけて実行する行動と位置づけている。

　ICD-11，DSM-5，AAIDD の定義は，いずれも知的機能の明らかな制約，適
応行動の明らかな制約，発達期での障害の出現という三つの要素によって定義
づけられており，DSM-Ⅳや ICD-10 まで採用されていた「精神遅滞（Mental
Retardation)」という用語を排除している。しかし，障害の名称では，AAIDD
が「Intellectual Disability」，DSM-5 では「Intellectual Disability（Intellectual
Developmental Disorder)」，ICD-11 では「Disorders of intellectual develop-
ment」と異なる。

　知的機能や適応行動の能力の程度については，AAIDD と ICD-11 では，適
切に標準化された知能テストや適応行動評価尺度を用いて，測定誤差を考慮し
ながら慎重に評価し，知的機能や適応行動の評価結果が平均よりも 2 標準偏差
以上低い者を知的障害とするという定義をおこなっている（第 2 章参照）。さ
らに ICD-11 では 4 段階の重症度（軽度，中度，重度，最重度）に分け障害程
度の定義もおこなっており，標準化された知能検査の結果が平均よりも 2 〜 3
標準偏差低い者を軽度，3 〜 4 標準偏差低い者を中度，4 標準偏差よりも低い
者は，知能検査の結果に基づく分類が困難であるため，適応行動の評価によっ
て重度と最重度に分けるとしている（平田・奥住，2022）。

［2］療育手帳制度が始まった頃

　1973 年に事務次官通知によって療育手帳制度が開始された頃は，知的障害
はまだ「精神薄弱」といわれていた。就学猶予・免除制度が残存していた時代
で，特別支援教育は「特殊教育」と呼ばれ，「白痴（重度）・痴愚（中度）・魯鈍
（軽度）」という用語が使われていた。

　療育手帳制度は，このような状況下で，各自治体に委ねられた形で開始され

る。当時の相談機関では，知能検査では鈴木ビネー式知能検査，田中ビネー知能検査が主に使用されており，偏差 IQ で評価する日本語版 WISC 知能検査（初代：Wechsler Intelligence Scale for Children：以下，WISC と略す）なども公刊されていたが，それほど相談現場には浸透していなかった。発達検査では，津守・稲毛式乳幼児精神発達診断法や遠城寺式乳幼児分析的発達検査法などが使用されていた。新 K 式検査はまだ公刊されていなかったが（巻末の年表参照），近畿圏のいくつかの児童相談所では，私家版のマニュアルに基づいて使用されていた時代である。当初の療育手帳の判定基準の設定や評価方法は各自治体に任されており，当時の定説であった概ね IQ70 ～ 75 以下を知的障害とし，概ね IQ35 以下を重度とするといった判定基準以外は，各自治体によってかなり異なっていた。例えば，標準化された適応能力評価尺度などはなく，日常生活能力を合わせて評価する自治体から，日常生活能力の評価は含めない自治体までバラバラであった。また，他の障害との重複や，強度行動障害などの勘案事項をどうするのかといった課題も残されたままであり，障害程度を判定するためにどの検査を使用するのかについても統一した定めのまったくない状況であった。

　一方で，療育手帳制度が導入された 1970 年代は，障害児に対する視点の大きな変革期を迎えた時代でもあった。1971 年のラター（Rutter, M.）の「自閉症言語認知障害説」などを契機とする自閉症研究が時代の先端となり，乳幼児健診制度の充実や，発達相談・障害児療育などが活発になった。しかし，発達障害ということに焦点が当たるのは後の時代であり，注意欠如多動症（Attention Deficit/Hyperactivity Disorder：以下，ADHD とする）や限局性学習症（Specific Learning Disorder：以下，SLD とする）と思われる子どもに対しては，微細脳損傷（Minimal Brain Dysfunction, MBD）という曖昧な診断名がつけられていた。また自閉症に関しては，自閉スペクトラム症（Autism Spectrum Disorder, ASD）という診断名のもととなった広汎性発達障害（Pervasive Developmental Disorders, PDD）という診断概念もまだ存在しなかった。

　そして 1980 年には，WHO によって画期的な「国際障害分類（International Classification of Impairments, Disabilities and Handicaps, ICIDH）」が公表された（2001 年には，「国際生活機能分類（International Classification of Functioning, Disability and Health，ICF)」に抜本改訂される)。これらと連動するように，アメリカ精神医学会は 1980 年に，これまでの病因論を排除した「DSM-Ⅲ」を公表し，WHO は後の ICF にも連動することになる「ICD-10」を1990 年に公表する。またアメリカ精神遅滞協会（The American Association on Mental Retardation，AAMR)は，1992 年に第 9 版を公刊する。第 9 版は，先に述べた知的障害を定義する三つの要素を明確に述べながら，同時に支援の重要性を示した画期的な版で，今日の知的障害理解の基礎となっている。

　新 K 式検査の公刊・改訂の歩みは，上に述べた時代の流れに沿っている。公刊される前から，K 式発達検査はとくに障害を有すると思われる子どもたち，とりわけ幼児においては，その発達像や障害特性，あるいは個々の子どもの「強みと弱み」をよく評価することができた。また，発達像の全体を把握することができる個別実施式の検査が他には少なかったことから，乳幼児健診やその後の発達相談，さらには療育・教育相談における非常に有用なツールとして広く使われだし，公刊が強く求められていた。また，上に述べたような K 式発達検査の長所は，知的障害を判定する際にも非常に有効であったことから，知的障害児はもとより，成人の知的障害者に対しても用いられるようになり，相談現場では，療育手帳判定の検査ツールとしての位置づけが始まっていた。

　1980 年の「新版 K 式発達検査（初版)」の公刊，2002 年の「新版 K 式発達検査 2001」，そして今般の「新版 K 式発達検査 2020」の改訂は，上に述べたような時代の流れとともに歩んできた道のりであるといえよう。

［3］療育手帳判定をめぐる現場の混乱

　1992 年の AAMR 第 9 版の頃から，療育手帳判定の現場では知的障害判定のための専門的な認識が徐々に深まり，加えて現在では自閉スペクトラム症（Autism Spectrum Disorder，ASD）や ADHD と診断されると思われる知能の高い子どもたちからの福祉支援を求めた療育手帳申請が増えてきた。そして，各自治体における判定方法が，知的障害の定義を構成する，「知的機能の明らかな制約」「適応行動の明らかな制約」「18 歳まで（22 歳まで）の障害の出現」という三つの要素を満たしているか，IQ の上限をどのように設定すべきなのか，判定にはどの検査を用いることが妥当なのかなどの議論が高まり，国の制度化

表 11- 1　知的障害程度判定表

IQ・DQ	社会生活能力評価			
	最重度認定	重度認定	中度認定	軽度認定
IQ・DQ20 以下（最重度相当）	最重度	重度	重度	評価せず
IQ・DQ21 ～ 35（重度相当）	重度	重度	中度	中度
IQ・DQ36 ～ 50（中度相当）	重度	中度	中度	軽度
IQ・DQ51 ～ 75（軽度相当）	中度	中度	軽度	軽度

を求める要望がたびたびおこなわれた。

　この頃には，表 11- 1 のように知的能力と社会生活能力をクロスさせて障害程度を認定する方式がスタンダートとなっていた。しかしクロス評価をおこなう際に，知的能力をどの検査で評定するのかということもあったが，社会生活能力（適応行動）を評価する標準化された評定尺度がほとんどなかったことがいちばん大きな問題であった。唯一知られていた評価尺度が 1980 年に公刊された「新版 S-M 社会生活能力検査」（三木，1980）であったが，相談現場にはまだ広く浸透していなかった。

　さらに相談現場における混乱は，認定上限の設定であった。「IQ70 か，IQ75 か」という議論は，DSM の定義などを絡めてこの時期以前から存在したが，知的能力の認定上限を超えた，ASD や ADHD など，いわゆる発達障害のある子どもの申請の増加に伴って，医学診断がおこなわれていれば，測定誤差などを勘案して IQ75 を超える子どもも認定することを決めた自治体もあった。

　判定に使用する知能検査についても，国際定義の改訂を受けて，偏差 IQ を算出しない検査は不適であるという議論が起こり始めていた。発達検査に至っては，知能検査ではないから不適だといわれたり，幼児への検査に限定すべきだといわれたりした。しかし偏差 IQ を算出するウェクスラー式知能検査は，検査に時間がかかるうえに，IQ50 未満では指数そのものを求めることができないなど，療育手帳判定においては，非常に使い勝手の悪い検査であった。そのため ICD-11 では，「偏差 IQ50 未満の場合には，標準化された適応行動評価尺度を用いて障害程度を判定する」という，堂々巡りのような規定が盛り込まれている。

　一方，新 K 式検査は非常に使い勝手がよく，個々の障害像や障害のレベルの

よくわかる検査として使用され続けてきた。DQ は IQ とみなせるという点だけを乗り越えれば，障害程度の認定のためのツールとして，知的障害者を含めて現場レベルでは大きな混乱も，当事者からの批判もほとんどなかった。そして，新K式検査 2001 として改訂されていく。

3．療育手帳制度運用のための現場からの取り組み

［1］全国知的障害者更生相談所長協議会による取り組み

　知的障害者の療育手帳判定業務を担っている全国知的障害者更生相談所長協議会は，国の制度化を再三要望してきていたが実現しないので，2003 年から2005 年にかけて判定方法をめぐるワーキンググループを独自に立ち上げ，各自治体の現状調査をおこない，社会生活能力評価尺度案を作成したうえで，全国の相談所での療育手帳判定実務で実際に使用し，その結果をもとに「療育手帳判定基準ガイドライン（案）」を作成した。このガイドラインに基づく社会生活能力の評価法は，現在でも半数近い知的障害者更生相談所で使用されている（三菱 UFJ リサーチ＆コンサルティング，2023）。筆者は，検討メンバーとしてこの作業に参加している。

　社会生活能力を評価するためにガイドライン（案）で作成した「社会生活能力プロフィール」は，もともと大阪府で作成・使用されていた評価ツールに基づいている。社会人として生活していくために必要な生活能力を，身辺自立（食事，排泄，着脱，入浴など，身だしなみ），移動（身体移動，交通移動），意思交換（了解，表現，対人関係），生活文化（文字，時間・時事，数・買物，健康管理），家事・職業（手先・体力・持続力・身のこなし，家事など，就労）の五つの領域に分けて評価する（カッコ内は，各領域における具体的な評価内容）。「社会生活能力プロフィール」における設問は，五つの領域におけるそれぞれの評価内容について，最重度から軽度までの知的障害者が，日常生活のなかでどの程度のことができるかについて，現場の相談経験を通して障害程度区分ごとに抽出された行動目録によって構成されている。

　「社会生活能力プロフィール」は，縦軸に五つの評価領域およびその評価内容，横軸に最重度から軽度までの四段階の障害程度区分というマトリックス構造に

なっており，それぞれのマトリックスに抽出された行動内容（評価課題）が配列されている（例えば，身辺自立領域の食事の最重度であれば「スプーンが使える。コップを持って飲める」，軽度であれば「ひとりで外食できる」という設問になる）。

　評価は，できる行動内容に丸をつけていく方式であり，つけられた丸の数から得点化し，社会生活能力の程度を判定する方式である。全国調査から 540 例の評価結果を集めることができたが，IQ 値と「社会生活能力プロフィール」の評価得点との相関係数は .779，また IQ60 以下の 494 例では .807 と高い相関関係を示していた。全国から得られた調査結果について，回答した各相談機関が，調査対象者への療育手帳実務で実際に判定した障害程度区分ごとに得点の度数分布表を作成し，各障害区分における評価数の累積がおおよそ 90 パーセンタイルとなる点数を上限（カットオフポイント）とする，社会生活能力の程度を判別する評価得点区間を求めた。

　「社会生活能力プロフィール」では，社会生活能力の最重度から軽度の四段階の障害程度区分のみを判別し，評価得点を指数化するような方式を採っていない。その意味では，「社会生活能力プロフィール」は療育手帳判定の障害程度区分を判定するためだけのツールであるが，作成された評価表をみると本人の生活実態がよくわかった。使用目的に合致した評価ツールであり，簡便に評価できることや生活実態がわかりやすいことなどが，「社会生活能力プロフィール」が今日まで使用され続けている理由ではなかろうか。このような視点は，集団における相対的な位置を示す，偏差値から指数を求めていくような評価尺度の対極ともいえるが，生活実態をよく表している点は見逃してはならないと考える。

［2］児童用の社会生活能力評価尺度策定の試み

　成人に対する判定基準を私たちなりに検討した後，筆者は児童の判定に用いる社会生活能力の評価尺度の検討・作成に着手した。この頃新版 S-M 社会生活能力検査（三木，1980）は公刊されていたが，コストがかからず，簡便かつ療育手帳判定に対する必要条件を満たす評価尺度の作成・導入が望まれた。

　そのような観点から，筆者は 2006 年に「社会生活能力目安表」を作成した

（柴田, 2006）。子どもにおける社会生活能力を評価するために, 知的障害の先駆的研究者であった伊藤（1964）の著作や, 既存の評価尺度である新版S-M社会生活能力検査を参照し,「身辺自立」「移動」「作業」「意志交換（コミュニケーション能力)」「集団参加」「自己統御」という六つの評価領域をまず設定した。子どもの場合は時間経過とともに変化する成長・発達のレベルを評価しなければならないので, 評価年齢区分を0歳から6歳までは6か月ごと, 7歳から12歳までは1年ごとに設定した。評価課題は, 各領域について, 各年齢区分において是非とも獲得してほしい力, しかも当該月齢の子どもの80％が獲得できるような課題を厳選することとし, 現役のベテラン保育者・教師・心理専門職によって, 保育・教育現場実践の実感のなかから各課題を抽出・厳選した。このようにして作成した目安表の一部を表11-2に掲載したが, 社会生活能力目安表は, 現に教育・保育に携わっている専門家による, いわば子どもの育ちの「到達目標の目録」ということができるだろう（2017年に評価課題の一部改訂を試みている；柴田, 2017）。

　社会生活能力目安表を, 療育手帳判定において, 年齢や障害程度の異なる, 発達途上にある知的障害児の社会生活能力の程度を判定するためには, 評価結果が新K式検査と同じように,「社会生活能力指数（Social Quotient, SQ：以下, SQとする)」という指数方式で算出できればよい。新K式検査と同じ評価構造を有する評価尺度とするために, 0歳から小学6年生までの子ども345名を調査し, その評価データに基づく簡易な標準化を実施した（柴田, 2006, 2013）。

　評価結果を素点化し, 生活年齢区分ごとの合計得点の平均値から, 新K式検査と同様に社会生活能力月齢換算表を作成した。そして換算表に基づいて, 新K式検査と同じ計算式でSQを算出し, 調査児童全体のSQの平均値は100.13, 標準偏差は11.13という結果を得た。歪度・尖度に着目した正規分布に関する検定では, ほぼ正規分布しているという結果を得た。生活月齢と獲得した得点の相関係数は.974であった。また, 療育手帳判定における年長の知的障害児を評価する場合には, 新K式検査に準拠して, 同検査が採用している補正年齢表をそのまま用いることとした。

　以上の結果に基づき, 療育手帳判定における社会生活能力評価に対して「社会生活能力目安表」が適用できるかどうかを検討するために, 2012年に京都府

表 11-2 社会生活能力目安表（抄）（柴田, 2006, 2017）

年齢（　　歳　ヵ月）性別（　男・女　）　記入法：できる（恐らくできるだろう）と思われる項目に，大きな○をつけてください

年齢区分	身辺自立	移　動	作　業	意志交換	集団参加	自己統御
3：6	服や帽子の前後がわかる	ゴールまで走ることができる	顔など，形のあるものを描きはじめる（丸の中に目や口らしきものが描かれている程度でよい）	自分が使いたい物を友達が使っている時に「かして」という	ままごとなどのごっこ遊びで役を演じる	促されれば，簡単な「きまり」を守ることができる
4：0	ボタンのある服の脱着をひとりでする	階段を 2～3 段飛び降りることができる	箸をなんとか使いこなして食べることができる（箸でつまもうとする）	「それは，どうしてなの？」「それからどうなるの？」といった質問ができる	運動会などで，リズムに合わせて，皆と一緒にお遊戯や踊りなどができる	欲しいものがあっても，説得されれば我慢できる
4：6	食卓で，ほとんど大人の世話なしで食べることができる	根っこなどの障害物があっても，転ばずに歩いたり走ったりできる	はさみで，簡単な形を切り抜くことができる	自分が経験したことを大人や友達に自分なりに伝え，会話を楽しむ	じゃんけんで勝ち負けがわかる	禁止されていることを他の子がやった時，その子を注意する
5：0	大便の始末をひとりでし，紙でお尻を拭くことができる	車や自転車に気をつけ，ひとりで道を歩くことができる	紙飛行機をよく飛ぶように，飛ばせ方や折り方などを，自分なりに工夫する	電話で，簡単な会話を続けることができる	ゲームなどで，年少の子どもを気遣ったり，手助けすることなどができる	大勢の人の中や乗り物の中でダダをこねたりしない
5：6	お風呂で，自分で体を洗い，タオルで自分の体を拭く	信号を守って，道を安全に渡ることができる	お菓子やおはじきなどを，5 つづつ数えて袋詰めにすることができる	経験した場面を絵で描き，尋ねれば描いた内容を説明することができる	ドッジボールや鬼ごっこなどの集団遊びに，ルールを理解して参加することができる	夜，自分の部屋でひとりで寝ることができる
6：0	気温にあわせて，自分で服を脱ぎ着することができる	近くの店であれば，簡単なお使いに行くことができる	教えれば，ちょうちょ結び・丸結びなどがなんとかできる	何かを決める時，「～だから～しよう」と，理由をつけて提案できる	遊びや集団活動の中で，ゆずりあうことができる	1 時間ぐらいなら，独りで留守番できる
7：0	ひとりで時間割をだいたいあわすことができる	ひとりで学校へ行って，帰ってくることができる	定規を使って，直線や図形を描くことができる	日常の出来事を短い文章で書くことができる（日記や作文）	トランプ，カルタ，すごろくなどの簡単なゲームで，ルールを守り，友達と仲良く遊ぶことができる	教室で，30 分ぐらいはいすに座って静かに勉強できる

児童相談所における療育手帳判定で，384 名の児童に対して試行した。なお，知的能力を評価する検査には新 K 式検査 2001 を用いている。その結果，全調査数の平均 DQ は 46.7（標準偏差 17.2），平均 SQ は 46.1（標準偏差 18.5），DQ と SQ の相関係数は .69 という結果を得た。「社会生活能力目安表」は，六つの

下位領域ごとの指数も算出できる構成になっているが，DQ との相関は，身辺自立：.56，移動：.62，作業：.65，意志交換：.63，集団参加：.60，自己統御：.47 という結果であった。

　この結果を受けて，京都府児童相談所では「社会生活能力目安表」を療育手帳判定業務で使用し，現在に至っている。他のいくつかの自治体でも使用しているが，現在まで業務上の大きなトラブルを聞かない。なお，目安表作成や療育手帳判定に使用した結果の詳細は，章末に掲げた文献を参照されたい（柴田，2006，2011，2014，2016）。

4．知的障害の判定と新版 K 式発達検査

［1］「知的障害を判定する」ということ

　知的障害の定義において，知的機能と適応行動を，別の領域のこととして両者を評価しなければならない根拠について，深く考えた経験がある。「社会生活能力目安表」を療育手帳判定業務で試行した調査結果として，新 K 式検査で評価した DQ と，目安表で評価した SQ の平均値や標準偏差が近似し，中程度以上の相関があることはすでに述べたとおりである。指数を算出するための両方の評価尺度が，ともに子どもの成長・発達を表す評価尺度でなければならないことは自明なのであるが，問題は，それぞれの尺度が何を意味し，何を評価しているのかについてである。

　個々の子どもの DQ と SQ の指数差分布を示したのが表 11-3 である（柴田，2016）。表 11-3 にみられるように，平均値が近似するのに，両指数の差が±10以上の差を示す者が結構多数存在する。このことは何を意味するのであろうか。

　国際定義では，標準化された知能検査だけでは，障害程度を適切に分類できないという臨床的な知見から，能力における質の異なる領域として，知的機能と適応行動の両者を評価しなければならないという定義に至った経緯がある（田巻他，2018）。そして，支援に重点が置かれるようになった最近の流れは，適応行動の評価に対する重みがさらに増してきているように思われる。一方，そもそも知的機能の本質的な解明やそれに対応する評価尺度が不十分であるという観点から，適応行動を知的障害の定義における評価項目に加えることに対

表 11-3　DQ と SQ の指数差の分布（DQ 区分別）(柴田, 2016)

	指数差	DQ20 以下		DQ21-35		DQ36-50		DQ51-75		DQ76 以上	
		件数	%	件数	%	件数	%	件数	%	件数	%
低 SQ	-31 以下							8	4.4%	6	20.7%
	-30 〜 -21					4	3.8%	15	8.3%	7	24.1%
	-20 〜 -11			2	3.6%	10	9.4%	40	22.1%	2	6.9%
差僅少	-10 〜 -6	2	5.0%	6	10.7%	11	10.4%	21	11.6%	5	17.2%
差なし	-5 〜 5	30	75.0%	24	42.9%	40	37.7%	54	29.8%	5	17.2%
差僅少	6 〜 10	7	17.5%	12	21.4%	13	12.3%	13	7.2%	3	10.3%
高 SQ	11 〜 20	1	2.5%	9	16.1%	21	19.8%	26	14.4%	1	3.4%
	21 〜 30			3	5.4%	7	6.6%	2	1.1%		
	31 以上							2	1.1%		
	合　計	40		56		106		181		29	

する異論も存在する（平田・奥住, 2022）。しかし，表にみられるように，少なくとも新 K 式検査と社会生活能力目安表を用いた個々の評価結果に，多様なばらつきがみられたことは事実であり，知的障害の判定に対しては，質の異なる領域としての知的機能と適応行動の両方の評価が重要であると考えている。

　新 K 式検査が，ビネー（Binet, A.）やゲゼル（Gesell, A. L.）の検査をもとに据えながら，子どもの能力や発達を評価するために重要であると考えられる課題を蒐集し，それを〈姿勢・運動〉領域，〈認知・適応〉領域，〈言語・社会〉領域の三つの領域に分けて評価できるように構成された検査であるのに対して，社会生活能力目安表は，子どもの生活世界のなかでの成長を果たすために，各年齢において「これだけは獲得してほしい」と思われる行動目録を，身辺自立，移動，作業，意志交換，集団参加，自己統御の六つの領域ごとに蒐集して作成された評価尺度である。このような検査の構成基盤の違いが，評価する領域の質の違いを意味している。

　表からわかるように，知的障害児の場合は DQ と SQ の指数差には相当のバラツキがみられる。知的障害といわれる人たちの障害像は決して一律ではなく，そこにみられる「強み，弱み」の分布も多様で，さらに背景をなす筋緊張の高低，てんかん発作の有無，ある種の刺激への敏感さと鈍感さ，活動性の高さ，

他の障害要因との複合（とくに軽度区分での発達障害の要素との複合）などが絡まって，多彩な様相を呈しているのではないか。またそれゆえに，生活環境からの影響は健常児とされる子どもたちに比べてより大きな影響を受けるのではないかと考えられる。

　知的障害の定義において，知的機能と適応行動を，別の領域のこととして両者を評価しなければならない根拠は，まさにこの点にあるのだろうと考える。成人の場合は，これに加えてこれまでの生活時間や生活経験の長さ（負の要因も含めて）からくる影響や，加齢の問題なども考慮しなければならず，両者を慎重に評価することの意義はさらに大きくなる。

　これらを慎重に評価することで，子どもの生活世界のなかの営みとしての養育・療育・教育・支援に向けた適切な所見を得ることができる。しかし一方で，療育手帳判定においては，障害程度区分の判定基準に基づく障害程度のランクづけを，客観的に（というか機械的に）おこなわなければならないという矛盾を含む。

［2］新版 K 式発達検査を用いて判定することの妥当性と有効性

　障害程度を判別するにあたり，知的機能が正規分布しているという前提に立って，平均よりも 2 標準偏差以上低い者は知的機能に明らかな制限があるという見方は，推計学上正しいといわなければならない。また，定義において知的障害であるか否かを区分する根拠を示すには，「標準化された（すなわち科学的に相対的なランク評価ができる）評価尺度を用いた結果として」という内容を盛り込まなければならないだろう。IQ70 以下を知的障害として認定するという考えは，ウェクスラー式知能検査が，IQ の平均を 100，標準偏差を 15 とする，偏差 IQ 方式の検査であるということに根拠がある。ICD-11 の定義は，この考え方をさらに推し進めて，最重度から軽度の 4 つの区分に対する定義にも，標準偏差の値を指標に，推計学で得られる全体のなかに占めるパーセンタイル値で障害程度区分を判別する考え方を徹底させている（平田・奥住，2022）。

　厚生労働省が所轄する障害者政策総合研究事業の一つである「療育手帳に係る統一的な判定基準の検討ならびに児童相談所等における適切な判定業務を推進させるための研究」の令和 2 年度総括報告書（辻井他，2021）には，知的障

害者福祉法における知的障害の定義の明確化とともに，ICD-11 の定義に従っ
て，療育手帳判定における知的機能および適応行動の評価は，偏差指数で評価
するウェクスラー式知能検査（知的機能）・Vineland-Ⅱ適応行動尺度（Vineland
Adaptive Behavior Scales Second Edition：適応行動）（黒田他，2014）が療育
手帳判定に推奨されることが主張されている。このことの論拠として，ICD-11
の定義準拠に加えて，WISC と比率 IQ を求める田中ビネー知能検査などとの比
較調査をおこない，指数差が認められたことなどを主張の根拠としている。ま
た新 K 式検査の扱いは，その使用を幼児に限定したうえで，ウェクスラー幼児
用知能検査（Wechsler Preschool and Primary Scale of Intelligence, WPPSI）
との間で指数差が認められたと述べている。

　しかし，能力の正規分布を前提にしたうえでの，推計学理論に基づく相対的
な，ある意味では厳密なランキング評価が，果たして障害程度をすべて正しく
評価するのであろうか。先に述べた知的障害児の DQ と SQ の指数差のバラツ
キがことのほか大きいことにみられる障害像（獲得された能力の分布特性）の
多様さを考えれば，例えば WISC で IQ55 と評価された知的障害児は，WISC
で評価される能力についてのランキングは，推計学上は生活年齢を超えて等質
であろうが，障害特性や障害像は，同じ IQ55 ではあっても個々人によって異
なるはずである。また，検査を構成する「能力に関する基本概念」や，それら
を評定するために設定された「個々の検査項目」は検査ごとに異なる。そのこ
とを考えると，異なる知能検査の間に指数差が生じるのは十分想定できること
であり，獲得された能力分布のアンバランスさや多様さこそが，さまざまな障
害像を構成する背景であると想定するなら，多様な障害像を呈する知的障害児
への検査においては，健常児以上に検査間での差異が生じやすいのではないか
と思われる。

　新 K 式検査の特長については，序章および「新版 K 式発達検査 2020 解説書
（理論と解釈）」に詳しく述べられている（新版 K 式発達検査研究会，2020）。
解説書に掲載されている比率発達指数の平均と標準偏差の表をみると，生活年
齢 12 歳あたりまでの平均値は概ね 100 前後であり，標準偏差も 10 前後を推移
しており，安定した数値を呈する。しかし，それ以後の年齢では標準偏差の値
が高くなることから，新 K 式検査 2020 からは，生活年齢 14 歳までは従来どお

りの比率 DQ 評価法とし，14 歳以上では偏差 DQ による評価法を新たに導入している。このことにより，新 K 式検査が設定した「能力に関する基本概念」や，それらを評定するために設定された「個々の検査項目」に関する相対的なランキング評価としては，推計学的に妥当性を有する評価値であると考えることができる。しかし，新 K 式検査の場合もウェクスラー式知能検査と同様に，障害程度や障害内容などをすべて正しく評価できる訳ではない。心理検査を使用する場合には，このことをまずは肝に銘じなければならない。

　新 K 式検査を用いる利点はこの先にある。上に述べた解説書には，「新 K 式検査では，これまで一貫して，…発達年齢（DA）と発達指数（DQ）を用いてきた。その理由は，子どもの発達の評価には発達年齢がわかりやすく，偏差 IQ のような年齢別の標準得点は，発達の水準を直接表現していないと考えているからであり…」と書かれている。だが，発達水準の理解において発達年齢はわかりやすいとしても，発達年齢の数値そのものは，設定された新 K 式検査の検査課題に対する相対評価の結果に過ぎない。しかし，新 K 式検査の下位検査項目は具体的で多岐にわたっているので，それぞれの項目への反応を観察することにより，それがどの領域における，どのような質の能力なのかを考察することができる。そして，第 1 葉から第 5 葉までの検査用紙には，下位の各課題が，〈認知・適応〉や〈言語・社会〉の領域ごとに，さらに例えば「大小比較・長さの比較などの対概念課題」や「模様構成」といった質の違う課題の類型ごとに，当該能力の獲得が期待できる年齢区分に従って配置されて印刷されている。それぞれの課題の成否の状況を検査中に検査用紙に記録することによって，検査結果プロフィール（発達特性）を読み取ることができるのが大きな利点である。発達年齢（DA）や発達指数（DQ）は，極論すればそれぞれの下位検査の成否の結果としてのサマリーである。

　新 K 式検査が，とりわけ障害児をめぐる発達相談や教育相談において有効な評価尺度として用いられてきたのは，上に述べた評価構造や評価結果から，それぞれの子どもの発達水準・発達特性・発達課題などを具体的に評価・考察できるからであると思われる。そしてそれらを踏まえて，養育・療育・教育・支援などに対する具体的な示唆が得られたことにあった。筆者自身の臨床経験から述べれば，上記のことに対して有効な情報源は DA や DQ ではなく，むし

ろ各下位項目の成否や検査結果プロフィールの方であった。

　成人になった知的障害者の評価に新 K 式検査を用いて「発達」年齢や「発達」指数を求めることは，さらに曖昧に思われるかもしれない。しかし，社会人としての生活を営むうえで，獲得でき，発揮できている能力水準（裏返せば能力の制約を受け，理解や対応が困難な課題水準）を知ることが，障害者の現実の理解や，障害者支援をおこなううえで非常に有効であり，検査用紙に配列された各課題の成否のプロフィールの評価・解釈が，知的障害者の理解・評価において大きな意味をもつ。検査用紙の各葉に掲載された課題群は，それぞれの課題に割り当てられた発達水準の子どもが獲得する能力であるだけでなく，知的障害者にとっては，社会人としての営みのために発揮できる能力基盤のインデックスとして了解することが大切である。そして，その結果としての到達水準を相対的に示す DA や DQ が，知的障害者の障害程度認定の指標として活用できる根拠であろうと考える。

　さらに成人の場合は，生活時間の長さに伴う生活環境状況の固着などから，障害像が長く固定化され，活動そのものが不活発になり，あるいはそのことによる二次的な問題や閉塞状況が生じる可能性も大きいので，なおさらプロフィールの評価・解釈による現状の具体的な理解が重要になる。そして，そこから新たな支援の可能性をみつけていかなければならない。

　偏差 IQ を求めるウェクスラー式知能検査を用いた障害程度認定における問題点として，IQ50 未満の指数を算出することができないことが指摘できる。発達年齢（DA）から発達指数（DQ）を求める新 K 式検査では，DQ50 未満の指数を算出できることが利点である。さらに，生活年齢が 6 歳の最重度知的障害を例に取ると，障害程度区分が「最重度」であるとしても，例えば「周辺の物や人を目で追うことができ，近くの者に手を伸ばそうとする」子どもの場合は，検査用紙第 1 葉における細やかな課題設定の成否によって，おおよそ 3 か月から 5 か月程度の発達年齢を推定することができるが，「座位を保持することができ，『ちょうだい』に持っている物を渡してくれる」子どもの場合は，検査用紙第 2 葉からおおよそ 11 か月程度の発達年齢を推定することができる。両者の障害程度区分は，DQ20 未満なのでいずれも「最重度」と判定されるが，発達水準は明らかに異なる。そして，これだけの評価情報ではあっても，そこ

で得られた検査結果は，日常の生活支援に有力な情報を提供してくれる。このような評価ができるのも新 K 式検査の強みであろう。

　また，検査実施によるアセスメントからは少し外れるが，日常生活のなかでの観察の結果を，検査用紙の課題配列と照合することによって，おおよその発達水準を推測するという活用方法もあるだろう。

［3］知的障害の判定において新版 K 式発達検査を活用できるために

　療育手帳判定などの福祉制度の認定のために心理検査を用いて判定する場合には，算出される数値のわずかな違いが認定区分を変え，あるいは福祉制度受給の可否にかかわる可能性のあることを，検査担当者はまず肝に銘じなければならない。新 K 式検査の場合には，「実施手引書」に書かれている検査手順，教示方法，合否判定基準などを，ある意味では厳密に遵守することによって，評価結果への公平性や客観性が担保される。そして，曖昧な反応について見込みや推測などで判別してはならない。福祉制度の判定という，アセスメントの視点からは矛盾を感じるような判定業務であるからこそ，上に述べたことを今一度振り返ってほしい。

　しかし同時に，疑義のある反応や曖昧な反応，もう少しで正答となるような反応，あるいは回答を拒否した検査項目などはもちろん指数算出には寄与しないが，障害像の理解や，後述する再判定の際の有用な資料になるので，記録として残しておきたい。

　知的障害児・者の判定に当たっては，本章の冒頭に述べた AAIDD の定義をまず十分に理解する必要がある。それと同時に，先に述べたように知的障害は単一の障害像ではなく，ASD・ADHD・SLD などの発達障害の要素や，身体障害・精神障害やてんかんなどの他の障害を合併することがある。また，さまざまな機能の成熟の遅れや発達領域間のアンバランスをともなう場合があり，それらが一過性の症状なのか，あるいは継続する状態像なのかを見極める必要がある。さらに，さまざまな生活環境や生活経験によって成長・発達が阻害されたり，逆に基礎能力よりも良好な生活する力を獲得している場合などがあり，非常に多様な障害像を呈することを十分踏まえたい。療育手帳判定は，上に述べたような本人像を踏まえたうえで，手帳交付のための障害程度の判別をおこ

領域	3:0超~3:6	3:6超~4:0	4:0超~4:6	4:6超~5:0	5:0超~5:6	5:6超~6:0	6:0超~6:6
姿勢運動 (P-M)	ケンケン T14						
認知・適応 (C-A)	門の模倣 例後 P27 形の弁別II 10/10 P84	四角構成 例前 2/3 P89 門の模倣 例前 P28	模様構成I 1/5 P90	模様構成I 2/5 P91	階段の再生 P29	模様構成I 3/5 P92	模様構成I 4/5 P93
				玉つなぎ 1/2 P96			
	折り紙III P80						
	十字模写 例前 1/3 P106		正方形模写 1/3 P107		三角形模写 1/3 P108		
	重さの比較 例後 2/2P85	人物完成 3/9 P110		人物完成 6/9 P111		人物完成 8/9 P112	
	積木叩き 2/12 P115	積木叩き 3/12 P116	積木叩き 4/12 P117	積木叩き 5/12 P118	積木叩き 6/12 P119		
言語・社会 (L-S)	短文復唱II 1/3 V6				4数復唱 1/2 V3		5数復唱 1/2 V4
	4つの積木 1/3 V13		指の数 左右 V20	指の数 左右 V21			打数かぞえ 3/3 V24
		13の丸10まで 1/2 V14	13の丸 全1/2 V15	5以下の加算 2/3 V22	5以下の加算 3/3 V23	13の丸 理解(II) V15c	
		数選び 3 V16	数選び 4 V17	数選び 6 V18	数選び 8 V19		
				13の丸 理解(I) V15b			
		色の名称 4/4 V41			硬貨の名称 3/4 V39		絵の叙述 2/3 V36
	性の区別 V38		左右弁別 全後 V11		左右弁別 全正 V12		
	了解I 2/3 V48		了解II 2/3 V49	語の定義 4/5 V51	了解II 2/3 V50		

図 11- 1　発達プロフィールの作成

なわなければならないという困難な業務なのである。

　知的障害における障害像の理解や障害程度の判定のために重要なのが，発達検査におけるプロフィールの理解である。そのために，図 11-1 のような発達プロフィールを作成することによって，新 K 式検査の長所を活かすことができる。発達プロフィールは本人の「強み・弱み」を視覚的にも把握することができるし，その結果を考察することによって，多彩な障害像への所見を得ることができる。そして得られた知見のまとめとして DA や DQ を求めればよい。しかし，同時にその結果はあくまでも新 K 式検査の検査構造や検査内容によって導かれた結果であり，その結果が障害評価のすべてではないことを深く認識する必要がある。

　その先に進むために，適応行動（社会生活能力）の評価が大きな意味をもつ。知的障害の定義にも知的機能と適応行動は別の事柄として記載されており，筆者の調査においても両者の間には相関がみられるが，個人に着目すると評価結果のバラツキがことのほか大きい例も少なくなかったことからも，別の意味を有する能力として評価しなければならない。

　筆者らが作成した児童用の「社会生活能力目安表」や，成人用の「社会生活能力プロフィール」は偏差指数を求めるような評価尺度ではないが，適応行動の評価のために必要と思われる評価領域を定め，児童用では発達水準に合わせ，成人用では障害程度による，達成可能な活動内容を集めた行動目録である。こ

の観点は，発達像をプロフィールで把握する新 K 式検査と同様のフォームを
用いている。

　発達検査で得られた個別の評価結果やその特徴などを，社会生活能力の評価
内容や評価結果に照らし返して総合的にみることによって，発達検査で評価さ
れた諸能力が，社会生活の実態や日常生活のさまざまな営みの成就（あるいは
つまずき）に対して，どのように貢献し，どのような意味をもつかが理解でき
る。さらに生育歴・生活歴・既往歴・日常の介護支援の困難さなどを重ねて考
察することによって，具体的な障害像や，総合的な障害程度，あるいは今後の
教育や支援に向けた指針を得ることができると考える。筆者らが作成した評価
尺度は，現実の成長実態や生活実態を具体的にみてとれる尺度であり，新 K 式
検査と似たフォームをもっているので，上に述べた作業をおこないやすく，新
K 式検査とは相性のよい評価尺度だと思っている。

　知的障害は，支援の良否によって育ちや生活の達成度が大きく異なる障害で
あり，療育手帳が 2 年有期（成人では 5 年から 10 年有期）の制度である点も
見逃してはならない。この際に大切なのが，時間経過のなかで今を再評価する
視点である。そのために過去の判定結果，とくに過去におこなった発達検査や
社会生活能力評価におけるプロフィールと比較することが大きな意味をもつ。
そこに重要な意味がみえた場合，指数値の変動や，その結果としての障害程度
区分の変動を判断することができると考える。

［4］判定から支援へ

　冒頭に述べた最新の国際定義は，評価法における推計学上の客観性を重視し
ているとともに，障害程度区分評価よりも支援の必要性が重要であることを強
調している点を見逃してはならない。この流れは WHO において「国際障害分
類（ICIDH）」から「国際生活機能分類（ICF）」に変更されたことにみてとる
ことができる。疾病論から障害理解へ，障害分類から生活支援へ，という流れ
と軌を一にしている。

　一方，知的障害は日々の変化がみえにくく，生活像が曖昧に持続しているよ
うに受け止められやすく，しかもそのような臨床像が日常生活を明確に阻害し
ているわけではないことが多いことから，積極的な援助方針の見直しがおこな

われることなく，現状維持が曖昧に継続されがちである。それゆえ，児童相談所や知的障害者更生相談所でおこなわれる療育手帳の更新期ごとの判定を，援助者の側が「相談・支援の機会」と意識的に位置づけることが重要である。判定業務は心理師とソーシャルワーカーがチームで対応し，単に障害程度を評定するだけでなく，QOL の観点からの面接によって，生活状況，さまざまな悩みやニーズなどを丁寧に受け止める。そして相談判定を契機に，受給可能な手当・年金利用への接続，利用している支援制度やその実態などの見直し，ニーズに応じた利用可能な支援制度（ショートステイ・ホームヘルプ・ガイドヘルプなど）に関するガイダンス・コンサルテーションなどをおこなうことができる。その際には，判定機関と福祉実施機関である福祉事務所との連携が重要である。

　相談・支援の視点が曖昧になりやすい知的障害者への相談援助の例として，筆者らが相談実務で取り組んだ，高等部卒業時の「進路相談」について紹介したい。特別支援教育が終了し，ひとりの社会人（大人）として生きていかなければならないこの時期は，人生の大きな転換点である。個々に応じた進路や必要な支援などを見定めるために，卒業生全員に対して相談判定を実施し，その後，相談機関である学校・福祉事務所の担当者が一堂に会したケース会議を開催し，大人としての進路や援助方針を検討したうえで，総合所見を作成して関係者が共有する。このような対応は制度化されていないが，地域における知的障害者支援のスタートラインとしての基盤を形成するうえでとても重要な取り組みである。相談援助システムが整っていない知的障害者への支援のために，せめて大人としてのスタートを切るこのときだけは，丁寧な対応ができないものかと考えて開始した取り組みであった。

　このような相談システムは，新規の施設入所決定時（あるいは変更時），障害者の保護者（多くは本人の親）の高齢化による介護困難，保護者死去による成年後見の必要性，強度行動障害などの問題行動による処遇困難などの場合でも有効である。関係者から寄せられた相談を，進路相談の場合と同様に，関係者が一堂に会したケース会議を開催して検討することによって現実を打開していく。相談内容によっては，生活保護担当者や弁護士などの参加が必要な場合もある。これらがうまくいく条件として，進路相談を継続することによって培われる良好な関係者連携が大きな基盤となる。

　知的障害は生涯続く。それゆえ，それぞれの時期でおこなった相談判定結果の蓄積・管理が，その時々の支援を考えるうえで極めて重要な資産となるが，現状では相談記録は必ずしも一元化されていない。例えば，児童期と成人期では相談組織・支援組織が異なるが，加齢に伴う各相談機関での相談記録の統合・一元化はなされていない。個人情報の外部への持ち出しを禁じることは，権利擁護の視点からは非常に重要な事柄である。しかし，一貫した障害児・者への支援のためには，相談・判定の記録が引き継がれていないことが大きなネックにもなる。子ども時代の発達所見が，大人になってからの支援のために有用な情報になることは珍しくない。児・者一貫した支援のために，相談記録の引き継ぎや統合がなされていないことは，当事者利益のために大きな問題であろう。

　上に述べた各種の相談においても，基本的な判定ツールとして新 K 式検査が使用される。そして関係者会議で検査結果を述べ，ケース検討から有益な判定所見を導くには，担当検査者の相当な力量と臨床経験を必要とする。

　養育・療育・教育・支援ということに対して，新 K 式検査の長所が有効に活用できることはすでに述べた。そして障害児・者への判定行為が，判別・診断から，障害児の育ちや子育てへの支援，あるいは障害者の生活支援へと，その重点が移っていくことを願っている。

　知的障害は，「白痴」「精神薄弱」という呼称が過去からあったことからもわかるように，決して新しい概念ではない（柴田，2014）。しかし，発達障害への過剰とも思われる社会の関心の高まりや，2004 年の発達障害者支援法の制定などとは裏腹に，知的障害の定義やその認定に関しては，いまだに国による法制度化にも至っていないことを今一度心に留めてほしい。

引用文献

American Association on Intellectual and Developmental Disabilities（2010）. *Intellectual Disabilities: Definition, Classification, and Systems of Supports*（11th ed.）. American Association on Intellectual and Developmental Disabilities.（アメリカ知的・発達障害協会　太田俊己・金子　健・原　仁・湯汲英史・沼田千好子（訳）（2012）. 知的障害―定義，分類および支援体系　日本発達障害福祉連盟）

平田正吾・奥住秀之（2022）．知的障害概念についてのノート（1）―近年における定義の変化について―　東京学芸大学教育実践研究, *18*, 149-153.

伊藤隆二（1964）．精神薄弱児の心理学　日本文化科学社

厚生省事務次官通知（1973）．療育手帳制度について　厚生省

黒田美保・伊藤大幸・萩原　拓・染木史緒（2014）．日本版 Vineland-Ⅱ 適応行動尺度マニュアル　日本文化科学社

三木安正（1980）．新版 S-M 社会生活能力検査　日本文化科学社

三菱 UFJ リサーチ＆コンサルティング（2023）．療育手帳その他関連諸施策の実態等に関する調査研究報告書

柴田長生（2006）．子どもの社会生活能力評価について―標準化された評価尺度の試作と, 知的障害児への評価から見えてきたこと―　発達, *106*, 74-88.

柴田長生（2013）．子どもの社会生活能力評価に関する検討―「社会生活能力目安表」の信頼性・妥当性に関する追加検討―　京都文教大学臨床心理学部研究報告, *5*, 3-23.

柴田長生（2014）．知的障害児における社会生活能力の評価について 1―社会生活能力目安表による評価の意義と妥当性について―　京都文教大学臨床心理学部研究報告, *6*, 13-37.

柴田長生（2016）．知的障害児における社会生活能力の評価について 2―療育手帳判定結果から見える障害像に関する一考察―　京都文教大学臨床心理学部研究報告, *8*, 3-26.

柴田長生（2017）．社会生活能力目安表改訂への試み　京都文教大学臨床心理学部研究報告, *9*, 37-48.

新版 K 式発達検査研究会（編）（2020）．新版 K 式発達検査 2020 実施手引書　京都国際社会福祉センター

新版 K 式発達検査研究会（編）　郷間英世（監修）　清水里美（著者代表）（2020）.新版 K 式発達検査 2020 解説書（理論と解釈）　京都国際社会福祉センター

田巻義孝・堀田千絵・宮地弘一郎・加藤美朗（2018）．知的障害の理解についての新しい方向性（2）：アメリカ知的発達障害学会の定義に基づいて　信州大学教育学部研究論集, *12*, 213-235.

辻井正次・大塚　晃・内山登紀夫・日詰正文・小林真理子・伊藤大幸・浜田　恵・村山恭朗（2021）．療育手帳に係る統一的な判定基準の検討ならびに児童相談所等における適切な判定業務を推進させるための研究　令和 2 年度厚生労働科学研究費補助金（障害者政策総合研究事業）総括研究報告書

World Health Organization（1980）．*International Classification of Impairments, Disabilities and Handicaps.* World Health Organization.（世界保健機関　厚生省大臣官房統計情報部（訳）（1985）．WHO 国際障害分類試案・仮訳　厚生統計協会）

World Health Organization（2001）．*International Classification of Functioning, Disability and Health.*（世界保健機関　障害者福祉研究会（訳）（2002）．国際生活機能分類　中央法規出版）

全国知的障害者更生相談所長協議会療育手帳判定基準ガイドライン検討委員会（2005）．療育手帳判定基準ガイドライン（案）　全国知的障害者更生相談所長協議会

資料編

1 新版 K 式発達検査の発行と頒布

足立絵美

　新版 K 式発達検査（以下，新 K 式検査とする）の発行・頒布を担う社会福祉法人京都国際社会福祉協力会（以下，当法人）が，K 式発達検査と出会ったのは 1977 年のことである。京都市児童相談所判定課長であった松下裕先生からの一本の電話が始まりだった。内容は，京都市児童院（現在の京都市児童福祉センター）で開発された K 式発達検査を公刊するために，当法人に標準化作業について協力をお願いしたいという依頼であった。当法人理事長で京都国際社会福祉センター所長の所久雄は神学部出身の牧師であり，発達や検査については専門外であったが，松下先生の K 式発達検査の標準化への思いを聞くなかで，これは社会福祉の領域に科学性や客観性といった視点を取り入れる契機になるのではないかと考えた。社会福祉のあり方が大きな転換点を迎えていた時期に，社会福祉法人として標準化作業に協力することへの意義を見出したのである。

　検査の標準化作業にはかなりの費用がかかるが，法人を立ち上げた直後で，資金は十分ではなかった。なんとかやりくりし標準化作業をバックアップしていたが，作業は思うようには進まず，当初の予算を大幅にオーバーした。正直なところ，この検査が世に出る日が来るのか，またみなさまに受け入れられる検査になるのか，不安になることもあった。それでも 1980 年に新 K 式検査を公刊することを実現できたのは，K 式発達検査研究会の先生方をはじめ，標準化のデータ収集のため協力していただいた先生方，童心会（京都市の幼稚園，保育所を巡回し K 式発達検査を実施しているグループ）の先生方が諦めずに作業に励み続けられたからである。

　これまで標準化された新 K 式検査用具は，1980 年版は 44 点，2001 年版は 56 点，2020 年版は 61 点である。まず第 1 回（1980 年版）標準化にあたっては，従来の旧 K 式検査の検査用具と新たに追加する用具を一点ずつ準備することになった。所所長と当時の京都市児童相談所の心理職員とで，検査用具の調達

を担当した。乳児用の検査用具に関しては，大阪のおもちゃ問屋で有名な松屋町商店街に足を運び，何軒かの玩具店を見ながら検査用具として丁度よい物を探し歩いた。検査用具の「小犬」は，人形店では適当なサイズの物が見つからず，玩具店でアクセサリー用のペンダントトップの小犬を見つけた。「吊り輪」の赤い輪は，手作りバッグ用の持ち手（赤い輪状のもの）を手芸店で見つけた。「瓶」は当時のビタミン剤の瓶ぐらいの大きさがちょうどよかったなど，検査用具の購入経路の確保には苦労した。現在は「入れ子のセット」「ガラガラ」「鐘」など，独自で業者委託して製造している物も増えたが，始まりはここからだった。

　「課題箱」や「はめ板」などの木工製品は新たに製造を依頼する必要があった。はじめは当法人の建築を担当した設計士さんの紹介で，京都の建築会社が作ってくださった。しかし採算のとれない仕事であり，建築の仕事に専念したいという理由から退くことになり，他を探さなくてはならなくなった。その折に，所所長の学友で，東北地方で社会福祉法人を運営している方が，同じ法人の授産施設で木工作業を始めるということで，「積木」や「はめ板」「課題箱」等の製造を引き受けてくださった。「課題箱」を入れるための「布製バッグ」は，丈夫がよいということで鞄屋にお願いした。鞄屋とのご縁は，当法人の「京都のぞみ学園」（知的障害者施設）が，鞄の中に入れて形を整えるコミ作り（紙を丸めたもの）を請け負っていたことから，「布製バッグ」の製造をお願いしたところ快諾いただいた。いろいろな方のご協力のおかげで，検査用具一つひとつを揃えることができた。

　製造の依頼先には，製造・販売に係る継続性・持続性を期待した。標準化された検査用具なので，変わらないものを提供し続ける必要がある。製造の安定性のみならず，人間関係においてもお互いが信頼して一緒に仕事ができる方々にお願いしている。1980年の発行から40年以上経った今，職人の代替わりやお店を廃業されるところもある。業者のみなさんが次の業者を探して現在も引き継いでくださっている。

　価格設定についても各方面の方々と協議したが，当法人としてはできるだけ価格を抑え，仕入れ値に近づけたかった。新K式検査はゲゼルやビネーなど先人たちの良いところを寄せ集めた検査であり，検査用具自体に権威は生まれな

い。価格がつくとすれば，それは検査自体ではなく，検査用具自体の価値に対してであると考えている。

　検査の価値はどこにあるのか考えると，それは検査を受ける人（例えば子ども）にある。検査のために通過・不通過は判定するが，それが大事なことではない。各課題に対して，子ども自身がどのように反応するか。それは，その子の自由である。検査者が正答に誘導しないようトレーニングを受けるのも，検査はどこまでも子ども自身のものだと考えるからである。

　木製の「課題箱」が重たくて持ち運びが大変なので，プラスチック製にして欲しい，折り畳みができるようにして欲しいという要望が寄せられることもある。しかしそれは検査者側の都合であり，子どもにとってはどうだろう。大きな「課題箱」が目の前に登場した時の存在感。それは大きさだけでなく，質感が訴えてくるものがある。手元に置かれた「はめ板」を小さな手で摑む時の手指に入る力。押し付ける際に，型にはまらなくて跳ね返ってくる抵抗感。型にはまった時の「バチン」という音によって増幅される達成感。検査のわずか数十分の間に，子どもは検査用具を通してさまざまな体験をする。それは検査結果（数値）からはみえないだろうが，課題への意欲や興味に影響を与えているはずである。新 K 式検査の検査用具は，ゲゼルの考案した検査用具の基準をそのまま引き継いで作成されている。「積木」「はめ板」「課題箱」「瓶」「鐘」などの大きさや，色や形などは当時の検査用具とまったく同じものである。ゲゼルは発達診断をするにあたって，検査用具というのは評価・診断の試金石であると明言している。検査を用いる側が，検査用具自体のもつ意味を理解しておく必要がある。

　40 年以上も同じ検査を発行し続けるなかで，製造中止等で入手できなくなる物も出てくる。その時は類似の物を探す。見つからなければ新たに製造を始めることもある。まったく同じ物を探す，作るというのは実に難しく，プラスチック製品でも原料によって仕上がりのサイズが数ミリ違ったり，色も微妙に違ってくる。試作品を研究会の先生方に確認していただきながら，慎重に進める必要がある。検査用具の「鐘」が手に入らなくなった時は，形状が似た「鐘」のサンプルをいくつか用意した。音の大きさはもちろんだが，先生方が最後までこだわったのは，耳にして心地よい音かどうかだった（1980 年の標準化以前

は，真鍮製のドアベルの鐘を採用していた）。「玉つなぎ」の玉は清水焼で作られているが，製造元を変える際になかなか引き受け手が見つからず，清水焼を諦めるギリギリのところまできたが，「手触りがいい」「カチャカチャする音を子どもたちは喜ぶ」という理由で清水焼にこだわった。ありがたいことに協力してくださる業者が見つかり，現在も変わらず清水焼である。検査用具 61 点（2020 年版）は，大きさ・形・色・質感がまったく同じものはない。われわれ人間が生きている現実世界も，さまざまな物であふれている。そこで発達する人間をとらえるための検査として多種多様な用具があるのは当然といえるだろう。しかし，それは現実世界には到底及ばない。

　検査で見えるのは現実世界のごく一部であり，検査結果がすべてだとはいえるはずもない。検査絶対主義は成り立つわけがなく，継続するはずがないことを，検査の発行元が一番理解しておかなくてはならない。当法人主催の「新版 K 式発達検査講習会」は，標準化された正しい手続きを習得することを目的としているが，同時に検査の意義と限界も受講生に伝えたい。「正しく使って欲しい」というのは，この意味も含んでいる。1980 年に始めた初級講習会は，現在も継続している。一度始めた事業は必ず継続させるという覚悟をもって臨んできたが，新 K 式検査がここまで広く長く使われるとは想像していなかった。これは全国各地の検査者の方々が，子どもたちを大切に，検査を大切にしてくださっているからに他ならない。最近では保護者から電話をいただくこともあり，この検査について疑問に思うことがあるとのこと。よくお話を伺うと，検査者との関係がうまくいかなかったと推測されることもある。新 K 式検査は，検査を媒介にした人と人との出会いである。子どもと検査者，保護者と検査者，子どもと保護者。そして子どもと検査用具。各々に大切な出会いとなるために，この検査を最大限に活用していただければと願う。

　当法人での「頒布」は検査用具をお分けすることを意味する。用具のみならず検査についての考え方も含め，大事に使っていただければありがたい。この検査は，1980 年当時は関西を中心として，児童相談所，保健所，教育機関，児童福祉施設等で使われていたが，現在は全国各地の関係機関に届けられている。「頒布」にあたっては，いくつかの使用要件を満たした機関にのみ発行しており，検査そのものの保全も当法人に与えられた大事な役目の一つである。人が生き

るところに発達はある。発達検査というものは，その時代の子どもの発達を反映できるものでなければならない。その意味では，子どもをとりまく生活環境に合わせ検査そのものも改訂されなければならない。そして改訂には終わりがない。今後も当法人として，検査用具の頒布と再標準化という事業について，先生方や関係者の方々と協力しながら，その責務を果たしていきたい。

2　Ｋ式発達検査関連年表

松岡利規

時期	事柄
1931（昭和6）年9月10日	京都市児童院（現：京都市児童福祉センター）が京都市の千本丸太町に開設される。これは，日本で最初に創設された子どもの総合的機関であり，産科・産院を備え，周産期医療を行っていた点においても先進的であった。創設当初の心理専門職として，園原太郎と田寺篤雄（ともに京都帝国大学文学部心理学科卒）がいた。
詳細時期不明（1931年9月～1933年7月の間と推測される）	ビューラー（Charlotte Bühler）の乳児発達検査（Kleinkinder-test）を下敷きにした検査「第一種乳兒發達檢査票（一年半マデ）」が京都市児童院において園原太郎によって作成される。検査用紙はB4版厚紙（二つ折り）に黒色で両面印刷されていた。対象年齢は1か月から1歳半までの12段階であり，各年齢区分に10項目ずつ課題が設けられていた。検査結果としては発達年齢を算出することになっており，発達指数を記入する欄は設けられていなかった。なお，この検査の簡単なパンフレットとして「ウイン（ウィーン）式乳兒發達檢査」（B6版12ページ）が1934年に京都市児童院から発行されている。
1933（昭和8）年7月	ゲゼル（Gesell, A. L.）の発達診断（Developmental Diagnosis）を下敷きにした検査「第二種乳兒發達檢査票（一年半マデ）」が京都市児童院において作成される。検査用紙の体裁は第一種とよく似ているが，こちらは赤色で印刷されている。対象年齢は1か月から15か月（12段階）であり，検査項目は運動發達・言語・適應行動・對人社會的行動の4領域に分かれていた。なお，検査項目が不揃いであったため，発達年齢を算出するようには作られていなかった。
詳細時期不明（1931年～1938年の間と推測される）	2種類の「知能検査票」が京都市児童院において作成される（便宜上，「知能検査票（その1）・（その2）」と区別して表現する）。「知能檢査票（その1）」は，「大阪兒童智能測定法」（いわゆる鈴木ビネー式知能検査の初版）を下敷きに，1935年までに作成されたと思われる。この検査では，3歳から16歳までの66項目が一列に配置されていた。「知能檢査票（その2）」は，「実際的個別的智能測定法

時期	事柄
	修正増補版」(鈴木ビネー式知能検査の昭和11年修正増補版) を下敷きに作成されたと考えられる。こちらは，対象年齢が3歳から20歳までに拡張され，70項目が一列に配置されていた。いずれの検査とも，得点結果から知能年齢を求め，生活年齢との比で知能指数を算出する形をとっていた。なお，検査の使用については，鈴木治太郎氏から直接使用の許可を得ていたとされる。
1938 (昭和13) 年 3月	園原太郎が京都帝国大学文学部講師となり，京都市児童院には嘱託で関わるようになる。
1941 (昭和16) 年	嶋津峯眞 (京都帝国大学文学部心理学科卒) が京都市児童院に入職する。
1948 (昭和23) 年	児童福祉法が制定される。
1950 (昭和25) 年	生澤雅夫・廣田実 (ともに京都帝国大学文学部心理学科卒) が京都市児童院に入職する。以降，生澤は嶋津・廣田と協力して，1951年にかけて3種類の発達検査を作成した。
1951 (昭和26) 年 7月1日	「K式乳幼児発達検査」の第一次案 (「K式發達檢査案」) が生澤らによって京都市児童院で作成される。検査名の「K」は京都市の頭文字を取ったものである。検査用紙は，1〜4葉まであり，B4版の薄い用紙で，1枚につき1葉ずつ赤色で印刷された。検査用紙が赤色で印刷されたのには，"試作版のため取り扱いに注意せよ" という意図があったといわれている。以降のK式検査は現在に至るまで同じ体裁で作成されている。結果としては発達年齢および発達指数を求めた。0〜56週を対象にした1・2葉は「K・J式乳幼児発達検査」と呼ばれ，ゲゼルの検査を下敷きにした内容になっていた。1〜10歳未満を対象とした3・4葉は「K式幼児発達検査」と呼ばれ，ゲゼルの検査にビネーあるいは鈴木ビネー式知能検査を加えた内容になっていた。第1・2葉は4つの領域に分かれているのに対し，第3葉以降は3つの領域に分かれており，2葉と3葉は連続するようには作られていなかった。第3葉以降の3つの領域は，M (Motor)・A-L (Adaptive-Language)・P-S (Personal-Social) と命名されており，A-L領域の項目はのちの〈認知・適応〉領域と〈言語・社会〉領域を合わせた内容になっていた。なお実際には，K・J式乳幼児発達検査とK式幼児発達検査はまとめて "K式発達検査" と呼ばれることが多かった。
1952 (昭和27) 年	「K式乳幼児発達検査」の第二次改訂案が作成される (検査用紙は現存しておらず，第一次案と第三次案の中間的な内容であったと推測される)。この検査の手引は1953年に京都市児童院から発行されている。

時期	事柄
詳細時期不明	「K式乳幼児発達検査」の第三次改訂案が作成される。検査用紙は計3枚であり，タイトルは「K式乳幼児発達検査（案）」となっていた。用紙の1・2枚目はそれぞれこれまでの第1葉，第2葉と対応していたのに対し，3枚目の用紙は上下二段に分割され，上段にこれまでの第3葉，下段に第4葉に対応する項目が配置された構成であった。第1葉・第2葉は0〜57週を対象とし，M（motor）領域，A（adaptive）領域，S（social）領域から成り立っていた（括弧内の英文名は推定）。第1・2葉では，検査結果としてM・A・S各領域の得点から各々の発達年齢を算出し，3領域の発達年齢の平均を用いて総合発達年齢および発達指数を求めるように作られていた。用紙3枚目（これまでの第3・4葉相当）は1〜10歳未満を対象とし，運動（M）領域，動作性（P）領域，言語性（V）領域から成り立っていた。第3・4葉では，運動（M）領域と動作性および言語性（P-V）領域の2部門が，それぞれ独立に発達年齢と発達指数を算出するように作られていた。検査全体では305項目であった。
詳細時期不明（1955年以前と推測される）	「京都ビネー（K-B）式個別知能検査」が京都市児童院で使用されるようになる。これは，京都市児童院で1955（昭和30）年頃まで用いられていた鈴木ビネー式知能検査に代わるものであり，実情にそぐわなくなった問題の改良や，低年齢用の動作性課題の追加をおこなう必要が生じたことから作成された。課題は"〜2歳6か月"から"14歳〜"まで18の年齢区分に分かれており，知能年齢と知能指数を算出するように作られていた。1962年には京都市児童院から「K-B式個別知能検査の手引」が発行されている。
1956（昭和31）年	地方自治法および児童福祉法の改正により，政令指定都市において児童相談所を設置することが定められた。政令指定都市となった京都市においても，京都市児童院に児童相談所が併設された。これにより，児童院の心理相談部職員が判定部員となり，法的措置の重要な機能も果たすようになる。
1959（昭和34）年10月1日	「K式乳幼児発達検査」の第四次改訂案（第3・4葉）が作成される。検査項目は運動（M）領域，動作性（P）領域，言語性（V）領域から構成され，別枠で参考問題が加えられていた（新設項目を導入するための準備と考えられる）。対象年齢や結果の算出については第三次改訂案同様であった。
1961（昭和36）年	母子保健法に基づき都道府県・政令市によって3歳児健診制度が開始される。

時期	事柄
1962（昭和37）年	中瀬惇（京都大学文学部心理学科卒）が非常勤嘱託として京都市児童院に勤務するようになる。
1962（昭和37）年3月31日	京都市児童相談所紀要第2号に「Ｋ式乳幼児発達検査の手引」が発表される。内容は，第三次改訂案であるが，巻末の付録として第四次改訂案（第3・4葉）が綴じられている。
1965（昭和40）年6月1日	先に作成されていた第3・4葉に次いで，**「Ｋ式乳幼児発達検査」の第四次改定案（第1・2葉）**が作成される（これまでと改訂の表記が異なる）。対象年齢や結果の算出については第三次改訂案同様であった。
1977（昭和52）年	市町村事業として1歳6か月児健診制度が開始される。
1978（昭和53）年1月15日	園原太郎の古稀の祝賀会（於 都ホテル）の後，祇園のビヤホールにて松下裕（京都市児童相談所判定課長）の呼びかけで，生澤雅夫（大阪市立大学文学部教授）・中瀬惇（富山医科薬科大学医学部助教授）・嶋津峯眞（京都市立看護短期大学教授）を加えた4人でＫ式発達検査改訂の具体的方針についての打ち合わせをおこなう（それぞれの所属は当時のもの）。改訂を検討するに至った背景としては，各種乳幼児健診の開始に伴い，全国から検査用具の問い合わせが多数寄せられていたこと，検査用具の誤使用例が散見されるようになったこと，第四次改定案から10年以上経過しており標準化作業が必要であると考えられたことが挙げられる。
1978（昭和53）年	Ｋ式発達検査の公表を目的とした標準化作業が開始される。標準化作業のための研究会は児童院内に立ち上げられたが，この改訂では児童院の専任職員以外に嶋津峯眞・生澤雅夫・中瀬惇も参加することとなった。また，京都国際社会福祉センター所長の所久雄に松下裕が資金面での援助をはじめとするバックアップを依頼したことから，この標準化は同センターの事業として開始された（以降，現在に至るまで新版Ｋ式発達検査の標準化は京都国際社会福祉センターの事業としておこなわれている）。
1980（昭和55）年6月30日	**「新版Ｋ式発達検査」（初版）**が完成し，京都国際社会福祉センターから公刊される（手引書の表紙は薄緑色をしている）。検査は〈姿勢・運動〉領域（Postural-Motor Area），〈認知・適応〉領域（Cognitive-Adaptive Area），〈言語・社会〉領域（Language-Social Area）に分かれ，全295項目から成り立っていた。また，測定可能な年齢尺度は100日〜9歳8か月であった。検査用紙の体裁などはＫ式発達検査を踏襲していたが，それまで独立していた第1・2葉と第3・4葉が今回からは連続して採点できるようにな

時期	事柄
	り，検査項目によって得点に重みづけがなされるようになった点が新しい。所久雄（京都国際社会福祉センター所長）が検査用具とともに検査の完成を厚生省（当時）に報告すると，直ちに医科診療報酬点数の適用が決まったという。
1980（昭和55）年11月〜	新版K式発達検査の実施方法の講習として初級講習会が開始される。第1回初級講習会は1980年11月22日・23日・24日・12月5日・6日の5日間にわたっておこなわれた（於 京都国際社会福祉センター）。その後，1985（昭和60）年頃には，初級講習会は4日間コースとなり，この形が第157回まで続くことになる。4日間のプログラムとしては，1〜3日目に検査の成り立ちや実施方法，結果のまとめ方を学び，4日目には保育園・幼稚園での検査実習がおこなわれた。
1981（昭和56）年4月1日	「**新版K式発達検査**」（**第二版相当**）が試作される。初版公刊から1年足らずで第二版が試作された経緯としては，検査の使用者からの要望を受け，領域別の指数化と年齢尺度の延長（14歳まで）をおこなう必要があったことが挙げられる。当時は，療育手帳などの制度・施策のなかで，発達指数を求められる機会が増えており，領域別の発達指数に対するニーズが高まっていた。また，少年法における定めから，児童相談所では14歳までを検査の対象とする必要があった。この試作版では，年齢尺度延長のために，京都市児童院で用いられていたK-B式個別知能検査を組み入れることとなった（これにより，K-B式個別知能検査は廃止された）。結果，検査用紙には第5葉が新たに設けられ，この試作版は全324項目，指数化可能な年齢尺度は3か月から13歳4か月となった。
1982（昭和59）年1月16日	京都市児童院が京都市児童福祉センターに改組される。
1982（昭和59）年3月	園原太郎が逝去する。
1983（昭和58）年8月30日	第二版検査用紙で収集された標準データに基づいて「**新版K式発達検査（増補版）**」（以降新K式1983と表記）が公刊される（手引書の表紙は深緑色をしている）。これが新版K式発達検査として一般に知られているものである。初版との大きな違いとしては，検査用紙に第5葉が新設されたこと，生活年齢終末修正のための換算表が新たに作成されたことが挙げられる。試作版である「新版K式発達検査（第二版相当）」と同様，検査項目が全324項目，指数化可能な年齢尺度は3か月から13歳4か月であった。

時期	事柄
1985（昭和60）年 7月5日	新K式1983の理論的根拠や基礎資料を含む解説書『新版K式発達検査法―発達検査の考え方と使い方―』（ナカニシヤ出版）が刊行される。
1989（平成元）年 11月～	新版K式発達検査の臨床場面での活用を学ぶ講習として中級講習会が開催される。第1回中級講習会は1989（平成元）年11月25・26日の2日間にわたっておこなわれた（於 京都国際社会福祉センター）。
1996（平成8）年	新K式1983の課題である「美の比較」「脱落発見」に関して、"女性や障害者を差別しているのではないか"という批判が東京都内の住民や障害者グループから生じるようになる。この問題は都内の複数の区議会でも取り上げられ、同年3月18日の朝日新聞（関西版および東京版）夕刊でも報じられた。記事内で生澤雅夫（当時神戸学院大学教授）は、"差別の意図はなく、学術的なメリットから使用を続けていた"、"不愉快な検査は避けるべきだと思うので、次の改訂での対応を検討する"旨のコメントをおこなっている。この報道を受け、3月20日には新版K式発達検査の関係者が集まり今後の対応を検討し、"新版K式発達検査の再改訂にあたっては、「美の比較」「脱落発見」の代替問題の作成（あるいは削除）を検討する"、"再改訂版が完成するまでの期間、上記2問題の削除版の換算表が必要になるため、至急その作業をおこなう"という方針が確認された。
1996（平成8）年 3月	新K式1983改訂のために「K式発達検査研究会」が発足し、4月6日に第1回研究会が開かれる。これ以降基礎資料の刷新による全面的な見直しの作業を開始した。改訂の背景としては、検査公刊から年数が経っているため、時代に合わせて検査を見直す必要が出てきたこと、ユーザーから寄せられる質問や意見を通じてさまざまな課題が明らかになったことが挙げられる。また、かつて検査を受けて判定を受けた子どもが成人していくなかで、再判定に適する検査が必要となったことから、今回の改訂では成人への適用も目指されることとなった。
1996（平成8）年 6月1日	京都国際社会福祉センター紀要「発達・療育研究」別冊として『新版K式発達検査をめぐる諸問題：新版K式発達検査中級講習会講演記録』が刊行される。
1996（平成8年）6月1日	一部の機関において、新K式1983のうち「美の比較」「脱落発見」を除いて実施する動きが出ていることを踏まえ、これら2項目を除いて検査を実施した場合の換算表（「新版K式発達検査 削除版用得点・発達年齢換算表」）を発行した。

時期	事柄
1997（平成9）年 3月	嶋津峯眞が逝去する。
1998（平成10）年	新K式1983再標準化のためのデータ収集が開始される（～2001年まで）。標準化作業の協力者数は2678名であった。
1999（平成11）年	「新版K式発達検査2000実施手引書（案）」が作成される。
2001（平成13）年 6月10日	『新版K式発達検査反応実例集』（ナカニシヤ出版）が刊行される。
2002（平成14）年 3月30日	**「新版K式発達検査2001」**（以下，新K式2001とする）が公刊される（手引書の表紙はオレンジ色をしている）。適用年齢が0か月から成人までに拡張され，全328項目から成り立っていた。年齢区分には成人Ⅰ～Ⅲが新設され，検査用紙には第6葉が追加された。また，それまで用いられていた「合格（＋）」「不合格（－）」という表現が「通過（＋）」「不通過（－）」に改められた。
2003（平成15）年 5月	京都国際社会福祉センター紀要「発達・療育研究」別冊として『新版K式発達検査2001再標準化関係資料集』が刊行される。
2003（平成15）年 5月	生澤雅夫が逝去する。
2008（平成20）年 1月20日	新K式2001の改訂までの経緯や基礎資料を含む解説書『新版K式発達検査法2001年版 標準化資料と実施法』（ナカニシヤ出版）が新版K式発達検査研究会によって刊行される。
2012（平成24）年 6月	『新版K式発達検査法2001年版 発達のアセスメントと支援』（松下裕・郷間英世編；ナカニシヤ出版）が新版K式発達検査研究会のメンバーによって刊行される。
2012（平成24）年 7月	京都国際社会福祉センター紀要「発達・療育研究」別冊として『新版K式発達検査を用いた発達アセスメントと支援』が刊行される。
2013（平成25）年 6月	新K式2001の改訂作業が新版K式発達検査研究会で始まる。
2015（平成27）年 6月	新K式2001改訂に向けて標準化作業（データ収集）が開始される。
2015（平成27）年 11月	京都国際社会福祉センター紀要「発達・療育研究」別冊として『さまざまな場面での新版K式発達検査の活用』が刊行される。
2019年秋	標準化作業のためのデータ収集が完了する。新K式1983および新K式2001の標準化作業は近畿圏内でおこなわれていたが，今回の

時期	事柄
	標準化作業では全国にわたって協力者を募集しデータを収集した。最終的に，3243名分の結果を分析対象とした。
2020（令和2）年2月	第157回初級講習会が開催される。これ以降，新型コロナウイルス感染症の流行のため，講習会の開催が見送られる。
2020（令和2）年12月30日	「新版K式発達検査2020」が公刊される。今回から初めて，手引書と解説書が2分冊で用意されている（手引書の表紙は水色をしている）。適応年齢は新K式2001と同じく0か月から成人であり，全339項目から成り立っている。新K式2001からの変更点としては，項目の新設や既存項目の見直し・整理（項目は第5葉までにまとめられ，第6葉は削除された）のほか，生活年齢・発達年齢14歳超の検査参加者を対象に偏差DQが導入されたことが挙げられる。
2021（令和3）年6月	1年4か月ぶりに初級講習会（第158回）が参加人数を絞った形で開催される。従来4日目に開催していた保育園の検査実習は感染症対策のため困難となったため，これ以降の講習は3日間の講義終了後，後日検査レポートを提出するという形式でおこなわれるようになった。2024年現在，年8〜10回の開催となっている。
2022（令和4）年10月22・23日	第32回新版K式発達検査中級講習会に合わせて，第1回新版K式発達検査研究大会がおこなわれる（於 京都国際社会福祉センター）。既存の中級講習会のプログラムに加え，分科会と研究発表が新たに設けられた。

引用文献

生澤雅夫（編）（1985）．新版K式発達検査法—発達検査の考え方と使い方—　ナカニシヤ出版

生澤雅夫・松下　裕・中瀬　惇（編）（2002）．新版K式発達検査2001実施手引書　京都国際社会福祉センター

京都市児童福祉史研究会（1990）．京都市児童福祉百年史　京都市児童福祉センター

京都市児童相談所（1962）．K式乳幼児発達検査の手引　京都市児童相談所紀要，*2*.

中瀬　惇（2004）．京都市児童院と発達検査—その1 児童院の院内検査　京都ノートルダム女子大学研究紀要，*37*, 71-84.

中瀬　惇（2004）．京都市児童院と発達検査—承前 新版K式発達検査　京都ノートルダム女子大学生涯発達心理学科研究誌「プシュケー」，*3*, 41-59.

嶋津峯眞・生澤雅夫・中瀬　惇（1983）．新版K式発達検査実施手引書　京都国際社会

　　福祉センター

新版 K 式発達検査研究会（編）(2008). 新版 K 式発達検査法 2001 年版　標準化資料と
　　実施法　ナカニシヤ出版

新版 K 式発達検査研究会（編）(2020). 新版 K 式発達検査 2020 解説書（理論と解釈）
　　京都国際社会福祉センター

新版 K 式発達検査研究会（編）(2020). 新版 K 式発達検査 2020 実施手引書　京都国際
　　社会福祉センター

あ と が き

　K式発達検査は昭和22〜23（1947〜1948）年頃から京都市児童院で試行されはじめ，関西各地の児童相談所に広まっていったことはよく知られているところである。ほとんどが手作りであり，京都と大阪で積木のサイズが違っていたりしたため，早くから標準化が求められていた。1977年秋，京都市児童相談所の松下裕先生から標準化のための財政的バックアップをしてくれないかという要請が私共のセンターにあった。当時，当京都国際社会福祉センターでは，今も継続している治療教育講座を年間研修プログラムとしていた。その講座の中心であった村井潤一先生に検査の標準化の意義について相談した。先生はその必要性と，標準化作業の中心が生澤雅夫先生であり，先生の分析論に基づくデータ処理がなければ標準化はできないといわれた。当時は知能検査等の検査に対する反対論も多いなかでの決断であった。それから4年間，当時はコンピューターもない時代，計算尺を駆使して処理に励んでおられた生澤先生の姿を忘れることができない。

　1980年に標準化は完了したのであるが，経費は当初の要請の10倍を要した。以来，標準化は社会的変化に対応して20年ごとにおこなうという約束に基づいて，ここに第3回目の標準化が完了したのである。2020年版の監修は第2回目から研究会に加わった小児科医でもあり京都教育大学名誉教授　郷間英世氏が，編者は平安女学院大学（現，常磐会学園大学）教授　清水里美氏が担われた。一番苦労をされたのは3500にも及ぶデータの処理であった。幸い前回も今回も，生澤先生の愛弟子である神戸学院大学教授　清水寛之氏の御助力を得て完成できたことは本当にありがたいことである。

　さて，あとがきを書くにあたって，新版K式発達検査が40年を経て次の20年，40年を継続していくことを願ってここに記しておきたいことがある。それは1931年の京都市児童院発足2年後に児童院に奉職し6年間働き後京都大学に戻られ発達心理を講じられた園原太郎先生のことである。先生ご自身が諸外

国の発達検査を学び，触発されることが多かったようで村井潤一先生も教え子の一人である。

　園原先生は1980年新版K式発達検査が公刊されるに際して先生の後進や教え子たち，嶋津峯眞，生澤雅夫，松下裕，中瀬惇らの作業を背後にあって喜んで相談にのり，励ましてくださった。そのうえ解説書（『新版K式発達検査法―発達検査の考え方と使い方―』嶋津峯眞監修　編著者代表生澤雅夫　ナカニシヤ出版　1985）にその序文を寄せておられたが，1981年にできあがった検査用具は見たものの，解説書を見ずに他界された。この序文のなかに①検査作成に当たる者の基本的な姿勢のあり方，②検査を使用する者の基本的な心得を書いておられるので再掲して残しておきたいと思う。

①ビューラーたち，ウィーンの検査が私を強くひきつけたのは，彼等の観察の眼目が，子どもの一つ一つの反応を「できる」か，「できない」かというかたちでみるのではなく，テストの場面という，子ども自身とテスターと用具をふくんだ一つの状況において，子どもがそれをどううけとめ，そこに自己の要求を，さらに手段―目的体系をどのように働かせようとするかを，組織的にとらえようとしていた点にかかっている。

②各項目を，そこで求められる反応が，ただ，出るか出ないかをみるための項目にとどめるのではなく，そこに子どもがどのような課題性を見出し，それにどう対処し，その子なりにどのような知恵を働かせ，またそれをどう吟味しようとするのか，それらをみる手がかりとなる状況という意味においてとらえかえしてゆくことこそが望まれてくる。殊に臨床の場や療育の場において，発達検査がその真価をきびしく問いただされてくるのは，検査の背景に，また検査者自身の内にそうした視坐があるか否か，であろう。

　検査の整備がすすむ程，発達指数の算出をもって，その子の発達的理解はなれりとする誤謬はいっそうはびこりやすい。発達検査は発達の様相に迫る一つの手段であり，発達検査からむしろ問題が始まる，それはひとりひとりの子どもの発達的理解にとって，また発達の基底構造の解明に向けての新たな出発である。発達臨床と発達の基礎研究の双方に対して新K式検査がより深い問いかけを提起してくれ，それによってまた，臨床と基礎学という発達研究に不可欠な二つのいとなみが，そこではげしく切りむすぶ場になってくれることを切に期待するのは私ひとりではあるまい。

　新版 K 式発達検査を刊行するにあたって，その英語名は Kyoto Scale of Psychological Development とされた。注目して欲しいのは development である。もともと語幹の develo はラテン語から来ていて，それは覆われているものの覆いをはがすことを意味している。人は生まれながらにして天から与えられた賜物（talent）をもっている。そのかくされもっている talent を覆いをはがして外に出すことが，①発達であり，②開発である。したがって，発達も開発も同じ語源であるのであるから開発検査といってもよいのではないか。スイスの生んだ偉大な教育者ペスタロッチ（1746 - 1827）は，子どもたちを教える教授法について二つの方法を示唆している。一つは注入的教授法であり，他は開発的教授法である。知識を教え込む，つまり注入する側面と，向き合う子どものかくされもっている賜物なり能力の覆いをはがして引き出す側面。教育（education）はラテン語の引き出すこと（educatio）を意味している。この注入的教授法，開発的教授法については我が国には明治 15 〜 16 年（1882 〜 1883）頃にすでに紹介されていたところであるが，なぜか注入的教授法が先行し，知識偏重による評価が先行していて，人々の将来に大きな影響を与えているのではないかと思えてならない。私はこれまで 40 年間，新版 K 式発達検査講習会のたびごとに参加者のみなさんに，駄目な子なんか一人もいないこと，みなそれぞれに天が与えた賜物（talent）をもっていること，本検査がその開発につながるものであって欲しいと申し上げてきた。新版 K 式発達検査それ自体とこれに係わる人々自身の開発が続いていくことを願ってやまない。

京都国際社会福祉センター所長

所　久雄

検査項目索引

事 項 索 引

298

人 名 索 引

執筆者紹介 (*は編者)

郷間英世（ごうま　ひでよ）*　姫路大学学長，京都教育大学名誉教授　序章，第1章

清水寛之（しみず　ひろゆき）*　神戸学院大学心理学部教授　第2章

田中　駿（たなか　しゅん）　京都国際社会福祉センター発達研究所　第3章

Karri Silventoinen（カッリ　シルベントイネン）　ヘルシンキ大学社会学部附属ヘルシンキ人口動態・保健研究所教授　第4章（共同執筆）

石川素子（いしかわ　もとこ）　ヘルシンキ大学社会学部博士研究員　第4章（共同執筆）

清水里美（しみず　さとみ）*　大阪常磐会大学こども教育学部教授　第5章

全　有耳（ぜん　ゆい）　奈良教育大学教職開発講座教授　第6章

加藤寿宏（かとう　としひろ）　関西医科大学大学院生涯健康科学研究科教授　第7章（共同執筆）

松島佳苗（まつしま　かなえ）　関西医科大学大学院生涯健康科学研究科准教授　第7章（共同執筆）

小山　正（こやま　ただし）　神戸学院大学心理学部教授　第8章

青山芳文（あおやま　よしぶみ）　元立命館大学産業社会学部教授　第9章

礒部美也子（いそべ　みやこ）　奈良大学社会学部教授　第10章

柴田長生（しばた　ちょうせい）　元京都文教大学こども教育学部教授　第11章

足立絵美（あだち　えみ）　京都国際社会福祉センター発達研究所　資料編1

松岡利規（まつおか　としき）　京都大学大学院医学研究科非常勤研究員　京都国際社会福祉センター発達研究所　資料編2

所　久雄（ところ　ひさお）　京都国際社会福祉センター所長　あとがき

Assessment and Support of Child Development Using
the Kyoto Scale of Psychological Development（KSPD）

新版 K 式発達検査 2020 による子どもの理解と発達支援
初版から 2020 年版までで変わったことと変わらないこと

2024 年 11 月 20 日　初版第 1 刷発行
2025 年 4 月 20 日　初版第 2 刷発行

（定価はカヴァーに表示してあります）

編　者　郷間英世
　　　　清水里美
　　　　清水寛之
発行者　中西　良
発行所　株式会社ナカニシヤ出版
　　　　〒606-8161　京都市左京区一乗寺木ノ本町 15 番地
　　　　　　　　　　Telephone 075-723-0111
　　　　　　　　　　Facsimile 075-723-0095
　　　　　　　　　　Website http://www.nakanishiya.co.jp/
　　　　　　　　　　Email iihon-ippai@nakanishiya.co.jp
　　　　　　　　　　郵便振替 01030-0-13128

装画＝郷間夢野／装幀＝白沢　正／印刷・製本＝創栄図書印刷

Printed in Japan.

Copyright © Hideyo Goma, Satomi Shimizu, & Hiroyuki Shimizu 2024

ISBN 978-4-7795-1819-5